国家治理丛书

我国经济制度的正义完善研究

刘敬鲁　等著

商务印书馆
The Commercial Press
创于1897

图书在版编目（CIP）数据

我国经济制度的正义完善研究／刘敬鲁等著. —北京：
商务印书馆，2021
（国家治理丛书）
ISBN 978-7-100-19726-7

Ⅰ.①我… Ⅱ.①刘… Ⅲ.①中国经济－经济制度－
研究 Ⅳ.①F121

中国版本图书馆CIP数据核字（2021）第050022号

北京市社会科学基金重点项目
项目名称：我国经济制度的正义完善研究
项目编号：14ZXA002
项目负责人：刘敬鲁
项目组成员：彭光灿、王宝国、庞庆明、王建斌、乔欢
项目成果结项等级：优秀

国家治理丛书
我国经济制度的正义完善研究
刘敬鲁 等著

商 务 印 书 馆 出 版
（北京王府井大街36号 邮政编码 100710）
商 务 印 书 馆 发 行
三河市尚艺印装有限公司印刷
ISBN 978 - 7 - 100 - 19726 - 7

2021年5月第1版　　　开本 710×1000 1/16
2021年5月第1次印刷　　　印张 20

定价：96.00元

国家治理丛书编委会

主编

陆　丹　三亚学院校长 教授

丁　波　研究出版社副总经理兼副总编辑

何包钢　澳大利亚迪肯大学国际与政治学院讲座教授 澳大利亚社会科学院院士

编委（按姓氏笔画排序）

丁学良　香港科技大学社会科学部终身教授

王　东　北京大学哲学系教授

王绍光　香港中文大学政治与公共行政系讲座教授

王春光　中国社会科学院社会学所研究员

王海明　三亚学院国家治理研究院特聘教授

王曙光　北京大学经济学院副院长 教授

丰子义　北京大学讲席教授

韦　森　复旦大学经济学院教授

甘绍平　中国社会科学院哲学所研究员

田海平　北京师范大学哲学学院教授

朱沁夫　三亚学院副校长 教授

任　平　苏州大学校卓越教授 江苏社科名家

作者简介

刘敬鲁，哲学博士，三亚学院国家治理研究院研究员，中国人民大学哲学院教授，博士生导师，中国人民大学管理哲学研究中心主任。主要研究国家治理、管理哲学、经济哲学、现代西方哲学。1998年4月至1999年2月由"中国—欧盟高等教育合作项目"资助，赴英国做访问学者，研究欧盟的决策体制。先后获得教育部人文社会科学基金"经济哲学的一般问题研究"、北京市哲学社会科学基金"我国经济制度的正义完善研究"、国家社会科学基金"管理哲学的主要问题研究""西方管理哲学思想史"等项目。出版《海德格尔人学思想研究》（修订版）、《人·社会·文化》、《经济哲学》、《西方管理哲学》、《现代管理重大问题哲学研究》、《价值视野下的国家治理》等著作，在《新华文摘》《哲学研究》《哲学动态》《人民日报》《光明日报》《中国人民大学学报》《教学与研究》《复旦学报》《社会科学战线》《学术月刊》《天津社会科学》《河北学刊》《学术研究》《学海》《道德与文明》等刊物上发表论文70余篇。

前　言

正义问题自 20 世纪 70 年代起一直是学术界的热点问题，而人们尤为关注经济领域的正义问题。这主要是因为在现代社会中，经济生活成为整个社会生活的主要部分，经济关系成为各种社会关系中的支配关系。与此同时，这也引发了各种各样的经济利益矛盾。为了有效地解决这些矛盾，需要用经济制度来对经济行为加以规范。

自从 20 世纪 80 年代进行经济体制改革以来，我国已经确立了具有自身特色的经济制度。从这一制度的构成要素来说，主要包括三大要素：以公有制为主体、多种所有制经济共同发展的复合型所有制；以市场作为资源配置和经济运转的微观基础的体制形式；以按劳分配为主体、结合生产要素进行分配的综合型分配制度。这一制度的建构过程，为我国经济发展提供了巨大的制度动力，极大地促进了我国经济的发展，显著增进了我国人民整体的经济福祉和社会福祉。但是，从正义这一价值要求的角度看，我国的经济制度还存在着一些不到位、不充分、不明确等不完善之处。这也是我们进一步全面深化经济制度改革的必要性所在。

对我国经济制度进行正义完善，是我国经济生活乃至整个社会所提出的一个极其重大的现实问题，是我国经济社会发展所必须完成的一项事关全局的重要任务。从理论研究上看，国内外学术界对我国经济制度整体的正义完善所进行的基本价值分析还比较薄弱，对我国经济制度的每一构成部分所致力于实现的各种价值的本质特征的分析也还相对不足，因而，还未建立起系统深入揭示我国经济制度的价值特征和价值关系的基本理论体系，也还没有能够充分地在价值层面上为我国经济制度的正义完善提供全方位的理论支持和决策参照。

正是在这样的现实和理论背景下，本书以马克思的社会历史主义为根本立场，以哲学的价值分析、要素分析和系统分析为主要方法，借鉴经济学和社会学等多种学科的研究成果，力求对我国经济制度的正义完善问题进行系统深入的研究。

人们在对一个社会的经济制度进行评判时，总是依据一定的标准。本书先从一般的角度对经济制度的正义问题以及正义标准问题进行探讨，认为经济制度的正义意味着一个社会的经济制度合乎全体成员整体的经济福祉目的，合乎他们在经济生活的全过程中实现共同存在和共同发展的正当要求。然后揭示出判断经济制度正义的标准具有社会历史性，并从经济依据、人的依据、社会依据三个角度来确定经济制度的正义标准。在此分析中，始终以对经济制度的根本价值目的的确定为引领，围绕效率与公平、自由与平等、发展与共享这三组价值关系，探讨经济制度的正义标准，指出经济制度的正义标准具有社会历史性，取决于具体的社会历史情境。在对经济制度的正义要求进行一般分析后，密切结合我国社会性质、经济发展状况、文化价值观念对经济制度的制约要求，构建出判断我国经济制度正义的标准是合乎我国人民整体的经济福祉（即我国社会整体的经济福祉），包括合乎我国人民在经济生活方面实现共同存在和共同发展的正当要求。这一标准不是一个空洞单薄的形式上的标准，而是具有丰富内涵的衡量标准，包含了在中国新的社会历史条件下经济效率与经济公平的协调统一原则、经济行为主体的自由竞争与社会成员的经济平等的基本平衡原则，以及社会共同体经济发展与社会成员的经济共享相辅相成原则。根据上述标准和原则来衡量我国的经济制度及其三个构成部分，可以看出，我国目前的经济制度在根本上是正义的，但是在保障公有制之公平目的的充分实现和完善分配制度的正义尺度等方面，还存在一些不足之处。

我国经济制度还处于改革和完善的过程之中，目前，我国经济制度在对自身根本价值目的的强调、对人民整体的经济福祉与个人成员的经济福祉之间关系的处理、对各种主要价值关系的安排、对某些类型资本负面作用的限定、对分配制度的公平安排等方面，都还存在着有待完善之处。

　　既然我国的经济制度需要进行正义完善，按照先讨论整体再讨论部分的思路，就需要首先针对我国经济制度的整体来确定所应遵循的各种主要价值目的理念，因为，主要价值目的理念是经济制度在整体上进行正义完善的方向性原则。我国以公有制经济为主体决定了我国经济制度的根本价值目的所强调的是人民经济生活的一体性、共同性；同样，这也决定了我国经济制度的建构和实现机制的制定，必须以实现人民整体的经济福祉为核心，符合人民在经济上共同发展、共同繁荣所必然要求的原则和规范。这意味着，这一制度特征决定了我国经济制度的根本价值目的是增进人民整体的经济福祉，直接价值目的是实现经济可持续健康运行和发展。只有正确安排我国经济制度的根本价值目的的决定和引领作用以及直接价值目的的从属性和辅助作用，才能够使我国经济制度在整体上达到充分正义。在具体实现机制上，需要坚持以下原则：一是以"个人经济福祉服从社会整体经济福祉"为原则，建立个人经济福祉和社会整体经济福祉的协调一致、有机互动关系；二是根据经济生活中的目的价值与手段价值的不同特点，明确两者的不同价值标准；三是贯彻不同经济主体的经济权利与经济义务相互对等原则，建立经济权利与经济义务的实质关联；四是完善国家经济利益、集体经济利益、个人经济利益三者之间的动态平衡和相互促进格局。

　　在从整体上对我国经济制度的正义完善进行讨论并确定所要遵循的价值理念后，本书第三、四、五章分别针对所有制、市场体制、分配制度这三个部分，从具体构成要素上去讨论我国经济制度的正义完善。

　　首先，所有制是我国经济制度的核心部分。本书通过分析我国所有制形式的嬗变，指出目前存在的所有制在正义维度上存在的不完善，主要包括以下方面：公有制占主体地位的明确程度不够，致使其主体地位与经济自由、平等竞争之间存在着某种不协调，导致权力渗透和腐败；不同所有制在市场准入上机会不均等，在融资和税收环境方面的差别影响平等竞争；资本收益所占比重过大，劳动者的地位保障程度还不够充分，以及资本的贪婪破坏了人与自然的和谐，造成了人际地位不平等和相互关系紧张等。对此，本书提出了完善我国公有制正义的基本要求：第一，完善公有制的主体地位以及和其他所有制之间的价值共生关系，包括落实全体人民的共同主体地位，注重公有制的效率，提高竞争力，建立长期稳定的公有制对国民经济核心领域的投资制度，消除非公有制的准入壁垒，为非公有制经济提供融资渠道，搭建公有制和非公有制之间的公平合作平台；第二，完善国有资源所有权、经营权和收益权之间的关系，包括强化国有资源的所有权在收益权中的主导地位，提高劳动者的劳动在收益中的比重，加强对资本运作的监督，保证人格的平等和人与人之间的自由、平等、和谐，实现人与自然的和谐及生态正义；第三，建立累进实现社会所有制的过程机制，实现生产资料从全民所有和集体所有向社会所有的逐步转变。

其次，社会主义市场经济体制是我国经济制度的体制部分。我国政府和人民从实际出发，不断进行体制和模式创新，建立起我国市场经济体制的基本正义框架，但目前仍存在一些不足，需在正义维度上对其继续加以完善。一是完善经济行为主体的正当边界。按照不同主体的不同特点，可将其正当边界分为政府从事经济决策、进行宏观调控的合理标准，企业从事创造和经营的社会责任要求，以及公民个人自主从事经济活动的正确规则。二是强化经济系统与自然环境价值共生的责任主体和管理制度。在明确政府是这一经济系统与自然环境价值共生的首要责任主体前提下，建立经济系统与自然环境价值共生的主要制度规则，包括资源产权归属清晰的激励规则，自然资源有偿使用的约束规则、防治结合、从严治理的保障规则。三是建立市场经济过程的科学纠偏机制。在我国社会主义市场经济体制的运行发展过程中，微观上会产生企业不正当竞争、私人企业垄断等现象，宏观上会出现物价不稳及经济波动等现象。为此，须建立保障市场经济运行方向的引导监管机制、防控市场经济运行风险的信息传导机制等。四是明确国家调控市场经济的正当原则。为进一步增强国家调控市场经济的有效性，必须遵循公资主体原则、法定程序原则、间接调控原则、利益协调原则和共同富裕原则，走中国特色的宏观调控之路。

再次，分配制度是我国经济制度中直接关系到经济利益处理的部分。在对我国分配制度正义的历史演进以及现状进行分析的基础上，本书认为，现阶段我国分配制度正义的问题在于分配制度的价值选择还未完全跟上社会的快速发展；政策系统及其实施过程还未及时满足社会整体发展的需求；效果评估及其准则体系所依据的科学理念还不够完备。对分配制度进行正义完善，第一，要对我国分配制度的正义进行整体重构。我国分配制度的正义整体重构有多种目的，就是在推动政府更好地理解新治理理论和开展社会治理实践的基础上，更好地促进经济社会结构稳定和维护国家秩序安全、更好地改善人民综合生活水平和全面提升幸福感。解决我国分配制度正义整体重构问题，需要在一般原则指导下进行。根据涉及领域的不同，我国分配制度的正义整体重构需要遵循三对理性原则、三条价值原则和三类法治原则。第二，需要完善我国分配制度的正义评价体系，包括优化按劳分配的分类评价指标体系、优化按要素分配的科学评价指标体系、优化分配制度的人文关怀评价指标体系等。第三，完善我国分配制度关键机制的正义，主要是完善分配领域的目标管理和结果导向、科学与民主的决策机制，建立调节收入分配差距的动态平衡机制，强化由形式平等到实质平等的进阶式分配机制。

最后，在对所有制、市场体制、分配制度正义完善进行分别考察后，本书认为还需要综合讨论我国经济制度正义完善的本质方面——经济价值体系的完善问题。因为任何经济制度在本质上都意味着对一种经济价值体系的建构，当前我国经济制度所建构的经济价值体系具有自身的特殊性，包含了特定优势和有待解决的不足，因此，在进行正义完善时势必要对这种经济价值体系进行完善。因而，在最后一章第一节中阐明了当前我国经济制度所建构的各种经济价值，包括我国经济制度在整体层次和部分层次上所建构的诸多不同的经济价值。在整体层次上，我国经济制度是以公有制统摄其他部分的特定的规则和机构体系。它的本质也就在于以公有制所建构的经济价值为根本。在部分层次上，我国经济制度的三个构成部分——以公有制为主体的复合型所有制、社会主义条件下的市场体制、以按劳分配为主体的综合型分配制度，所建构的主要经济价值有：人民整体的经济福祉、单个主体的差异化经济福祉、经济功利、自然安全、经济权利、经济义务、经济平等、经济自由、经济公平、经济效率等。本章第二节讨论了我国的这些经济价值之间的关系，认为在这些经济价值之间的关系中，主导的状态是相互一致、相互促进状态，同时，也存在一些相互错位、相互掣肘、相互对冲等现象。第三节则阐明，为了正确建构这些价值之间的关系体系所需坚持的诸多正确原则，包括坚持我国经济制度的根本价值目的和直接价值目的原则，公有制所代表的共有、共创、共享等价值对于其他所有制的自有、自创、自享等价值的引领原则，市场体制所要求的经济自由与经济平等相平衡的原则，科学确定劳动因素和生产要素的价值之间的关系原则，各种价值的不同地位安排原则，等等。最后一节，从系统整体、运行过程、客观必然和主体实践等方面，说明我国经济制度价值体系正义完善所必然达到的基本完成状态，并指出了这种基本完成将会具有的深远意义。

目　录

导论　我国经济制度的正义完善问题和研究意义

　　我国经济制度的正义完善研究这一课题，旨在深入探讨我国经济制度在正义维度上的进一步完善这一重要的现实问题，力求形成正确可靠的理论成果，并为我国的经济制度改革提供某种有益的参考。这一课题的名称表明，我国的经济制度已经实现了基本的正义，或者说在根本性质上是正义的，只不过它在正义维度上还存在一些不充分、不全面、不到位、不彻底之处，需要进一步加以完善。从本课题开始到现在，我国的全面深化改革已经取得了巨大进展，经济制度也在这一过程中变得更加正义，与此同时，我国经济制度的正义完善问题也还未完全解决，改革还在继续，还有许多艰巨的任务有待完成。

一、问题的现实性和理论背景

　　作为社会主义国家，我国基本制度的根本目的是不断实现我国人民整体的福祉。要真正做到这一点，归根结底在于我国基本制度安排的正义完善。无疑，在基本制度安排中，最具基础意义的是经济制度安排。对于我国来说，只有确立并按照合乎我国实际的正义尺度，对当前我国的经济制度加以自觉完善，建立起充分正义的经济制度，才能实现经济过程的充分正义，也才能为实现我国社会生活的其他层次、其他方面的正义提供可靠的基础和保障。

　　从现实进展看，自从 20 世纪 80 年代进行经济体制改革以来，我国已经确立了具有自身特色的经济制度。从这一制度的构成要素来说，主要包括三大要素：以公有制为主体、多种所有制经济共同发展的复合型所有制，以市场作为资源配置和经济运转的微观基础的体制形式，以按劳分配为主体、结合生产要素进行分配的综合型分配制度。

这一经济制度的建立过程，为我国经济发展提供了巨大的制度动力，有力推动了我国经济从相对落后到位居世界前列的飞跃，显著增进了我国人民整体的经济福祉和社会福祉[①]，空前地增进了众多单个主体的经济福祉，历史性地提高了中华民族的经济实力和在世界经济格局中的地位，极大地增强了中华民族的经济自信。无疑，这一经济制度实现了基本的正义。

与此同时，我们也看到，从正义这一价值要求的角度看，我国的经济制度还存在着一些不到位、不充分、不明确等不完善之处。这也是我们进一步全面深化经济制度改革的必要性所在。

第一，从我国经济制度的整体来看，它在实现我国人民整体的经济福祉这一根本价值目的方面，在功能作用上还不够充分。

第二，在实现公有制之本质的价值要求的制度安排方面，还没有达到完全合理的程度。这表现在对公有制的所有权、经营权、收益权之间关系的安排方面，价值指向还不够高度明确。

第三，市场体制对各种经济行为主体的自由竞争的界限和范围的设定，包括对资本的价值本性的限定，合理性程度还需要进一步提升，对市场体制的负面效应的预防规则还不够全面有效。

第四，分配制度在对单个主体的效率激励与社会成员的公平共存之间关系的处理方面的作用还不够强，人们在收入和财富方面还存在较大差距。

第五，在我国经济制度所致力于实现的各种价值之间所需建立的

---

① 经济福祉指的是人们在经济生活方面的幸福状态；社会福祉指的是人们在整个社会生活方面的幸福状态。

正确关系方面，还存在某些薄弱和落后于我国社会发展要求的环节，即我国经济制度所代表的价值系统还不够完善。

因此，对我国经济制度进行正义完善，是我国经济生活乃至整个社会所提出的一个极其重大的经济社会现实问题，是我国经济社会发展所必须完成的一项事关全局的重要任务。

从理论研究适合于现实需要的角度看，随着我国市场体制的建立和以往经济快速发展所出现的问题，国内外特别是国内学术界对我国经济制度正义完善问题的关注日益凸显，在我国经济制度的所有制安排、市场体制、分配制度的正义完善研究方面，直接或间接的研究成果也逐渐增多，其现实应用价值也更加明显。正是已经取得的这些成果，为本课题的进一步深入研究提供了重要的理论依据。

与此同时，相对于我国经济制度的正义完善这一迫切要求来看，国内外学术界对我国经济制度整体的正义完善所进行的基本价值分析还比较薄弱，对我国经济制度的每一构成部分所致力于实现的各种价值的本质特征的分析也还相对不足，因而，还未建立起系统深入揭示我国经济制度的价值特征和价值关系的基本理论体系，也还没有能够充分地在价值层面上为我国经济制度的正义完善提供全方位的理论支持和决策参照。

二、本研究的现实意义和理论意义

对任何一种现实经济制度的正义问题的深入研究，都具有一定的相关现实意义。

首先，系统深入地对我国经济制度的正义完善问题进行研究，充分阐明我国经济制度的根本正义，同时弄清楚我国经济制度在某些方面存在的不足和在价值体系方面存在的不完善，明确指导我国经济制度正义完善的基本的价值理念和价值路径，可以充分彰显我国经济制度内在具有的正义价值，充分展现我国经济制度的价值本质 —— 以实现人民整体的经济福祉为根本价值目的。这对于增强人民群众对我国经济制度及其价值体系的信心，无疑具有不可低估的重大作用。

其次，系统深入地对我国经济制度的正义完善进行研究，获得对我国经济制度所致力于实现的各主要价值的性质特征、它们当前的共存状况、应该建立什么样的价值体系的正确认识，特别是关于它们之间应该何者优先、何者其次、何者主导、何者从属或者如何相互平衡的正确认识，是实现我国经济长期健康发展的理论前提。没有这种研究所形成的正确认识，我国的经济发展就无法获得自觉的方向指导。

最后，全面深入地对我国经济制度的正义完善进行研究，提出方向正确、内容可靠的价值目的理念坐标，对于我国进一步深化经济制度改革，建构充分合理的经济生活体系，具有重要的认知引导价值。经济生活体系是整个社会体系的基础层次。而只有在经济制度实现基本正义的前提下，才能够实现整个经济生活的健康运转，也才能够实现人民整体的经济社会福祉。因此，对我国经济制度正义完善的深入研究，直接关系到我国建设社会主义强大国家这一价值目标的达成，具有重大而深远的意义。

同时，对现实的关照和拷问，本身也是提出理论问题、进行理论创造的过程。本研究也同样具有相应的理论意义。

系统研究我国经济制度在价值维度上的正义完善，建立关于我国经济制度的基本价值理念，本身就是一种重要的价值理论创造。实际上，任何经济制度在本质上都是一种价值体系。与当今世界上的其他主要国家相比，当今我国的经济制度是一种十分独特的价值体系。我国经济制度的构成具有独特性，各构成部分所致力于实现的各种价值之间的相互作用系统也具有独特性，并且处在走向充分成熟的转变过程之中。因此，对我国经济制度的正义完善进行研究，对于创建适合我国国情的经济制度正义理论，将是一个重要推进。

系统研究我国经济制度在价值维度上的正义完善，可以为我国的整个价值理论研究，提供新的内容和动力。任何重大价值理论研究，既需要反思从古到今的各种价值理论，更需要关注当今社会的价值实践问题，唯有如此，才能为价值理论研究提供新的现实内涵、新的时代主题、新的发展方向。当前我国经济制度的价值体系及其运转过程、它的巨大优势和某些不足，为我国价值理论研究提供了十分深厚的土壤，对它的正义完善进行深入研究，将极其有助于推进我国价值理论研究达到一种实质突破。

三、相关研究成就以及有待进一步探讨的问题

自人类进入现代社会以来，经济制度的正义安排一直是众多学者思考的一个重要主题，绝大多数研究是在西方国家进行的，主要是围绕财产的占有制度、财富的生产和分配制度而展开的。国内自从改革开放以来，围绕我国经济体制改革的进程，有许多学者对经济制度的正义安排问题进行了深入探讨，形成了丰富多样的研究成果。

（一）西方对经济制度正义一般问题的研究

西方从现代以来对经济制度正义所进行的研究，从不同视野和侧重点取得了丰富的研究成果。总体上看，西方的研究主要是围绕如何安排经济制度才能实现经济利益的创造和分配的正义而展开的。按照本课题对研究内容的设定，这里对研究现状的述评分为以下四个方面。

1. 经济制度整体的正义问题研究

（1）兼顾平等的自由主义经济制度正义观。这种观点以罗尔斯（John Rawls）为主要代表。他认为，经济制度的正义在于人人平等的经济自由制度安排。他所提出的两大正义原则，主张包括经济制度在内的所有社会基本制度安排，应以实现平等的自由为首要基准，强

调任何经济社会的不平等的实施，必须以有利于最不利者的最大利益以及机会平等为前提条件（1971）。（2）绝对自由主义的经济制度正义观。主张经济制度应建立在经济生活的自发秩序的基础之上，反对国家对经济行为进行任何干预。哈耶克（Friedrich Hayek）坚持经济领域的绝对自由主义，认为经济秩序是自发形成的过程，不是人类的理性刻意建构的结果（1944）。诺齐克（Robert Nozick）从"获取正义原则"、"转让正义原则"和"矫正正义原则"三方面论述经济制度的正义在于绝对保证个体的自由权利，任何对个体自由权利的强制和侵犯都是不正义的（1974）。布坎南（James M. Buchanan）把契约双赢作为经济制度正义的宗旨，把程序起点的平等作为分配正义的原则，把宪政作为经济正义的政治制度保障（1987）。弗里德曼（Milton Friedman）认为经济正义源于经济私有制和经济自由，反对福利国家的结果平等政策，强调机会平等（1962）。（3）社群主义的经济制度正义观。这种观点将包括经济制度正义的所有正义看作是社群对善的共识和制度建构。麦金太尔（Alasdair MacIntyre）认为正义是德性的核心概念，正义即是体现于对善的共同体的认可和追求的一种德性（1984）。桑德尔（Micheal Sandel）主张人们社会共存的相互主体性，认为不存在孤立的自我主体，经济制度也应以建构人们在经济生活方面的相互主体性以及团结互助等道德价值为正义标准（1982）。沃尔泽（Michael Walzer）则将包括经济正义在内的正义放在特定社群分享的共同理解之上，认为正义不能脱离社会历史和文化（1983、1994）。

2. 所有制和产权正义问题研究

所有制和产权正义一直是经济制度正义的基础和核心。罗尔斯主张财产的民主所有权制度，为了保证人们在财产权方面尽可能平等，防止财产权利的过度集中，财产权需要尽可能地分散（1971）。哈耶克主张财产私有制（1944），布坎南认为财产所有权对于保证自由具有关键意义（1987）。诺齐克则从财产持有的正义的角度提出任何一个人对财产的获取都不能侵犯他人的财产权利、财产的转让必须自愿等原则（1974）。现代产权学派的代表人物德姆塞茨（Harold Demsetz）在"产权理论探讨"中，强调财产权的稳定性所能带来的社会意义，认为对财产的稳定分配会保持人们对社会秩序的稳定预期（1967）；而另一位产权学派代表平乔维奇（Svetozar Pejovich）则指出，财产所有权的排他性能够使人们对自己的财产使用方式承担相应的后果责任（1993）。总体上看，现代西方在对所有制和产权正义的认识方面，强调"人们对于财产的权利规范的遵守"。市场社会主义者普兰纳布·巴德汉（Pranab K. Bardhan）提出了"以银行为中心的"市场社会主义，主张以公有制为经济模式的基础（1996）。而约翰·罗默（John E. Roemer）提出了"虚拟证券市场社会主义"，认为公有制是手段，实现平等是社会主义的根本目的（1996）。

3. 市场体制正义问题研究

凯恩斯（John Maynard Keynes）主张国家对市场经济进行干预，反对市场放任自由（1914）。罗尔斯赞同市场体制的效率优势，认为过度集中的计划经济是缺乏效率的（1971、1999）。哈耶克主张自由自发秩序，他相信资本主义经济本身有一种自行趋于稳定的机能，反对国家干预市场经济运转（1974）。卡尔·波普（Karl Bopper）从政治自由的角度主张开放社会，反对计划经济，认为计划经济必然导致极权主义（1954）。市场社会主义者约翰·罗默和普拉德·巴德汉主张政府有权干预市场经济，指导企业投资方案（1996）。

4. 分配正义问题研究

功利主义、自由主义、社群主义的分配正义理论是当代西方社会中经常引发激烈争论的三个最具影响的理论。其他还有能力平等的分配理论、市场社会主义的分配理论等。从边沁（Jeremy Bentham）到今天的西方功利主义，坚持把实现大多数社会成员的最大幸福看作是分配的根本正义原则（1789）。罗尔斯平等主义的分配正义观强调机会的公平平等，并提出如果采取不平等的分配的话，必须能够最大限度地促进社会上最少受惠者的利益（1971）。哈耶克主张市场的绝对自由竞争和财富的市场分配，认为国家对经济的任何干预都违反市场经济的本性；分配作为市场竞争的结果，无所谓正义和不正义。诺奇克坚决反对国家实施任何强制的分配政策，坚持获取和转让维度的分配正义（1974）。桑德尔主张以分配所促进的道德价值的重要性来确定分配的正义，认为收入与财富分配的巨大不平等导致了人们的分裂。沃尔泽主张不同物品具有不同的意义，因而需要实行不同的分配原则，分配正义是复合的（1985）。米勒（Miller）从"人类关系的样式"出发，认为分配正义的确定依赖于人们关系的不同样式，由此可以确立三种不同的分配正义原则——应得原则、需要原则和平等原则（1989）。阿马蒂亚·森（Amartya Sen）提出了实现能力平等的分配正义原则（1987）。市场社会主义者普拉德·巴德汉和约翰·罗默主张平分股权，使企业利润不是流向少数人的腰包，以社会红利的形式大体平等分配（1996）。

西方的上述研究，对于我们思考我国经济制度的正义安排，无疑具有多方面的启发和参考意义。但是，由于社会背景和历史进程不同，西方研究所取得的成果，对于我国经济制度的正义安排，无论是在根本理念要求方面，还是在制度安排的过程原则的要求方面，都很难在实质上相匹配。

（二）国内对经济制度正义与我国现实问题的研究

20世纪80年代改革开放以来，国内贫富差距凸显，经济正义和经济制度正义问题得到越来越多学者的关注和讨论，涌现出一批有价值的研究成果，内容主要集中在以下几个方面。

1. 经济正义问题研究

张雄等针对我国经济发展中的贫富差距问题，将经济正义解释为既注重"效率"又注重"公平",使两者达到平衡(2001)。毛勒堂从四重内涵看待经济正义:以平等对待经济需要;以秩序规范经济行为;以共生牵引经济生活;以自由看待经济发展(2003)。郑永奎围绕经济活动过程的生产、分配、交换、消费环节思考正义,认为经济正义在于使各个环节的尺度都合乎人的发展的本质要求(2004)。赵华认为经济正义就是经济利益得到协调,社会贫富矛盾得到处理,经济公平得到实现(2008)。

2. 所有制和产权正义问题研究

刘敬鲁研究了我国国有资源的所有权与经营权、收益权之间的关系现状,讨论了我国国有资源所有权和经营权的正义安排对于实现经济正义、建设和谐社会的基础意义(2008)。董德刚认为,对公有制和私有制、"姓社姓资"问题要进行多维解析,并在概念指称上提出,最好用同国家所有制概念相对的社会所有制概念来指称公有制(2010)。

3. 市场体制正义问题研究

国内对这一问题的研究主要指向两个方面:一方面是市场体制中的资本问题;另一方面是市场体制所存在的其他经济问题。汪丁丁认为,我国实行市场经济以后出现了某种程度的权力与资本相结合,这导致了诸多负面现象,对于这一问题的解决,既需要以合理尺度节制政府权力,也需要以合理尺度节制资本(2009);而毛寿龙、黄春兴等学者则认为,是权力扭曲资本而导致了负面问题的产生,因此,应该实行的是"节制权力、发展资本"(2009)。董德刚认为劳动和资产是形成使用价值的两个源泉,也是形成价值的两个源泉,光讲劳动的作用是有片面性的(2008)。鲁品越认为资本的扩张有利于我国生产力的发展,但是也带来了对自然界进行统治的价值形态,带来了对公共资源的滥用(2006)。刘敬鲁对资本实体与市场形式的关系、特别是如何从我国经济制度正义的高度来限定资本的价值作用缺陷,进行了尝试性探讨，认为必须把资本的作用从属于人民整体的经济福祉的实现（2010）。吴晓明认为资本的基本特性是增殖，现代文明是建立在资本原则的基础之上的，因而现代社会的许多特征都与资本有关，资本和现代形而上学是一种密切相关的共谋关系（2012）。在对市场体制的其他经济问题的研究上，刘敬鲁围绕前几年我国市场经济发展中存在的自由优于平等、效率优先于公平、贫富差距扩大、两极分化等突出问题，对市场经济条件下如何实现经济权利与经济义务平衡、经济平等与经济自由平衡、经济利益的全社会统一公平共享等问题进行了探讨，强调指出了大力完善我国市场经济体制正义安排的必要性（2007、2009）。

4. 分配正义问题研究

姚洋综合分析了古典自由主义、功利主义、平均主义和罗尔斯主义的分配理论，认为在狭义的分配方面，对于与个人能力相关的基本物品的分配，实行均等分配原则，而对于其他物品的分配，则实行功利主义分配原则（2004）。何建华认同关于分配正义的基本原则是应得原则的观点，认为我国的分配制度应该以按贡献分配为标准，同时兼顾平等（2005）。应宜逊针对我国以往实行的"效率优先、兼顾公平"的分配原则已经落后于经济社会的发展，需要做出改变（2007）。朱晖春等对我国分配实践的历史过程进行梳理，认为我国分配实践经历了"劫富济贫、均中求富、先后共富"三个阶段，主张以所有制为基础来实现分配方式的正义（2009）。

国内的这些研究，大多立足于我国经济的实际情况，密切结合我国经济发展中的产权安排、效率与公平、经济自由与经济平等、资本的作用、贫富差距等现实问题，具有很强的情境针对性和鲜明的本土特征。这些研究尽管有着不同的思路和结论，但都体现了对我国如何实现经济正义的认真思考和探索，其中多数研究强调了经济制度正义安排所具有的基础意义，特别是，一些研究者对我国的分配制度、市场体制的正义安排，做了很有深度和启发性的探讨。

对比国内和西方对经济制度正义的研究可以看出，两者的出发点、角度、内容等既有明显的不同之处，也有某些一致的地方。西方的研究在理论深度上更加突出，理论探讨意义更加显著，国内的研究在现实关照方面更加鲜明，本土应用意义更加直接。因而，对于本课题的开展来说，两者都有值得我们学习、参照的重要价值。同时，也可以看出，无论是西方的研究还是国内的研究，它们对我国经济制度所应承担的基本价值目的、所应实现的主要价值、所应建立的正确价值体系等关系我国经济制度正义完善的主要问题，所做的探讨还不够系统和深入，离我国经济制度正义完善所要求的理论成果目标，还存在一定距离。因此，从理论研究和现实要求的双重角度看，本课题的工作十分必要。

四、本研究的立场、思路和内容

本研究以马克思的社会历史主义为立场来分析当前我国经济制度的正义完善问题，主张正义是社会历史性质的、依赖情境条件的、动态变化的，不存在适用于一切社会历史阶段的永恒的正义标准。同时，本研究将以价值分析为基本方法，力求阐发出当前我国经济制度所致力于实现的各种主要价值、它们的不同特征、它们之间可能产生的矛盾以及正确的解决方式。

在思路方面，本研究的逻辑如下：对于任何经济制度的正义问题的研究，都必须深入阐明对正义的本质、正义的标准的可靠理解，对于我国经济制度的正义完善来说，必须首先确立我国经济制度的正义标准，同时，任何经济制度都既是一个整体，又包含了各个部分，因而对于我国经济制度正义完善的分析既需要针对整体，也需要针对其各个部分。还有，无论是我国经济制度整体上的正义完善，还是各个部分上的正义完善，在本质上都是价值处理方面的问题，指向的都是对相关价值的地位以及它们之间关系建构的完善，因此，必须在清楚地呈现当前我国经济制度所建构的各种价值、它们的性质特点及共存状况的基础上，提出如何才能把它们建构为一种有机体系所需依据的正确原则。

这样的思路决定了本研究在导论以外，主体内容结构由三大板块、六个章节所构成。第一个板块即第一章，将确立本研究的立论前提——我国经济制度的正义标准。第二个板块即第二、三、四、五章，从我国经济制度的整体和部分上讨论正义完善，其中，第二章针对整体，第三、四、五章分别针对所有制、市场体制、分配制度这三个部分。第三个板块即第六章，将集中分析当前我国经济制度所建构的经济价值体系的正义完善问题。各章具体内容如下。

第一章将从对国内外对正义问题的不同观点的分析入手，阐明正义是对客观必然要求的反映和对主观目的要求的反映的统一，认为正义或正义的标准是社会历史的，经济制度的正义标准取决于社会历史一定阶段在客观上对经济制度的必然要求和这一阶段的人们在主观上对经济制度的目的要求的统一。我国经济制度的正义标准的确定，既必须立足于我国的社会主义性质特点、国情状况、历史和文化传统等现实情境，也必须同我国全体人民对经济制度的目的要求相一致。具体来说，我国经济制度的正义标准就是符合我国现实情境的必然要求和人民群众的经济价值目的的统一。

第二章将分析我国经济制度在整体上如何进行正义完善，首先明确我国经济制度的根本价值目的，指出它的方向引领地位，接着指出建构我国经济制度的直接价值目的及其对于根本价值目的的辅助意义，然后抓住人民整体的经济福祉和个人主体的经济福祉、经济生活的手段价值与目的价值、经济权利与经济义务，以及国家经济利益、单位经济利益、个人经济利益这四组价值关系，来进一步说明我国经济制度整体的正义完善所需处理的主要事宜。

第三章将讨论我国经济制度的核心部分——我国所有制及其实现机制的正义完善。为了阐明究竟如何进行完善，本章首先呈现了我国所有制形式的历史嬗变过程，并以此为基础指出我国所有制及其实现方式所存在的正义不足。然后分别对如何完善公有制与其他所有制之间的价值关系，如何完善所有权、经营权、收益权之间的合理关系，以及如何建立累进实现社会所有制目标的过程机制进行了讨论。

第四章将考察我国经济制度的体制部分——市场体制的正义完善问题。考虑到市场体制的本质特征，特别是我国实行市场体制以来所取得的成就和产生的诸多问题，本章重点论述了在经济行为主体自由行动的正当边界、经济系统与自然环境的价值共生规则、市场经济过程的科学纠偏机制、国家调控市场经济的正当原则等方面的完善问题。

第五章将探讨我国经济制度中直接关系到利益处理的部分——分配制度的正义完善问题。我国实行的是以按劳分配为主体，以要素参与分配的综合型分配制度。这一制度的正义问题带有很大的复杂性，涉及评价的尺度、收入财富差距、平等原则等许多重要因素。本章基于我国分配制度的现实，以对我国分配制度正义的历史、现状与问题的反思为依据，讨论了我国分配制度的整体正义重构、我国分配制度的正义评价体系的完善、我国分配制度的正义机制的完善等关键方面。

第六章将集中讨论当前我国经济制度的本质维度的正义完善问题——它所建构的价值体系的正义完善问题。任何经济制度在本质上都意味着一种经济价值体系的建构。当前我国经济制度所建构的经济价值体系具有自身的特殊性，包含了特定优势和不足。这是探讨我国经济制度的正义完善问题所必须加以思考的。本章将首先阐明我国经济制度整体和各个部分所建构的各种主要的经济价值。接着讨论这些经济价值之间的关系状况，包括作为主导状态的许多经济价值之间的相互一致，以及某些经济价值之间的不一致、某些经济价值之间可能发生的矛盾等。然后将阐明，为了正确建构这些经济价值之间的结构体系，将需要依据哪些正确原则。最后，为了表明发展前景，将简要指出我国经济制度价值体系的正义完善所必然达到的基本完成状态，并指明这种基本完成所具有的长远意义。

五、研究方法

根据本研究的内容和特点，本课题将主要使用以下四个研究方法。

价值分析既是本课题所采取的分析视野，也是本课题所需要的具有全局意义的根本研究方法。我国经济制度的正义完善研究这一课题，在本质上是把正义作为一种最重要的价值之一，因而需要确立我国的正义价值标准，同时，如前所说，我国经济制度本身就代表着一种价值系统，对于这种制度进行正义完善，要求在整体上高度明确它的根本价值目的，要求对它的各个部分在价值方面的作用进行合乎根本价值目的的合理限定，要求对单个主体的经济福祉与人民整体的经济福祉之间以及其他所有主要价值之间，建立起引领和辅助、主要和次要、一致和平衡等方面的相互促进关系。因此，要获得对于这些问题的正确认识，必须进行多层次、多维度、多侧面的价值分析。

要素分析与系统分析相结合的方法，将是本课题的主要逻辑分析方法。当前我国经济制度是进行经济体制改革以来逐渐建立起来的，是一个包含多个新型要素的整体系统。改革开放之后我国经济制度的原有构成要素都发生了重大调整或改变，如所有制和分配制度，因而这些要素所承担的价值功能也都发生了重要变化，同时，又增加了一个全新的要素——市场体制。对于这些要素所致力于实现的各种价值的本质和作用，我们的认识还不够充分。同时，对于当前的这些价值之间相互作用所构成的价值系统整体及其特征，我们的认识也还不够深入。因而要素分析和系统分析都是极其必要的，而且只有把两种分析结合起来，才能真正把握上述价值问题，完成本课题的研究任务。

以哲学分析为主导，以经济学、社会学方法为辅助的多学科、跨学科研究方法，是本课题的一个重要研究方法。研究我国经济制度的正义完善，离不开对它的经济学考察，特别是经济学的定性分析。同时，经济制度以及它所引导的经济过程，本身就是整个社会生活的构成部分，因此，本课题也需要在直接相关的情况下，把我国经济制度放到社会整体的发展和运行中去考察，所以，社会学在分析社会现象时所采用的情境分析法，也是本课题运用的重要方法。

实证研究方法是本课题用来获得正确事实依据的研究方法。探讨我国经济制度正义安排的完善，必须以对我国经济制度现状的深入了解为前提。对当前我国经济制度的根本价值目的的明确性程度、它的实现程度的可靠认知，对这一制度的整体运行和要素运行现状、它所存在的主要问题的清楚把握，对这一制度的价值体系进行正义完善所需要的目的理念和基本方式的确定，既需要对政府的相关经济决策和规则制定进行深入理解，更需要对各种所有制类型的企业进行实地考察。本课题对一些经济事实的描述，以及所引证的关于经济行为的一些事例，是贯彻实证研究方法的主要方面。

第一章
我国经济制度正义标准的合理建构

在改革不断深化的历史条件下，建立完善的经济制度具有突出的现实性。经济制度作为社会整体制度的一部分，所应具备的首要价值特征是正义。因此，我们要建构合理的正义标准，对我国现行的经济制度进行评价，发现其有待完善之处，以便建立起充分正义的经济制度。而正义与否、正义的程度，都是以社会共同体及其成员相关联的方式存在的，即具有社会历史性。在对经济制度的正义要求进行一般分析后，还需结合对我国具体的社会历史发展状况对经济制度的制约因素以及经济制度建构所需依赖的经济、人、社会这三个方面的价值依据的分析为立足点，建构我国经济制度的正义标准。

一、经济制度正义与社会整体制度正义

诚如金利卡所言，20 世纪 70 年代的主题词是"正义"，而这一热潮以罗尔斯的《正义论》发表为开端。在当代的哲学探讨尤其是政治哲学和伦理学的探讨中，人们无法绕开罗尔斯的理论。罗尔斯的正义理论之所以能够有如此广泛且深远的影响，激起学界和社会的热烈讨论，有其深刻的社会背景原因。在罗尔斯以前，整个西方社会占据主流地位的学说是功利主义，这种理论追求功利的最大化，主张通过扩大和增加功利总量来解决社会成员的需求问题。但在现实的社会发展中，贫富差距不断扩大，社会不稳定因素增多。这些事实都说明了一味增加总量而不考虑内部分配的做法存在着诸多问题。因而可以说，

时代发展的需要召唤着正义的回归。

（一）作为制度之首要美德的正义

罗尔斯在其《正义论》第一章第一节"正义的作用"的开头就指出，"正义是社会制度的首要美德"①。这句话可以分两个层次来理解：首先，为什么制度的首要美德是正义。其次，为什么正义问题的解决需要从制度层面入手。

在进行这两个层次的理解前，需要先澄清什么是制度。在日常的语境中，人们似乎能够理解并使用"制度"一词所指向的内容，但是要想给它下一个被人们普遍认可的定义并不是那么容易。社会学、政治学、经济学等学科常常将"制度"作为研究对象，20世纪50年代新制度学派的兴起则更凸显了"制度"概念在社会科学研究中的重要性。

在《正义论》中，罗尔斯将制度理解为"一种公共的规则体系，这一体系确定职务和地位以及它们的权利、义务、权力、豁免等等。这些规则说明了哪些行为是被允许的，哪些行为是被禁止的，并且在发生违反行为时，这些规则规定了相应的惩罚和防御等措施"②。韦伯则认为"制度应是任何一定圈子里的行为准则"③，直接地将制度等同于行为准则。新制度主义的代表人物诺斯认为"制度是一个社会的游戏规则，更规范地说它们是为决定人们的相互关系而人为设定的一些契约"④。

在现代汉语的语境中，"制度"一词通常有多种所指，主要用来表示某一具体领域的一整套规则，如"政治制度""经济制度"等。同

---

① John Rawls, *A Theory of Justice*, Cambridge: The Belknap Press of Harvard University Press, 2005, p. 3.

② John Rawls, *A Theory of Justice*, p. 55.

③ 〔德〕马克斯·韦伯：《经济与社会》（上卷），林荣远译，北京：商务印书馆1997年版，第345页。

④ 〔美〕道格拉斯·C. 诺斯：《制度、制度变迁与经济绩效》，刘守英译，上海：上海三联书店1994年版，第3页。

时，也较多地用来指某一组织内部的运行机制，如"企业制度""学校制度"等。另外，也经常用来指某一具体行为的相关模式，如"奖惩制度""借阅制度"等。而在古代汉语中，对"制度"一词的使用除了直接使用"制度"以外，还以"法"或者"礼"来指称制度。[①]

从上述解释中我们可以看出，制度的核心是"规则"。当然，也有一些学者并不认同将制度简化为规则的观点。他们有人认为制度是一种习惯、一种约定俗成；有人认为制度是一种行为模式；也有人将制度视为一种组织或者运行机构。就本书所要探讨的制度正义问题而言，我们同意将制度简化为规则说的理解，即制度与社会的基本结构相关，它的实质在于调节人类关系，解决冲突矛盾，指导人类行为，其所涉及的核心问题是人与人之间的合作共存问题。不过，也不能就此将制度理解为一种客观的、纯粹自为自发的规则或规范。制度所涉及的关键是人，而人是现实中的人，人在制度的形成和演变过程中难以避免将自己的价值观念融入其中，在进行制度的选择时会有一定的价值预设。因此，制度是有其价值要求的，制度的首要价值要求就是正义。

一方面，在现实生活中，每个人作为理性的和社会的存在者都是平等的，他们都有权利去追求自己所认为的幸福生活。但人与人之间是有差异的，他们对幸福生活的定义是不同的，甚至是相互冲突的。因此，为了保障每个人都能平等自由地追求自己所认为的幸福生活，必须有一个避免冲突激化从而能够维护正常秩序的社会基本制度。这是制度的根本目的，也是制度的基本作用，因而，从公共规则意义上看，制度必须是正义的。如果一个社会的基本制度是不公正的，那它就难以保证整个社会的稳定和秩序。

[①] 辛鸣：《制度论——哲学视野中的制度与制度研究》，中共中央党校 2004 年博士学位论文，第 14 页。

另一方面，制度作为一种调节人类关系的规则或者涉及利益分配的安排，在一定程度上具有强制意味。但是"依靠权力强加于社会成员个人的至多是一种外在责任，出于惧怕的服从至多是一种他律，至多只能在现象界形成一种有规则的行为活动，尚不能形成自觉的、从而也是具有内在稳定性的责任感"①。也就是说，真正能够让人们从内心去自觉遵循的制度才是最有力的制度。因此一种制度安排必须是正义的，否则它就会失去其存在的合理性和合法性，人们就会在内心深处产生抵触。只有符合正义要求，满足人们对自由平等的价值向往，才能让制度规范真正内化于心、外化于行。

理解"正义是社会制度的首要美德"的第二个问题涉及为什么正义问题的解决需要从制度层面入手。首先，从第一次工业革命开始，整个社会经历了从群体本位的共同体向个体本位的契约社会的演变。"这一发展趋势带来的重大社会后果是，现代社会的公共化程度越高、越充分，其对于社会制度、社会秩序和社会稳定的要求便越高、越强烈。"②在现代社会中，人们日常生活的正常进行越来越依赖于作为社会基本结构的制度规则，正是因为其影响的广泛性和深远性，罗尔斯将正义理论研究的主题判定为社会的基本结构，"更准确地说是主要社会制度分配基本权利和义务、决定由社会合作所产生的利益划分的方式"③。这种制度影响着人们在社会生活中的起跑线，并且是单个个体的力量无法选择和改变的，因此制度的正义问题至关重要。

其次，正义问题的解决需要从制度层面入手，是因为通过制度建构，最能防止或纠正可能出现的社会政治和经济方面的严重不平等。与制度正义相对应的个人正义无疑也是非常重要的，但是"个人能够

---

① 〔瑞士〕J. 皮亚杰、〔瑞士〕B. 英海尔德：《儿童心理学》，吴福元译，北京：商务印书馆 1980 年版，第 118 页。

② 万俊人：《论正义之为社会制度的第一美德》，《哲学研究》2009 年第 2 期，第 89 页。

③ John Rawls, *A Theory of Justice*, p. 7.

追求什么，其主要的路向在他诞生的那一刻就大致限定了。他只能大致在社会制度给他规定的范围内追求他渴望的东西，很少有人能越过此界限。人类的幸福将以合理的社会制度为其基本的条件，这一制度至少应当努力消除那些人为的严重灾难和不幸"[1]。正因为个人是在社会的框架内生活的，制度正义相对于个人正义来说就具有优先性。正是在这个意义上，马克思认为在资本主义社会不平等的所有制结构下，不可能实现个人的自由和全面的发展。

（二）经济制度的正义

前面提到了作为社会基本结构的制度由于影响到人类生活的方方面面，因此其正义问题就显得格外重要。而在当下，经济制度正义在整个社会制度正义中的重要性正日益凸显。

前面已经明晰了"制度"的所指，这里解释"经济制度"的含义就相对容易了。国内学者毛勒堂将经济制度定义为"人们在经济生活中有关经济活动和主体的经济行为制度和规范，它旨在通过设定人们之间的相互经济关系来满足主体的最大化目标需求，它是制度体系集合中的一个子集合，既包括狭义的经济制度即基本的经济制度，也包括作为基本经济制度运行的具体形式的经济体制和经济规则"[2]。何建华在《经济正义论》中也提出了类似的看法，认为"经济制度是关于经济活动或经济行为的规则，或者说是人们的经济关系的制度化"[3]。如果说经济活动是人们之间进行的一场游戏，那么经济制度就是指导并约束每个人的行为从而保障这个游戏顺利进行的规则。

但是在以往的经济学研究中，很少重视经济制度的价值取向，更

---

① 何怀宏：《正义理论导引》，北京：北京师范大学出版社 2015 年版，第 161 页。

② 毛勒堂：《经济正义：经济生活世界的意义追问》，上海：复旦大学出版社 2004 年版，第 64 页。

③ 何建华：《经济正义论》，上海：上海人民出版社 2004 年版，第 144 页。

遑论经济制度的正义问题。例如英国经济学家罗宾斯就认为经济与道德无关，在经济分析中无法也不需要进行价值判断。[①] 这可以看作是经济学不必讲道德的主张的理论源头。这些经济学家认为研究经济制度就是在进行事实分析。哈耶克继承了斯密以来的经济自由主义观点，尤为反对凯恩斯的干预理论。他认为，制度与制度变迁并不是来源于人们的精心设计，而是自然而然的演化过程。与之相反，20世纪50年代以来兴起的新制度经济学派论证了制度安排的可设计性和可选择性。诺斯、科斯、林毅夫等人都强调了国家或者政府在制度安排、变迁中的作用。可以说，任何制度包括经济制度的变迁都是合规律性与合目的性的统一。英国著名经济学家罗宾逊夫人在其著作《经济哲学》中分析了从斯密到凯恩斯等经济学家是如何从伦理价值角度为自己设计的经济制度做辩护的，她所揭示的这种伦理与经济制度之间的关系正说明了经济制度本身所具有的价值目的。

制度变迁的合目的性表明了人类在进行经济制度选择时总是包含着某种价值预设。有些经济学家承认经济学的研究是价值关涉的，但是在他们看来经济制度乃至整个经济活动的唯一价值目的就是效率。的确，经济制度作为经济活动的规则和规范，它必须符合经济运行的规律，而人类结成社会并进行生产、交换等经济活动的目的是为了满足人们的生活需要，尤其是物质需要。人类对经济制度的选择受制于经济活动的特点。经济活动与其他社会活动相比，其最鲜明的特色就是获取经济福利。因此，经济制度只要符合经济活动的规律，能够最大限度地增加效益，它就具有其合法性。

这种主张以受功利主义影响较深的福利经济学派为代表。福利经济学与功利主义的逻辑一样，要求社会整体经济福利的最大化。这种

① 〔英〕莱昂内尔·罗宾斯：《经济科学的性质和意义》，朱泱译，北京：商务印书馆2000年版，第119页。

偏重效率的做法在理论和实践中都遭到了质疑与反对。当蛋糕越做越大的时候，人们的生活水平并没有随之得到显著的改善，因而引起了较大的不满。这表明，一个能够最大限度地实现经济增长的制度并不一定是一个完全好的制度。金字塔形的社会结构在社会稳定和社会公平两方面存在的隐患逐渐显露。因此，罗尔斯的以公平为核心的正义理论刚一提出就引起了很大反响。

效率和公平是社会经济生活中不可忽视的一对价值。人类建立经济制度的直接目的是促进经济增长，因此效率是不容忽视的。但是这种选择又是牵一发而动全身的，所以经济制度的选择又不得不考虑道德等其他因素，因而公平也是不容忽视的。现在人们对公平和效率的重要性基本已达成共识，而在孰轻孰重或者谁优先的问题上依旧争论不休。罗尔斯以来的平等倾向主义者往往抨击福利经济学效率优先的正义观，认为"效率原则在公平的正义中处于从属地位"①，主张为弥补偶然因素所造成不平等而进行再分配。作为公平的正义由于满足了人们对平等的期望而似乎已经深入人心。但是我们应该看到正义与公平之间并不能简单地画等号，正义是一个比公平更为宽泛和深厚的概念。正如经济制度的选择和发展是合规律性与合目的性的统一，经济制度的正义并不只包含公平一个维度，效率也是其中的一个维度。

另一个需要注意的问题是，经济制度作为经济活动的规则，贯穿于整个经济活动的始终。因此，探讨经济制度的正义问题不能仅仅涉及分配制度正义，而应该包括起点的正义、过程的正义和终点的正义，即生产、交换、分配和消费的正义。在这一点上马克思主义者与其他流派形成了鲜明的对比，后者常常忽视生产等其他环节的正义问题而主要讨论"分配正义"。将"分配正义"视为正义问题的全部就会割裂分配与生产之间的紧密联系，实际上掩盖了其他领域的不平等问题，

---

① John Rawls, *A Theory of Justice*, p. 310.

甚至允许了更大的不正义的存在。按照马克思的理论，"正义原则的主题不仅仅与利益和负担在全体成员之间的划分有关，还与社会生产结构和劳动制度有关，应该从生产正义入手来探寻社会生产和社会分配之间的内在联系，以便在更广泛的范围内求索社会经济不平等产生的真正根源"[①]。

马克思主义者关于经济正义的分析给予我们的最大启示在于，探讨经济领域的正义问题不能只盯着分配这一个环节，而要关注整个经济活动。经济活动的正当性并不仅仅在于生产的效率，还关涉所有经济行为者尤其是劳动者的权利，这就突出了公平的社会经济制度的重要性。正是从这一角度并且历史地来看，我们认为资本主义经济制度只具有一定程度的正义或有限的正义。一方面，这种经济制度与封建社会的经济制度相比，消除了劳动者对封建地主的人身依附，使得劳动者获得了能够把自己的劳动力作为商品来出售这种形式上的自由和平等，这意味着这种经济制度在这一维度上具有一定的公平或正义内涵；另一方面，资本主义的经济制度仍然是一小部分人掌握着生产资料，而他们的初始获得也不都是合理正当的，同时，另一部分人并没有得到他的劳动的全部价值，始终存在着剥削与被剥削，这决定了这种经济制度在根本维度上是不正义的。正是在这个意义上，柯亨指出，"尽管大多数无产者在脱离无产阶级这一点上是自由的，而且事实上即使每个无产者都是如此，无产阶级在整体上也是不自由的，是一个被囚禁的阶级"[②]。也就是说，在资本主义非正义的经济制度下，虽然无产阶级的某些个体能够通过自己的努力或者其他方式摆脱其无产阶级地位，但无产阶级整体却无法摆脱其被迫出卖劳动力的基本处境。因此，

---

① 柳平生：《当代西方经济正义理论流派》，北京：社会科学文献出版社 2012 年版，第225 页。

② G. A. Cohen, "The Structure of Proletarian Unfreedom", *Philosophy & Public Affairs*, 1983, 12 (1), p. 12.

罗尔斯的差别原则所保证的正义只能使得境遇差的人的境况不会再恶化，而真正的正义应该追溯到源头的不平等。

综上，我们认为，经济制度是引导和规范一个社会的经济生活的规则，包括我们通常所说的根本经济制度和经济体制机制，主要指生产资料所有制、经济体制、产权制度、分配制度以及交换制度和消费制度等具体经济制度。经济制度的正义意味着一个社会的经济制度合乎实现全体成员整体的经济福祉这一目的要求，合乎他们在经济生活的全过程中实现共同存在和共同发展的正当要求。

（三）经济制度正义问题的凸显

在西方，自古以来正义问题就一直是哲学家们思考的一个重要内容，但他们更多是从政治和道德领域来探究正义问题。相比之下，罗尔斯正义论的一个非常重要的方面，是其解决经济不平等的差异原则。这引起了众多学者的特别关注。诺齐克、德沃金、桑德尔、柯亨等人与罗尔斯关于正义问题的相互交锋也多涉及经济领域。因此，在上面已经明确了经济制度正义所包含的内容后，我们还需要解决一个问题——在当今时代，经济制度正义问题为何如此重要。

首先，是由于经济生活在人们整个生活中所扮演的角色越来越重要。在现代的大多数民族中，经济生活日益成为整个社会生活的主要部分，经济关系取得了支配地位。在以农业生产和农业文明为主导，以家庭为单位的熟人社会中，人们基于生活的需要而进行公共交往。随着商品经济的发展和市场的形成，社会分工进一步细化，由此产生了交换的需要和对合作的依赖。因此，现代社会中的联系不再以身份为纽带，经济领域所发生的整个社会范围内的交换与合作把摆脱了特殊关系束缚的陌生人连接起来。现代性的展开、现代社会的发展可以说与经济时代的到来是同步的。"作为世俗化潮流之集中体现的商品经济，不仅从旧体制的束缚下冒出头来，获得迅速成长，而且已占据主导性的支配地位，并开始按照自己的面目塑造全社会。"①

其次，经济关系取得支配地位的同时也使得利益矛盾日益显露。与以往不同，在现代社会中，追求经济利益和物质财富不再是一件不光彩的事，很多人以追求经济利益为人生的最高旨趣。但利益诉求不同使得利益冲突不可避免。为了解决这些经济冲突与矛盾就需要经济制度的规范，同时也需要经济制度来约束那些为了利益而采取不正当手段的经济行为。尽管斯密等古典经济学家的观点——追逐私利的人们之间能够相互制衡，在相互竞争的条件下能够达到维护公利的效果，具有一定的合理性，但现实社会的实践结果表明了公地悲剧的不可避免。因此，为了整个社会的良序发展，保证所有人的正当经济利益不受损害，一个正义的经济制度是必要的。

最后，经济制度正义问题的凸显实际上是历史发展的结果。在这一点上，马歇尔的公民身份理论提供了一种深刻的理解。他依据近代以来西方社会的发展历史，将公民身份视为公民权利、政治权利、社会权利三者所组成的复合体。在他看来，"公民的要素由个人自由所必需的权利组成：包括人身自由，言论、思想和信仰自由，拥有财产和订立有效契约的权利以及司法权利。政治的要素，我指的是公民作为政治权力实体的成员或这个实体的选举者，参与行使政治权力的权利。社会的要素，这一方面指的是从某种程度的经济福利与安全到充分享有社会遗产并依据社会通行标准享受文明生活的权利等一系列权利"②。并且他认为这三种权利的获得是有先后顺序的，每一种新类型在立足于前一种类型的基础上而得以实现。从这种演化发展过程中可以看出，公民身份在实质上是一种平等原则在社会成员身上的逐步实现。18 世纪启蒙运动高喊"天赋人权"，他们的基本正义诉求是要求将人作为

---

① 张凤阳：《现代性的谱系》，南京：江苏人民出版社 2012 年版，第 59 页。
② 〔英〕T. H. 马歇尔等：《公民身份与社会阶级》，郭忠华译，南京：江苏人民出版社 2008 年版，第 10—11 页。

人而平等对待。到了 19 世纪，资本主义革命广泛兴起，要求废除封建贵族的等级制度，获得平等的参政权成为人们新的诉求。从 20 世纪开始，社会经济方面的不平等问题日益扩大，贫富差距已经成为社会不稳定的主要因素，人们进而要求在制度上保障经济上的公平正义。

因此，可以看出，正是因为经济生活在整个社会生活中的突出地位，以及制度保障在整个经济生活中的重要作用，经济制度正义成为整个社会制度正义中的主要问题。

二、经济制度正义标准的社会历史性

人们在对一个社会的经济制度进行评判时，总是依据一定的标准。而人们所持的正义观念不同，他们对经济制度正义的标准的理解就必然有所差异。因此，经济制度正义标准问题实质上还是正义原则问题。古今中外在何为正义的问题上有着不同的看法，这些看似不同的正义观念中其实蕴含着历史的逻辑，并且深受当时所处的社会环境的影响。

（一）经济制度与正义观念的演变

人们在现实交往中为了满足自身的生存和发展而进行经济活动，伴随着这种经济交往的扩大与深化，经济制度也在不断发展和演化。而作为经济领域的公共规则体系，经济制度的正义标准体现的是当下的人们所持有的正义观念。因此，经济活动和正义观念的纵深发展都使得经济制度正义标准具有鲜明的社会历史性。

人类的经济活动是复杂的。相应地，在人类历史中也产生和形成了各种各样的经济制度。显然，要对这些纷繁复杂的经济制度进行一种系统化分析，需要下一番功夫。但是我们依旧可以从根本经济制度的历史演变中对人类社会的主要经济制度的正义状况进行粗略的分析。

经济制度中的根本经济制度，指的是生产资料所有制。大致上说，人类社会迄今为止经历了公有制到私有制的一个演变过程。马克思从生产力和生产关系的角度高度总结了人类社会的历史发展过程，提出人类社会已经先后形成了原始社会、奴隶社会、封建社会、资本主义社会这四种经济形态。韦伯在其著作《经济通史》中也大致依据这一线索对世界经济历史进行了详述，尤其是阐述了资本主义经济制度生成和发展的历史。

在原始社会时期，人们的经济活动主要以渔猎和采集为主，因此相应的经济规则也就比较简单。当生产力发展到一定阶段后，共同生产和消费的经济形式被打破，私有制产生。私有制产生之后，受不同地区的地理环境以及政治等社会因素影响，世界各地产生了多种经济形式并不断发展演化，但最主要的经济制度是封建领主制经济和封建地主制经济。"领主、地主以劳役地租、实物地租、货币地租的形式占有劳动者生产的剩余产品甚至部分必要产品，劳动产品不是商品，而是供统治阶级和劳动者自己消费的。"[1] 这一时期经济关系的典型特征是马克思所说的"人对人的依附关系"。当西方的庄园制解体，自由劳动力出现，资本主义的生产方式随之确立，相应的资本主义经济制度也发展起来并不断完善。

从历史的分析中可以看出，经济制度是随着经济能力和经济交往的变化而变化的，它产生并发展于人类历史的各个阶段。但是，对经济制度的正义评判却主要是一个现代性问题。因为经济制度的正义评判实质上是当时盛行的正义观念在经济领域的体现，只有当正义的目光转向经济制度时，才有了经济制度的正义标准问题。

早在古希腊时期，柏拉图就对城邦治理的正义进行了阐释，在他看来城邦正义就是一种各司其职的稳定和谐秩序。亚里士多德则提出了关于一般性质的正义观念和具体分配的正义尺度。中国古代也有丰

---

[1] 贾轶：《马克思主义经济学：唯物史观方法及运用》，北京：中国社会科学出版社2015年版，第349页。

富的关于正义的思想探索，可以说春秋百家的基本精神都是在追求一个正义的理想社会。但是这一时期的正义观念与现代人们所讨论的正义问题有着明显的不同，它根植于当时的经济基础与交往方式之中。东西方在这一时期的具体经济制度虽然有所不同，但主要经济形式都是以家庭或者氏族、村社为基本生产单位的自给自足经济。人们生活在滕尼斯所描述的那种"共同体"中，不同的身份具有不同的德性要求，"正义作为根本的道德德性在于，个人应该服从等级制所体现的整体利益"①，各司其职、各守本分。可以说，古代大部分的正义观念不仅关注制度的正义问题，而且同样关注个人的德性问题。

而当身份社会走向契约社会，这种正义观念也发生了深刻的变化。这种变化产生的根本原因在于经济生产交往方式的变革。"市场经济的运行有一个起码的前提，即进入市场交换的主体是独立的，拥有自主的经营决策权，并具有自己的经济利益，能够根据本身的利益对市场信号自主地作出经营决策。"② 也就是要求经济主体是自由平等的。在市场经济条件下，自由和平等的个人摆脱了传统的人身依附关系进入契约式的交往，保障这种约束个人行为的契约的正义性就成为人们所关注的主要问题。因此，只有在现代社会的经济交往条件下，正义的主题才偏向作为社会基本结构的制度，因而也才有了评判经济制度是否正义的问题。

经济生产和交往形式的变化不仅影响了经济制度的发展演变，同时也影响着人们的正义观念的形成。因此，经济活动的社会历史性决定了经济制度的正义标准具有社会历史性。

---

① 徐大建、单许昌：《伦理转型：从身份伦理到契约伦理》，《哲学研究》2013年第4期，第117页。
② 周新城：《新自由主义的核心观点及其对我国改革的影响》，《学习论坛》2010年第1期，第43页。

（二）关于经济制度正义标准的不同主张

随着身份社会向契约社会转变的发生，正义讨论的焦点也从个人德性转向了制度安排。而经济成为社会主旋律的时代的到来以及经济关系在整个社会生活中取得支配地位，使得经济制度的正义问题引起了越来越多的讨论。

在罗尔斯之前的现代历史阶段，功利主义的正义观占据着主流地位。在功利主义关于社会治理的根本目的是实现功利最大化这一观点的影响下，经济学领域产生了福利经济学。[①] 这一学派的主要代表人物庇古在其著作《福利经济学》中认为，能够影响经济福利的主要有两个因素，这就是国民收入总量和收入分配。可以说，这种观点既注重效率，又注重分配。但是在论述中庇古所强调的是"从富人向穷人的一定资源的转移必定增加未来的国民所得"[②]。因此，这种对公平分配的看重更多的是出于"公平"的工具价值而非目的价值。罗尔斯正义论的起点正是对这种功利主义逻辑的批判。

在当代关于经济制度正义标准的理论探讨中，除了自由主义内部关于自由与平等的争论外，还有自由主义与社群主义、马克思主义就正义标准所展开的讨论。下面我们看看这些理论在正义标准问题上所持的不同主张。

1. 平等的自由主义主张

以罗尔斯为代表的新自由主义者由于其要求兼顾平等，因而又可以称为平等的自由主义者。罗尔斯的公平正义理论可以说是当今西方主流正义理论的代表，这一理论的一个重要内容是要求用更加偏向平等的差别原则来超越功利主义和福利经济学所推崇的功利最大化原则。

[①] 如英国经济学家李特尔在他的著作《福利经济学评述》中就将以庇古为代表的福利经济学理论称为"功利主义经济学"。

[②] 〔英〕亚瑟·赛斯尔·庇古：《福利经济学》，何玉长、丁晓钦译，上海：上海财经大学出版社 2009 年版，第 380 页。

首先，罗尔斯认为仅仅以效率作为正义的标准是不够的，因为可能存在着多种有效率的制度安排而难以在这些有效率的安排中进行抉择。同时，如果仅仅从效率标准出发，就会允许牺牲一部分人的经济利益，而这是不公平的。

此外，罗尔斯之所以提出差别原则，一个更重要的原因是出于平等的考量。罗尔斯、阿马蒂亚·森、德沃金等都更为强调分配正义，但是他们所要求的正义分配并不是一种绝对平等或者说是结果的均等，而是认为现有的分配制度并没有足够多地考虑到那些不正义的不平等。人们的自然禀赋、家庭出身、社会地位以及其所处的社会的政治经济状况都会影响到人们的生活前景。但是这些影响因素都是个人所无法选择的，罗尔斯认为由这些偶然因素所造成的不平等是不公平的，正义的政治经济制度应该调节这种不平等。与功利最大化原则相比，差别原则认真地对待了人与人之间的差别而具有平等的价值考量。

但是同时，罗尔斯以词典式序列的方式给予了第一个正义原则以优先性，差别原则所处理的社会经济利益分配以第一正义原则的平等的基本自由的满足为前提。因此，可以看出新自由主义者判定一个经济制度是否正义的标准是平等的自由。

2. 绝对自由权利主张

与罗尔斯针锋相对的是自由至上主义，他们强烈反对实行国家干预和再分配的经济制度。在他们看来，只有当经济制度无法保障个人的财产权利时，这一经济制度才能够被看作是不正义的。

诺齐克认为应该从人们财产持有之来源的性质的角度来进行正义判断，即"在评价一个状态是否正义时，不仅要考虑它所体现的分配，也要考虑这一分配是怎么来的"[1]，这就是他的持有正义理论。这种理论认为，如果一个人其财产的初始获得是正义的，或者其财产是通过

---

[1]　〔美〕罗伯特·诺奇克：《无政府、国家和乌托邦》，姚大志译，北京：中国社会科学出版社 2008 年版，第 160 页。

正当的途径从别人的转让中获得的，那么他对财产的持有就是正义的。如果每个人对财产的持有都是如此，那么罗尔斯式的再分配就是不正义的了，因为这一行为侵犯了个人的财产权利，相当于强行夺走了一部分人的财产。

自由至上主义的另一个主张就是完全相信自由市场。例如，在哈耶克看来，市场秩序是自生自发的结果，人们在市场中进行生产、交换、分配、消费等经济活动，由市场规律的作用所造成的分配结果是无所谓正义可言的，"当市场的结果对我们不利时，我们必须接受这些结果"[1]。"只有当某人夺走了我们在遵守竞赛规则的情况下实际所获得的东西时，我们才可以确当地说这种做法是不正义的。"[2]从这一论述中我们可以看出，其将经济制度正义的标准定义为自由权利，即，能够保障个人的财产权利，保障市场自由的经济制度即为正义的。

3. 社群主义主张

社群主义者在正义标准问题上与自由主义者存在分歧，他们认为后者在考虑正义问题时忽视了共同体作为交互主体的重要性。首先，以桑德尔、麦金太尔等为代表的社群主义者反对罗尔斯所提出的正义是制度的首要美德，他们认为，无论是平等自由主义者还是自由至上主义者，都过分强调了个人的自由价值以及人类社会的利益冲突，而忽视了人们相互关联、相互一致的一面。多数社群主义者坚持亚里士多德关于共同体的本质特征在于能够形成作为统一目的的共同善这一目的论立场，主张一个社会的经济制度是否正义，取决于其是否与这种共同善相一致，是否有利于这种共同善的实现。需要注意的是，社群主义者的个别代表人物如桑德尔在这一点上有重要不同，他的观点

---

[1] 〔英〕弗里德利希·冯·哈耶克：《法律、立法与自由》（第二卷），邓正来等译，北京：中国大百科全书出版社 2000 年版，第 161 页。

[2] 〔英〕弗里德利希·冯·哈耶克：《法律、立法与自由》（第二卷），邓正来等译，第 161 页。

是，一种制度是否正义以及在多大程度上是正义的，取决于它所促进的目的的道德价值或内在善，而不在于共同体的传统中是否内含或广泛尊重这种善。[①]

其次，产生利益冲突的状况时，社群主义者也不认同自由主义的单一分配制度，而提倡一种复合平等的多元正义制度。在沃尔泽看来，对所有社会都普遍适用的单一分配原则是不存在的，物品的社会意义决定了每一组物品的分配都需要相应的分配原则。复合平等反对在不同分配领域处于支配地位的善能够进行广泛转换。即"任何一种社会的善 X 都不能这样分配：拥有社会善 Y 的人不能仅仅因为它拥有 Y 而不顾 X 的社会意义占有 X"[②]。按照这种理解，在当下社会中所产生的金钱崇拜正是因为货币具有很强的善转换性并侵入了其他分配领域。

因此，与自由主义相比，多数社群主义理论最大的不同在于它将判定经济制度正义与否的落脚点置于社群而非个人，并且否认单一普适的分配制度。

4. 当代马克思主义主张

关于"正义"问题的热烈讨论也激起了当代马克思主义者内部关于马克思主义正义原则的探讨。当代的马克思主义者重新整理和解读马克思主义经典著作，试图证明马克思关于判定经济制度正义与否的标准原则。其中伍德等人与胡萨米等人关于马克思是否按照某种正义原则批判资本主义的争论，是当代马克思主义者理解马克思正义理论的主要内容。

伍德等人认为马克思是在"批判"正义，而胡萨米等人则认为马克思是在"论"正义。前者根据《资本论》以及《哥达纲领批判》等

---

① 〔美〕迈克尔·桑德尔：《公共哲学：政治中的道德问题》，朱东华等译，北京：中国人民大学出版社 2013 年版，第 234 页。

② 〔美〕迈克尔·沃尔泽：《正义诸领域：为多元主义与平等一辩》，褚松燕译，南京：译林出版社 2009 年版，第 24 页。

文本，认为马克思实际上将"正义"视为一种描述性概念，并且认为这一概念属于马克思所说的意识形态的内容，从根本上受到经济结构等现实条件的制约。"对马克思来说，行为或制度正义与否，不在于它是否体现了一种法权形式，或者是否与普遍原则相一致。正义不取决于人类行为与利益的普遍一致性，而取决于受历史条件制约的生产方式所提出的具体要求。"[①] 因此，剥削是资本主义生产方式的必然结果，并不能据此认为资本主义经济制度是不正义的。

而胡萨米等人则根据马克思在一些文本中对正义的讨论，认为马克思"似乎就是因为资本主义的不正义而谴责它的"[②]。而且针对伍德等人所主张的正义观念受到的现实制约，胡萨米指出伍德虽然是从历史唯物主义出发看到了道德规范的社会决定因素，但将正义仅仅理解为是否与生产方式相适应"忽视了马克思关于在同一生产方式内的道德观念与被压迫阶级之间关系的看法"[③]。

伍德和胡萨米这两种截然不同的解释都有大量的理论文本和推理做支撑，杰拉斯认为这种矛盾现象可能源于马克思本人文本中的前后矛盾之处，而争论的双方都只选用了有利于自己主张的文本。[④] 我们认为，马克思的确批评了资本主义的不正义。无疑，马克思关于资本主义经济关系和分配方式的论述，在根本上是社会历史主义的，但在此前提下，也有对"应得"尺度的考虑，特别是在对资本家剥削工人这一状况的批判方面。而正义的核心与"应得"相关，不同的正义主张实际上是在关于何人依据何种标准应得何物这个问题上的不同看法。

---

① 〔美〕艾伦·伍德：《马克思对正义的批判》，林进平译，载李惠斌、李义天编：《马克思与正义理论》，北京：中国人民大学出版社 2010 年版，第 15 页。

② 〔美〕齐雅德·胡萨米：《马克思论分配正义》，林进平译，载李惠斌、李义天编：《马克思与正义理论》，第 41 页。

③ 〔美〕齐雅德·胡萨米：《马克思论分配正义》，林进平译，载李惠斌、李义天编：《马克思与正义理论》，第 49 页。

④ 〔英〕诺曼·杰拉斯：《关于马克思和正义的争论》，姜海波译，载李惠斌、李义天编：《马克思与正义理论》，北京：中国人民大学出版社 2010 年版，第 165 页。

因此，可以说马克思在批判资本主义时应用了某种正义原则。而他之所以在某些文本中采用轻视的态度对待"公平""正义"等道德字眼，是因为正如伍德等人所注意到的，马克思不相信单纯的道德谴责能够彻底解决资本主义的问题。但是也不能据此全然否定"正义"等道德价值的社会功能。

与伍德和胡萨米的路径不同，柯亨、布坎南、皮弗等当代马克思主义者从马克思主义的基本理论出发试图构建并阐述马克思主义的正义理论。尽管他们对于马克思关于经济制度正义问题的观点有不同的解释，但无论是伍德和胡萨米的争论还是柯亨和皮弗等人的阐发都凸显了马克思主义者与前面三种理论的截然不同之处，即马克思主义者从劳动或者说生产环节出发关注到了经济活动的全过程。马克思的理论则启示我们，整个经济活动是环环相扣的，我们无法单一地讨论某一环节。生产方式决定分配方式，应该从生产角度来讨论分配。如果在生产领域的制度就不是正义的，那么无论分配原则多么合理，我们都无法认同整个经济制度是正义的。正是在此意义上，柯亨说："作为逻辑上的可能性问题，一种正义的分配可以在一个本身不正义的社会中实现。"[1]

受国外理论流派影响，国内学者立足于我国社会主义市场经济发展的现实，也对经济制度正义的判定标准展开了广泛的讨论。有学者认为一个正义的经济制度应该是公平与效率的统一，例如我国著名经济学家董辅礽就主张"公平—效率统一论"，并以简明的公式把社会主义市场经济概括为："社会主义市场经济 = 社会主义 + 市场经济 = 社会公平 + 市场效率。"[2]林毅夫、孙立平等学者也从不同角度论证了两者的统一，主张正义的经济制度应该是两者之间的平衡。除了这种

---

①　〔美〕G. A. 柯亨：《马克思与诺齐克之间》，吕增奎编，南京：江苏人民出版社 2008 年版，第 257 页。

②　董辅礽：《对社会主义市场经济的理解》，《经济研究参考》1998 年第 25 期，第 5 页。

主流的公平效率统一论外，还有的学者从经济制度的目的和作用出发，认为判定经济制度正义的标准是经济利益的公平协调[1]，或者主张从经济需要的平等、经济行为的规范、经济生活的共生、经济发展的自由的统一角度来评判经济制度[2]。

（三）经济制度正义标准取决于具体社会历史情境

上述关于经济制度正义标准的不同界定，除了与理论家的思想立论相关，同时也与其所处的不同的经济环境有关。从功利主义到罗尔斯平等自由主义的发展，以及多种理论学派的兴起突出了不同时代对经济制度正义的不同要求。

在资本主义经济发展的前期，生产力得到了极大的发展，资本积累是这一时期经济活动的主要目的，因而自由市场备受推崇。继斯密的"看不见的手"理论之后，"帕累托最优"概念的提出将自由市场经济学说推向了又一顶峰。这种经济学理论认为市场能够使社会资源的配置达到最优状态，是最有效率的。因此，在这一时期，能够提高效率的自由市场制度就获得了其正当性的辩护。而到了20世纪初期，经济大萧条席卷了整个欧美。经济危机的出现刺激学术界开始对自由市场进行反思，许多国家也开始实行政府干预。这种干预在实际中取得了十分显著的效果，并且促进了福利国家的兴起。福利国家一个显著的特点是通过一系列社会保障措施来进行再分配以促进社会公平，维护秩序稳定。有人就认为罗尔斯等平等自由主义者是在为战后的自由主义的民主福利国家提供相应的理论论证。很明显，这一时期公平开始挑战效率成为判断经济制度正义标准的重要因素。诺齐克和哈耶克等人对罗尔斯主义的质疑和反对，不仅是理论上的，而且是因为在现

---

① 赵华：《论和谐社会中的经济正义》，《伦理学研究》2008 年第 2 期，第 33 页。

② 毛勒堂：《论经济正义的四重内蕴》，《吉首大学学报（社会科学版）》2003 年第 4 期，第 6 页。

实社会中，福利国家的弊端逐渐显现。人们在反思政府干预的局限性的同时要求重新重视自由市场机制。公平和效率哪一个才是评判经济制度正义的标准成为人们争论的核心。

何怀宏教授在著作《正义理论导引》中，从契约论的演变这一独特视角说明了这种正义标准的社会历史性。他区分了霍布斯以前的统治契约与人们所熟知的社会契约，并且认为这种转变意味着探讨的中心不是制度中人的义务，而是制度本身的伦理原则，即制度的正义问题。通过比较霍布斯、洛克、卢梭这三大社会契约论代表人物的理论可以发现，其中存在着历史和逻辑的一致。霍布斯宁愿在专制和无政府之间选择高度集权于一人，可以看出他对保存生命的看重。而洛克的理论则提出缔结契约的目的在于维护自由，这也是政府合法性的来源。而在作为社会最底层的第四等级代言人的卢梭那里则可以看到他对平等的极度渴望。因此可以说，西方正义原则的历史形成过程是：生命—自由—平等。"它们之间存在着一种逻辑的次序，甚至一种不可逆性，它们一个比一个更优先，只有基本上满足了前一个才能满足后一个，而前一个又应当是向后一个开放的。"[①]

保障最基本的人身安全以及满足最基本的生存需要是人类结成社会对政府的最低要求。到了近代，这一条件得到基本满足以后，人们开始提出更多的要求。宗教改革要求政教分离以及言论、信仰等自由；资产阶级革命则要求基本的政治自由；同时，自由市场的蓬勃发展给予了人们参与经济生活的平等机会。在这一时期，平等更多地表现为人权平等和政治平等，与自由权利一起冲击封建等级制度。第三个阶段是福利国家的兴起过程，人们开始更多地谋求经济上的平等。

从以上两个角度的分析中可以看出，解决经济制度正义标准问题的关键在于理解其社会历史性。"在历史上出现的一切社会关系和国家

---

① 何怀宏：《正义理论导引》，北京：北京师范大学出版社 2015 年版，第 84 页。

关系，一切宗教制度和法律制度，一切理论观点，只有理解了每一个与之相应的时代的物质生活条件，并且从这些物质生活条件中被引申出来的时候，才能理解。"[1] 一个社会的经济制度是否正义，只有在历史性的社会关系中，在这一社会共同体的历史运动中才能得到正确的认识。

马克思的唯物史观启发我们应当根据具体的历史背景和特定的生产交往方式来进行正义与否的判断，而20世纪80年代兴起的社群主义则将这种观点进一步深化。社群主义者反对罗尔斯以及其他自由主义者认为具有普世的、唯一的正义标准的观点。他们认为对正义的认知深受人类所处的社群的道德观念的影响。

社群主义的重要代表人物戴维·米勒提出一种情景化的观点来分析正义问题，即"正义的情景化观点"[2]。与沃尔泽从物品的社会意义出发不同，米勒是从人类关系出发来进行分析的。他认为，在复杂的现实生活中，人与人之间的关系是多样的，但是大致可以归类为团结的社群、工具性的联合体、公民身份这三种模式。在米勒看来，处理不同的人类关系，需要不同的正义原则。他从经验层面观察人们在不同关系中的判断和行为，认为这三种人际关系对应的首要正义标准分别是：需要、应得与平等。但是每种人际关系模式中并不仅仅只有一种正义标准，每种正义标准也并不仅仅适用于一种关系模式。例如，虽然社群这一人际关系模式的首要正义标准是需要，但是有时也会使用平等标准。因此，情景化观点体现为人们会根据具体的情景混合使用不同的标准，针对特定的情况会在不同的标准之间进行平衡。

米勒的这种正义观在实践中会遇到很多困难，因为在现实中，人

---

[1] 《马克思恩格斯选集》（第1卷），北京：人民出版社2012年版，第8页。

[2] 〔英〕戴维·米勒：《社会正义原则》，应奇译，南京：江苏人民出版社2008年版，第46页。

们很难严格地遵循这几种模式的划分来处理人际关系。但是米勒的观点仍旧给予我们重要的启示，即经济制度所涉及的人是现实的人，对经济制度正义与否的判断要依据特定的社会历史情境。

然而，对经济制度正义标准社会历史性的理解不能走入相对主义的误区。例如，有人就认为资本主义制度按照资本主义的标准是合理的，在社会主义的评价标准下才是不合理的。"资本主义社会流行的公正合理标准纯粹是相对的、内在于资本主义制度的。它们只能用来批判那些偏离资本主义道德规范的具体行为……但并不能为重估或批判统治秩序提供基础，也不能用以批判其他社会形态。"[①] 如果是这样，我们就完全无法对一个社会的经济制度或者其正义标准进行评判。这实际上是对社会历史性的一种误解。我们认为评判经济制度的标准具有社会历史性并不是说符合当时的社会历史条件的制度就是完全正义的，而是说评判一个社会的经济制度是否正义需要考虑到具体的情境，考虑到人们所受到的社会历史条件的制约。正义与否、正义的程度，都是以共同体及其成员相关联的方式而存在的。我们评判的也是一个具体社会的经济制度，而不是抽象地去讨论"社会"的经济制度应该是怎样的，这就要求我们从特定的社会历史情境出发。前面的论证也充分说明了人们所认同的经济制度正义标准是会发生变化的，并且是随着经济乃至整个社会环境的变化而变化的。

三、经济制度正义标准赖以确定的依据

经济制度正义标准是社会的、历史的，对经济制度的评判要依据一定的社会历史情境，那么在确定正义标准时我们应该具体采取哪些

---

① 〔英〕肖恩·赛耶斯：《分析马克思主义与道德》，载罗伯特·韦尔、凯·尼尔森编：《分析马克思主义新论》，鲁克俭、王来金、杨洁等译，北京：中国人民大学出版社 2002 年版，第 69 页。

依据呢？经济制度本质上是对人们的经济行为的规范，因此它具有作为一种制度所应有的作用和价值精神。而这种规范又是经济领域的规范，因此它就被局限在经济活动的范围内，需要具有经济特色。经济制度的选择和发展也是合规律与合目的的统一，因此其正当性的核心就在于既符合经济活动开展的规律，又符合人们对经济制度的价值期待。因此我们可以从经济依据、人的依据、社会依据三个角度来确定经济制度的正义标准。

（一）经济依据：效率与公平

经济制度发挥规范作用的主要领域是经济领域，确定其正义标准的首要依据就是经济依据。经济制度的作用是保证经济活动有序进行，并确保达到进行经济活动的预期目的。因此，要确定经济制度的正义标准，首先要明确经济活动与其他社会活动的不同。经济活动、政治活动、文化活动等是人类社会活动的不同部分，它们之间的联结统一，实现着人类的生存和发展。它们之间的区别在于，它们分别满足的是人类生存和发展的不同需要。人类通过生产、分配、交换、消费等经济行为获得自身发展的物质条件，并且在一定程度上通过这一系列活动实现自身的发展。正因为经济活动所提供的物质条件对人类的生存和发展起着基础性作用，所以经济领域的正义问题尤为重要。

要获得这些基本的物质条件，就需要使用"资源"，整个经济活动实际上就是对资源的开发利用过程。应该注意的是，从表面上看，没有资源，人类就无法进行生产等经济活动，资源是人类生存和发展的基础，但我们也要进一步认识到资源的人类生存发展特征，"资源是随着人类生存发展的活动特别是人类经济活动的开始而'生成'的"[1]。任何一种事物要成为人类经济活动的资源，它对实现人类的生存发展

---

[1]　刘敬鲁：《经济哲学》，北京：中国人民大学出版社 2008 年版，第 58 页。

必定要有所助益。因此可以说，资源是人类出于生存发展需要而构建的。但在一定社会历史条件下，人类的这种构建能力是有限的。所以，资源在这个意义上是有限的。

既然经济活动的首要目的是为了获得人们生存和发展的物质条件，那么在资源稀缺的条件下最大限度地优化资源配置、保证经济福利的最大化，就是经济制度的一个重要职能。正是从经济活动的目的出发，效率原则一直是经济学家所认同的判定经济制度正义与否的重要标准。在罗尔斯的《正义论》之后，效率原则成为许多学派抨击的目标，它们从各个角度说明了效率原则的弊端。但是我们需要认清，这些问题只是说明了效率不能成为正义的唯一标准，并不能否认效率本身的正义价值。而在经济短缺时代，效率恰恰能够成为经济制度正义的首要标准。

资源的有限性所导致的另一个突出问题是经济利益冲突和经济关系矛盾。因此，作为旨在调节这种冲突和矛盾的经济制度需要公平标准。如果一个社会的经济制度是不公平的，那么它就无法起到规范作用甚至会导致矛盾的激化，最终导致经济秩序紊乱，不利于效率的提高。不过，需要指出的是，从经济依据出发提出公平标准并不仅仅是因为它具有工具性价值，而是因为它本身所具有的内在价值。效率不能成为经济制度的唯一价值标准，是因为谋利并不是经济活动的唯一目的。而且，规范约束也不是经济制度的唯一作用，经济制度还具有导向作用。它不仅告诉人们不该做什么，而且告诉人们应该做什么。经济制度不仅描述"实然"，而且引导"应然"，因此它也需要以公平为标准。

另一个需要注意的问题是，我们在谈论效率与公平问题时，似乎往往只谈分配公平，这实际上是将整个经济活动割裂开来。正义的经济制度不仅要保证分配是公平的，还要保障经济主体进入经济领域、进行经济活动的全过程是公平的，乃至要保证经济制度对经济主体的规范约束是公平的。

总的来说，一个社会的经济活动，需要把效率和公平统一平衡起来，使之贯穿于整个经济活动过程。也就是说，需要把效率和公平的统一平衡作为整个经济制度的重要正义标准。

（二）人的依据：自由与平等

一方面，经济活动中的主体说到底是现实社会中的人。人们通过经济活动获得物质条件，最终是为了实现自己的自由发展，这是一切活动包括经济活动的最终价值目标。因此，从人的角度看，"正义的经济制度必须是能赋予并保证这个制度下的人们的自身体能和智能发展以最大自由选择空间的制度"[1]。

自由至上主义者正是力图从这个角度对自由市场制度进行正当性与合理性的论证。例如，哈耶克从保护人们的经济自由和经济权利的角度来为自由市场制度进行论证。"自由"从最直接的意思来看就是不受外界的干涉。哈耶克认为，自由市场制度这种自生自发的秩序不仅将"经济权力分散地掌握在众多的独立行动的个体的手中"[2]，使得没有人或组织有足够的专断权力去控制经济自由，因而人们能够充分行使其经济自由权利，而且对人们的整个自由来说，经济自由无疑具有基础地位。正因为如此，哈耶克才认为，作为众多个体的人们一旦失去经济自由，就必定会落入被控制的地位。"经济控制不仅是对人类生活中可以和其余部分分割开来的那一部分生活的控制，它也是对满足我们所有目标的手段的控制。"[3]但是哈耶克却过分地强调了市场制度的自发性，而忽视了制度的理性自觉设计。

---

① 何建华：《经济正义论》，上海：上海人民出版社 2004 年版，第 181 页。

② 柳平生：《当代西方经济正义理论流派》，第 125 页。

③ 〔英〕弗雷德里希·奥古斯特·冯·哈耶克：《通往奴役之路》，王明毅等译，北京：中国社会科学出版社 1997 年版，第 90 页。

另一方面，从个人经济行为来说，个人不仅通过一系列经济活动获得自己生存和发展的物质条件，而且这些经济活动本身就是他们生存和发展的实现途径。特别是在经济成为社会主旋律的时代，越来越多的人以某种具体的经济工作为职业，在自己的劳动过程中实现自己的价值。因此，从个人的发展角度对经济制度提出的要求就是自由。

但是，应该如何处理每个人的自由发展可能导致的冲突与矛盾呢？在现代，对个人的平等地关照和尊重已经成为一种共识，每一个人都平等地享有自由发展的权利。可见，要确定经济制度的正义标准，必须考虑人的依据维度上的本质要求——自由与平等。

自由市场制度在保障经济自由和经济权利方面的确具有正当性，但是其在促进平等方面却受到了质疑。哈耶克认为我们必须接受自由市场的结果，"我们对市场赋予我们的东西所拥有的唯一道德资格乃是我们通过遵循那些使市场秩序之型构成为可能的规则的方式赢得的"[1]。自由至上主义者们坚信自由市场制度是一场十分公正的比赛制度，参赛者不能对名次的好坏抱有怨言。但是，他们似乎只关注了比赛的过程，没有注意到开始比赛之前的参赛者可能并不是在同一个起跑线上，他们的资质也可能是参差不齐的，这些都会直接影响到他们在比赛过程中的发挥。这就是德沃金所说的非市场因素即偏好以及其他自然和社会等偶然因素造成的不平等。

从这个意义上看，关注不利者的处境不是出于一种施舍，更不是一种乞求，而是一种必须。这些偶然因素所造成的不利状况应该得到制度上的纠正。这种平等要求体现在经济制度上，包括承认并尊重每个人是平等的存在，保证每个人进行经济活动的机会平等，排除非正当偶然因素造成的不平等，以及实现福利平等四个层次。虽然在对这

---

[1] 〔英〕弗里德利希·冯·哈耶克：《法律、立法与自由》（第二卷），邓正来等译，第161页。

种不平等到底弥补到何种程度才算是正义这个问题上我们还没有清晰的答案，但从个人的角度出发要求正义的经济制度应当保证在整个经济活动中每个人都平等地享有这种自由发展的权利是毋庸置疑的。

（三）社会依据：发展与共享

一方面，经济活动是作为经济主体的人们在整个社会的互动交往中进行的。经济活动不是众多个体经济行为的总和，而是一个社会的相关个体所进行的统一的经济活动，同时，社会是一个整体，经济活动是社会整体活动的一个部分，它不仅必须服务于社会整体的发展，而且依赖于社会整体的发展。因此，必须从保障整个社会的发展的角度来确定什么样的经济制度是正义的。

另一方面，整个社会所需实现的和谐有序与持续发展状态也对经济制度提出了要求。从横向来看，整个社会的发展不仅仅包括经济领域，还有政治、文化等领域，经济领域与其他领域之间必定发生相互作用，只有形成正面的良好的相互作用，才能够保障整个社会的良好发展，这也要求由此来确定经济制度的正义标准。可以看到，在经济关系取得支配地位的当下，经济领域的问题对其他领域的影响，尤其是对人的精神价值的影响是极其深刻的。舍勒用"价值的颠覆"描述了这种处于支配地位的经济关系对人的影响。"在商品经济的驱动下，声势浩荡的世俗化潮流，不仅突破禁欲伦理的疆界，把功利谋划提升为人的现世生活的至上目标，而且摧毁传统宗法关系，将人变成了独立自主的商品生产者和商品经营者。"[1]也就是说，当今市场经济的迅速发展对整个社会的精神带来了双重影响。从纵向上看，社会不是一代人的社会，社会的良性发展是持续的发展。而在现实世界中，对有形资源的无节制利用和浪费、对自然环境的严重破坏等经济行为，都威

---

① 张凤阳：《现代性的谱系》，南京：江苏人民出版社 2012 年版，第 53 页。

胁着整个社会的持续发展。因此，社会整体的持续发展对经济制度提出了更多的要求。

个人自由发展的实现受社会发展的制约，而社会发展是通过成员个人的贡献实现的。为了实现社会的和谐持续发展，就要保证成员个人能够分享这种发展的成果。因此，从社会的角度看，一个正义的经济制度还应该保证社会成员共享经济利益，这主要是对分配环节的经济制度提出的要求。

这里要求的"共享"而不是"分享"，是指"所有成员整体对那些不可分割和某些可以分割的经济利益的统一享有或统一使用，因而不同于每一成员个体各自独立地对某些经济社会利益的平均分割"①。这是将社会成员整体视为分配对象。这种"共享"式分配要求经济制度能保障每个社会成员都以其成员资格得到其应得的一部分，同时要求经济制度保证这些"共同所有"的东西不被单人或一小部分人据为己有。因此，对于这一部分"共享"的东西，应该从制度上进行明确产权，唤醒公民对公共资产的主人意识。"公共的东西是属于大家的"，可以否定性的表述为"公共的东西是不属于任何私人的"。但人们在日常生活中常常会进行更进一步的延伸，即"公共的东西是不属于我的"。例如，在国有企业、集体企业中所时常发生的人们想要"占公家的便宜"，就体现了这种"共享"不明的弊端。

综上，我们可以看出，平等地享有自由发展权利的人们在经济活动中获得实现发展所需的物质条件，并且一定程度上通过这一活动满足了自我实现的需要。经济制度作为经济活动规范，确定其正义标准要考虑经济、人、社会对经济制度提出的要求。

---

① 刘敬鲁：《论分配正义的结构整体标准》，《中国人民大学学报》2017 年第 3 期，第40 页。

四、我国经济制度的正义标准

对经济制度正义标准的讨论最终还是要落实到我国经济制度正义标准的合理建构上。效率与公平、自由与平等、发展与共享是从经济依据、人的依据、社会依据三个不同角度对经济制度提出的不同要求。而经济制度正义标准的社会历史性又要求我们从特定的社会历史情境出发。因此，合理的经济制度正义标准既要考虑到我国具体的国情，又要依据理论基础和现实问题处理好三组价值之间的关系。

（一）主要影响因素以及我国经济制度正义标准的确定

经济制度的正义标准具有社会历史性，取决于具体的社会历史情境。因此，在确定我国经济制度的正义标准前，要先分析清楚我国的具体国情。在这里，我们主要分析我国经济制度正义标准赖以确定的影响因素，即社会性质、经济发展状况、文化价值观念，在综合它们的要求的基础上得出什么是我国经济制度的正义标准。

1. 社会性质

我国宪法总纲第一条明确规定，"中华人民共和国是工人阶级领导的、以工农联盟为基础的人民民主专政的社会主义国家。社会主义制度是中华人民共和国的根本制度"。党的十三大以来，党中央对我国的现实国情进行了科学分析，作出了我国正处于并将长期处于社会主义初级阶段的这一关于基本国情的论断，认为这是我国进行各项事业的基本依据。

邓小平认为，"社会主义的本质是解放生产力，发展生产力，消灭剥削，消除两极分化，最终达到共同富裕"。这一论断使得人们对社会主义的本质有了更清晰的认识。改革开放以前，人们只关注到了社会主义在生产关系方面的要求，认为社会主义就是公有制、按劳分配、计划经济，而相对忽视了社会主义的根本任务是发展生产力。

共同富裕是社会主义的本质要求，也是中国特色社会主义的根本原则，而这四个字很好地概括了我国社会的社会主义性质对经济制度的要求——既要讲公平，又要讲效率。社会主义要共同富裕而不是共同贫穷，这里有两个要求："共同"和"富裕"。所以，一味地强调"平均"意义上的共同而忽视效率和富裕，并不是社会主义所要求的，而是对社会主义的误解。大锅饭时代的计划经济正是只看"共同"不管"富裕"，执着于"不患寡而患不均"，才导致了一系列的问题，甚至使一些人开始质疑社会主义的优越性。正因为社会主义要求"富裕"，我们才会选择能够有效促进经济增长的市场体制。这与社会主义的本质要求并不是相悖的，而是相一致的。

2. 经济发展状况

我国仍处于社会主义初级阶段，这要求我们仍要以经济建设为中心。实行改革开放以后，我国的生产力有了极大的提高，经济连年来保持高速增长，经济总量不断增大，并且具备了妥善应对国际市场波动、金融危机等一系列重大风险挑战的能力。与此同时，在国有企业改革、公有制经济发展、现代市场体系和宏观调控体系建设方面，也取得了巨大成就。

但需要看到，一方面，我们国家仍是发展中国家，在当前阶段，社会的主要矛盾已经是人民日益增长的美好生活需要和不平衡不充分发展之间的矛盾。虽然我国的经济总量居于世界前列，但我国同样也是世界上人口最多的国家，人均国民生产总值仍处于中下水平。同时，我国的科技创新能力仍然不足、产业结构不合理等因素也限制了生产力的进一步发展。由此可见，我国的经济增长还有广阔的上升空间。可以说，在当下的社会历史条件下要满足十三亿人的物质需求，蛋糕还需继续做大，经济增长仍旧是重中之重。

另一方面，在党的十八大报告和十三五规划建议中都提出不平衡、不协调、可持续性不强仍旧是我国经济发展中的突出问题。根据国家统计局公布的《2017 年中国统计年鉴》，2016 年全国各地区（除港澳台）国内生产总值情况平均值为 23188.64419[1]，超过平均值的仅 12 个省级行政区。地区国内生产总值最多的三个省区为：广东、江苏、山东，分别为 80854.91、77388.28、68024.49，而最少的三个省区为：西藏、青海、宁夏，分别为 1151.41、2572.49、3168.59。[2] 其中，河南省的国内生产总值虽然为 40471.79 亿元，位居第四，但其三大产业所占的比重分别为：11%、48%、42%。相较而言，北京的国内生产总值为 25669.13 亿元，位居第十一位，但其三大产业所占的比重分别为：1%、37%、53%，其经济增长的可持续性明显大于河南省。此外，年鉴中还显示，城镇居民人均可支配收入为 33616 元，农村居民人均可支配收入为 12363 元。从这些经济发展数据可以看出，虽然我国的经济总量在稳定增长，但是地区之间、城乡之间经济发展仍旧不平衡，一些地区的经济增长常年依赖于第一、二产业的发展，这限制了经济的持续增长。而且在总量增加的同时，收入差距、贫富差距也在逐渐拉大。

四十多年来，"经济改革和社会结构的巨大变迁带来了利益主体的多元性和利益矛盾的复杂性，不同的社会阶层和群体在利益实现程度、利益表达能力以及利益诉求能力等方面都出现了显著的差异"[3]。可以说，如何在进一步发展的条件下使各阶层平等地共享经济发展的成果越来越成为中国经济需要解决的棘手问题。

3. 文化价值观念

传统文化在经济价值观念上的讨论大致集中在义利之辨中。在义利问题上，义重于利是一个普遍共识，许多思想家都明确反对见利忘义的行为。可见，即使在中国古代，对经济行为的规范也一直是人们

---

① http://www.stats.gov.cn/tjsj/ndsj/2017/indexch.htm，本段中地区国内生产总值数据的单位皆为亿元。

② 2017 年的国内地区生产总值数据显示，仍然保持上述排位格局。

③ 柳平生：《当代西方经济正义理论流派》，第 288 页。

所重视的问题。但是就此认为必须舍利取义，不重视经济物质利益，是对义利观念的一种误解。在儒家思想的影响下，中国人注重个人道德的修养，在义利问题上崇尚义重于利。但儒家思想家们只主张在特殊情况下牺牲利成全义，并不认为义利是根本对立的。相反，他们明确地肯定了以正当手段获得利益是合理的。先秦儒家阐述了实现物质利益的必要性，如《论语·里仁》讲"富与贵，是人之所欲也；不以其道得之，不处也"。孟子主张推行"仁政"，在具体措施上就是首先保障普通民众物质利益方面的需求。因此，中国传统价值观念中已经肯定了物质利益对社会成员发展的重要性，并十分重视民众生活水平的提高。

另一方面，我国历史上长期存在着集体主义的价值取向，更多地从整个社会共同体的角度而非个人的角度来看待发展问题。无疑，自中国古代以来，在人们对群己关系的看法上，何者为最终价值一直是人们争论不休的问题，但总的来说偏向集体主义，突出强调集体高于个人。改革开放后，随着市场经济的建立，个人价值得到极大高扬，个人利益日益受到重视。但与此同时也出现了公共精神衰落的现象，影响了社会的良序发展。因此，在重视个体价值内涵的同时，需要以社会共同体的利益为价值引导，达到个人自由与全民平等的有机协调，进而促进整个社会的和谐发展。

总的来说，社会主义的社会性质和初级阶段的基本国情要求我国的经济制度实现人民整体的经济福祉这一价值目标；社会生产水平和生产能力总体显著提高但仍旧不充分、不平衡的经济发展状况要求我国的经济制度能够使各阶层更好地共享更多的经济发展成果；重义不轻利和集体主义的传统文化观念要求我国的经济制度重视人民社会共存的本质意义。因此，从具体国情来看，是否合乎实现我国人民整体的经济福祉，是判断我国经济制度正义与否的标准。

（二）我国经济制度正义标准的结构维度

从特定的社会历史情境出发，充分考虑社会性质、经济发展状况、文化价值对我国经济制度的要求，我们构建了评判我国经济制度正义与否、正义程度如何的标准。这不是一个空洞单薄的形式标准，而是具有丰富结构内涵的正义衡量标准，包含了在中国新的社会历史条件下对效率与公平、自由与平等、发展与共享三组价值关系的恰当处理原则。

1. 经济效率与经济公平的协调统一原则

改革开放初期，我们迫切需要解决的是经济短缺问题，经济增长是经济建设的重中之重，而一系列的改革措施都在致力于解决这一问题。根据国家统计局网站公布的数据，我国从 1979 年到 2013 年的年平均经济增长速度是 9.8%，其中 1984 年的经济增长率高达 15.2[①]，可见这三十多年来中国经济增长之快。

但随着改革进程的推进，中国的经济发展进入新的历史阶段。其中，最为突出的特征就是经济增长的速度放缓。数据显示，中国经济增长在 2013 年到 2016 年的年平均增长率为 7.2%，而近两年则降到 6.5% 左右。可见中国的经济发展已从急速增长转为中高速增长。面对"增长速度换挡、发展方式转变、经济结构调整、增长动力转换"[②]的经济发展新常态，经济的快速增长这一效率价值不足以支撑我国经济制度的正义性，发展的不平衡不充分已经成为更加突出的问题。而且在告别短缺经济时代后，人民的需求已从温饱问题转向了对美好生活的向往。因此，我国社会的主要矛盾也从"人民日益增长的物质文化需要同落后的社会生产之间的矛盾"转化为"人民日益增长的美好生活需要和不平衡不充分的发展之间的矛盾"。全面深化改革不仅要继续

---

① http://www.stats.gov.cn/tjsj/sjjd/201701/t20170120_1456268.html.

② 赵宇：《十八大以来党中央对我国经济发展新常态的判断和思考》，《党的文献》2015年第 6 期，第 26 页。

坚持社会主义市场经济的改革方向，而且要以促进社会公平正义、增进人民福祉为出发点和落脚点。

面对社会主要矛盾的变化和经济发展的新形势，让经济和改革发展成果更多更公平地惠及全体人民已经取代"先富带后富"成为新的口号，公平价值得到了越来越多的强调和重视。十九大报告将"更有效率"和"更加公平"作为新时期的发展要求并列提出，揭示了新的历史条件下效率与公平这对价值在次序上的新变化。作为制约和指导经济活动的经济制度，其正义性的价值维度也要做出相应的调整。基于我国国情的现实而构建的经济制度正义标准对人民共同福祉的强调以及对人民共同存在和共同发展的侧重，结合新的形势特点，需要在经济效率和经济公平这对价值关系上实行协调统一原则。

2. 经济行为主体的自由竞争与社会成员的经济平等的基本平衡原则

经济自由与经济平等在本质上是可以相互促进的，但是在生产力发展水平较低、制约因素明显的情况下，两者经常是相互制约的。改革开放前，在经济上对经济均等的要求处于强势地位从而抑制了经济自由的发展。而这种抑制导致了经济发展的严重滞后，最终的结果是人们的物质生活水平进步缓慢。改革开放实际上是从政策上将经济自由置于经济平等之上。公有制经济的改革与非公有制经济的发展、社会主义市场经济体制的建立、多种分配方式并存，其目的都是为了让各种经济主体自由竞争而增强经济活力，实现经济的快速增长。事实证明，这样的改革是卓有成效的，中国在短短四十几年中成为世界第二大经济体。

但是当以经济快速增长为目的而将经济自由置于经济平等之上时，经济发展过程中的诸多问题就开始逐渐展现。首先，不同经济主体虽然在同一公平的市场规则下自由竞争，但是他们之间在初始可利用的各种资源方面存在的差异以及在竞争过程中可能出现的诸多偶然因素使得社会成员贫富差距扩大。其次，以增加自己经济福祉为目的的经济主体在自由竞争中，是从自身角度而非社会整体的持续健康发展的角度来进行经济活动的，因此很容易为了自身利益而损害其他社会成员的利益，影响社会共同体的发展。

从经济发展和具体社会状况来看，改革初期将个体自由竞争置于优先地位具有历史的合理性。但是当矛盾日益加剧时，就需要对两者之间的关系进行调整。判定我国现行经济制度是否正义的一个方面就是要看它是否合乎我国人民在经济生活方面的正当要求。经济主体为增加自己的经济福祉而要求自由竞争，这无疑具有一个方面的正当性。还需增加另外的限定因素，这就是"我国人民在经济生活方面实现共同存在和共同发展的正当要求"。这种共同存在和共同发展的要求，使得经济主体的自由竞争受到社会成员经济平等的限制，不至于出现上述的"自由越界"的危害。可见，我国经济制度的正义标准，要求在经济主体的自由竞争与社会成员的经济平等之间实行基本平衡原则。

3. 社会共同体经济发展与社会成员的经济共享的相辅相成原则

改革开放初期，面对经济短缺的现实我国建立了社会主义市场经济体系。作为社会成员的个体在自由市场条件下通过各种所有制经济的实现形式，以多种分配依据获得收益报酬，这是社会主义初级阶段调动所有社会成员积极性的方式，简单来说就是通过利益诱导个体积极参与经济发展。通过四十多年的改革开放，中国创造了令世界瞩目的经济奇迹。但是当 GDP 不断翻番时，我国的贫富差距也在日益扩大。虽然中国特色的社会主义经济制度调动了全体社会成员的积极性，使得社会共同体的整体经济发展取得了巨大成功，但是不同的社会阶层和群体在利益实现程度上却不尽相同。

可以说，没有全体社会成员的共同参与就没有中国奇迹，但是要让全体人民切实感受到社会共同体发展带来的好处，还需要强调经济共享，以便获得促进社会共同体持续发展的动力。因此，作为社会制度的组成部分，合理正义的经济制度也要体现出共享的价值理念。

另外，从社会主义经济制度的未来发展来看，它是实现共产主义社会这一远大目标的一种过程意义上的手段。共产主义社会是每个人获得全面自由发展的社会。而在我国现阶段，经济制度的根本目的和主要任务是不断促进人民整体的经济福祉，为实现共产主义社会创造条件。并且只有当我国经济制度能够创造出发达的经济、能够满足全体人民不断增长的物质需要时，才能够为实现个人全面自由发展提供可靠的基础。总的来说，社会共同体的经济发展能够为社会成员的经济共享提供基础，社会成员的经济共享能够为社会共同体的经济发展提供持续动力。

是否合乎实现我国人民整体的经济福祉作为判断我国经济制度正义与否的标准，它所强调的三个"共同"明显要求在社会共同体经济发展与社会成员的经济共享之间实行相辅相成的原则。

五、我国经济制度的正义性质和有待完善之处

建构出我国经济制度的正义标准有助于我们借此去判断我国经济制度的正义性质。从价值上看，我国目前的经济制度是一种社会主义性质的新型价值体系，它是我国近现代社会历史发展和20世纪80年代以来改革开放的必然结果。这一制度以人民整体的经济福祉作为根本价值目的，同时基本上合乎我国人民在经济生活方面共同存在和共同发展的正当要求。因此，可以判定它在根本上是正义的，但还存在有待完善之处。

（一）我国经济制度的正义性质

从我国最为根本的社会性质以及经济发展特点、文化价值观念等

因素对经济制度提出的要求可以看出，判断我国经济制度的正义性质，要看现行的经济制度是否合乎实现我国人民整体的经济福祉。

在论及我国经济制度的正义性质之前，我们还需要对正义性质问题有一个更为清晰的认知。以往对经济制度的正义评价通常是从正义的和非正义的这两个角度来说，但这与经济制度的现实并不十分相符。一个社会的经济制度是包含多种构成因素的统一体，同时，正义标准也具有社会历史性。因此，我们不能简单地对任何一个社会的经济制度进行正义还是非正义这种绝对性质的判断，而是需要打破这种二元对立的判断模式，对经济制度做出相对性质的正义判断。也就是说，在对一个社会的经济制度进行正义判断时，可以依据其正义的程度评价为完全正义、基本正义、较多正义、较少正义、基本不正义、完全不正义等。

一个社会共同体的经济制度由基本经济制度、经济体制和具体经济制度构成，基本经济制度即对生产资料所有制的规定，是判断其经济制度性质的核心。中国特色社会主义的经济制度是以公有制为主体的复合所有制为核心，以市场经济体系为体制方式，以按劳分配主导、多种分配方式并存为分配制度，以其他具体经济制度为辅助的有机结构。

1. 基本经济制度

宪法规定"国家在社会主义初级阶段，坚持公有制为主体、多种所有制经济共同发展的基本经济制度"。我国的生产资料公有制包括全民所有制和劳动群众集体所有制，这是由我国的社会主义性质和发展阶段所决定的。但是在新中国成立后的很长一段时间内，我们对社会主义和所有制的认识存在着误区，没有深入认识到公有制可以有不同的实现形式。张五常认为中国经济改革的前提是在思想上认识到了所有权和使用权的分离[1]，发现了公有制的多种实现形式，例如股份制。

---

① 张五常：《中国的经济制度》，北京：中信出版社 2009 年版，第 126 页。

社会主义并不是为了公有制而实行公有制，实行公有制是为了实现社会主义的根本目的。根据马克思对社会主义社会的判断，可以认为，实现人民整体的经济福祉是公有制的最终目的。社会主义社会作为达到共产主义社会的一个过渡阶段，其目的是"使所有劳动者过最美好、最幸福的生活"①。实现这一目的的前提是要有丰富的物质基础。因此，在社会主义初级阶段，为了大力解放和发展生产力，需要非公有制要素为经济发展注入更多的活力。在社会主义初级阶段，我国生产力水平还较为低下，并且发展很不平衡，多种所有制经济的共同发展能够使各种生产要素得到充分运用，能够充分调动所有劳动者的积极性。所有制作为基本的生产关系是由生产力决定的，只要非公有制经济能够有效推动生产力，它就能够与公有制经济一起促进我国社会主义社会初级阶段的发展。

非公有制经济的存在并不能改变我国经济的社会主义性质，因为公有制是我国经济发展的主体，这种主体地位主要体现在控制力上，例如在关系国民经济命脉的重要行业和关键领域中国有企业等公有制经济占支配地位。允许非公有制经济的发展，提高经济效率，是实现人们对经济要求的重要条件。坚持公有制的主体地位则是从根本上实现人民整体的经济福祉这一最终目的的保障。马克思通过对资本主义经济的深入研究，揭示了资本主义剥削的根源是资产阶级私人占有生产资料，而经过商品经济的循环，这种生产资料私有制最终导致了贫富的两极分化。与之相反，生产资料公有制在生产领域能够保证经济利益在全体社会成员之间的合理分配，"即资源利益在起点上就得到了合理分配，而这对二次和三次的合理分配，奠定了可以温和调节的条件以及价值导向基础"②。

---

① 《列宁全集》（第3卷），北京：人民出版社1995年版，第546页。
② 刘敬鲁：《经济哲学》，第132页。

一些学者认为，正义的核心问题就是保护个人以私有财产权为基础的相关权利，这种观点忽视了公有制在财产以及正义问题中的作用。即使是自由主义思想家罗尔斯，在其正义理论中也认为自由社会主义同样可以满足他所主张的正义两原则。"私人财产有其合理性，但公有制也绝不是洪水猛兽，它有其内在的正义性。过去几百年来，社会主义思想家对于公有制的追求绝不是违背道德观念的反社会倾向，对于公有制的向往根植于我们的心性之中。"①作为经济生活方面的一种价值观念，公有观念一直是古今中外许多思想家和革命者对理想社会进行描述的重要理念。私有财产的实质是剥夺了他人对这一财产的占有或使用。因此，私有制的主体实际上具有强烈的排他性。但是公有制不同，它背后的实质是共同主体，体现了一种交互关系。我们任何人的行动都不可能是孤立的，"即使现实的社会结构趋于通过物化现象掩盖'我们'，把'我们'变成几个彼此不同并且相互隔绝的个体的总和，但行动的主体仍是一个群体，是'我们'"②。可以说，公有制度直接地体现了人们作为社会性存在对公有共享的价值追求。

我们也要注意人们对公有制的认识经常存在偏颇，更多地关注公有制在经济起点上保证了真正的"机会均等"，忽视了它对生产力发展的极大促进作用，认为公有制经济是没有效率或者效率低下的，非公有制对经济增长具有更大的促进作用。一些人通过对国有企业收益和其他非公有制企业的收益进行比较，否认公有制在促进经济增长方面的根本作用，这是对公有制经济的一种偏见。通过对周期性经济危机的分析，马克思看到了资本主义生产关系不适应生产力发展、导致社会成员贫富分化的现实，揭示了只有公有制条件下的社会化大生产

---

① 李风华：《正义与公有制：对一种流行观念的批评》，《探索与争鸣》2017 年第 6 期，第 74 页。

② 〔法〕吕西安·戈德曼：《隐蔽的上帝》，蔡鸿滨译，天津：百花文艺出版社 1998 年版，第 20 页。

才能够更好地发展生产力、实现全体社会成员物质生活水平的共同提高这一重要规律。因此，促进生产力的发展和保证共同富裕两个因素共同决定了公有制的优越性。当今国内的一些学者指出，关于公有制缺乏效率的观点，不仅在样本选取上存在问题，而且实际上是将公有制企业等同于公有制，混淆了微观效率和宏观效率。我们应该正确地认识到，"我国社会主义公有制的建立，使整个社会生产过程发生了根本的变化，由此产生的社会成员之间根本利益的一致性，适应了社会化大生产的要求，为生产力的进一步发展创造了条件"[①]。

2. 社会主义市场经济体制

经济体制是一个社会进行资源配置的机制，我国实行的是社会主义市场经济体制。党的十八届三中全会作出的《中共中央关于全面深化改革若干重大问题的决定》，明确地提出全面深化改革的重点是经济体制改革，核心问题是处理好政府和市场的关系，使市场在资源配置中起决定性作用和更好发挥政府的作用。

强调市场在资源配置中起决定作用，这是对市场经济的本质的正确认识。将"基础性"作用改为"决定性"作用，说明我们对市场经济的认识越来越深刻。在改革开放初期，针对社会主义社会能否发展市场经济展开了一系列的讨论。事实证明，市场经济在本质上是一种资源配置的方式，在公有制为主体、多种所有制经济共同发展的条件下同样可以实行市场经济。

市场经济体制之所以能够成功地解决效率问题，一方面在于其有效地实现了资源的合理配置，最大限度地调动了所有劳动者的劳动积极性。当生产力和分工发展到一定程度时，出现了直接以交换为目的的生产。市场体制受价值规律的制约，通过价格的起伏反映供求关系，从而自发地实现资源配置。另一方面，在自由竞争的影响下，生产者

---

① 刘浩：《论公有制效率认识误区》，《财经研究》2003 年第 3 期，第 96 页。

会进行积极的调整，促进劳动生产率的提高和资源的有效利用。因此，可以说市场经济能够有效地推动经济的增长。我国经济迅速发展的实践也证明了这一点。

但是就我国整体的经济制度而言，建立市场经济体制并不是目的，而是有效实现共同富裕这一重要目的的手段或者方式。市场经济的自发运行并不能带来共同富裕的局面。首先，如果不以公有制经济为基础，市场对资源配置的自发调节只能导致财富的集中和收入的两极分化。其次，在市场的自由竞争中，人们平等地受到经济规律的制约。但是人们在进入市场前还受到许多非市场因素的影响，例如家庭出身、自然天赋、教育状况等方面的差异很可能导致他们初始获得的资源不平等，因此通过市场这一机制所得到的分配结果通常是不平等的。虽然实行市场在资源配置中起决定作用，政府必须转变职能，把应该由市场做的事情交给市场去做，但这并不等于放任自由。相反，正是由于自由市场不能自发地促进共同富裕，才需要政府发挥其应有的作用。简言之，只有把市场行为与政府调控相结合，才能够实现人民的共同富裕目标。

3. 分配制度

我国实行的是以按劳分配为主体的综合分配制度。这种分配制度不仅是由公有制为主体的复合所有制所决定的，而且是社会主义市场经济体制的基本要求。更重要的是，它在分配环节上满足了人民共享经济福祉的要求。

根据劳动价值论，马克思提出了公有制下的按劳分配原则。马克思通过区分商品的使用价值和价值以及将劳动分为具体劳动和抽象劳动，得出了劳动创造价值的结论。因此，他提出，必须彻底改变资本主义私有制条件下按资本分配的剥削制度，实现生产资料的公有制，以此为基础实行按劳分配制度。这样，人们所付出的劳动的差别是造成人们获取个人消费品不同的唯一差别，"生产者的权利是和他们提供的劳动成比例的；平等就在于以同一的尺度——劳动——来计量。"①
从这里可以看出，按劳分配的价值诉求是公平分配，而不是均等分配。
按劳分配不仅体现了公平原则，而且体现了效率原则。在共同占有、
使用公共生产资料的前提下，劳动是唯一的衡量尺度，因此劳动者为
了获得更多的报酬就会不断提高自己的劳动效率以获得更多的劳动收
入，这就带动了整个社会生产效率的提高。

不过，在社会主义的初级阶段，还难以在全社会范围内实现生产
资料的共同使用，在自身所拥有的自然条件和所获得的物质条件上，
不同的人之间存在着明显的差异。而且在公有制为主体的条件下，其
他所有制经济也在大力发展。因此，在按劳分配之外还需要有其他的
分配方式。在现阶段，以劳动作为唯一衡量标准的条件还不具备，将
管理、技术等生产要素纳入分配依据，是对人们劳动的更为合理的认
识。多种分配方式共存，以劳动、管理、技术、资本等生产要素作为
分配依据，实质上体现的是依据对社会的贡献给予人们以应得，这既
体现了公平分配，又有助于提高生产积极性，优化资源配置。

由于改革开放初期最需要解决的是当时国家积贫积弱的现象，
因此分配问题并没有得到足够的重视。随着经济改革的不断深入，
关于分配问题的讨论逐渐增多。面对现实中凸显出来的矛盾，党的
十三大提出"在促进效率提高的前提下体现社会公平"，十五大明确
了"坚持效率优先、兼顾公平"的分配原则，十六大在此基础上又提
出了"初次分配注重效率、再分配注重公平"。但是市场经济所造成
的初次分配不均衡现象严重，加大了政府调节再分配的难度。于是，
党的十八大提出"初次分配和再分配都要兼顾效率与公平，再分配更
加注重公平"，进一步完善按劳动分配和按生产要素分配相结合的分
配机制。

---

① 《马克思恩格斯文集》（第3卷），北京：人民出版社2009年版，第442页。

四十多年来，中国的经济制度在改革开放的进程中逐步建立并不断发展。改革开放政策是在短缺经济的时代条件下提出的，因此突破大锅饭体制对生产力的束缚、大力发展生产力是当时急需解决的首要问题。随着社会主义市场经济体制的逐步建立，非公有制因素也为经济发展注入活力，中国经济的迅速发展正成为世界上叹为观止的一大奇迹。社会经济发展的动力问题已经得到初步解决，如何在实现经济效率稳定增长的同时处理好公平正义问题成为当今时代需要解决的新问题。公有制为主体、多种所有制经济共同发展的基本经济制度，社会主义条件下的市场经济体制，以按劳分配为主体、多种分配方式并存的分配制度则基本上实现了这两大目的的平衡。换句话说，中国特色社会主义经济制度既满足了人民在经济方面渴望经济福祉不断提高的要求，又满足了人民希望对经济福祉实现共享的要求，因此可以说我国的经济制度在根本上是正义的。

（二）我国经济制度有待完善之处

现阶段，发展仍是解决我国所有问题的关键。我国的经济制度在促进经济增长方面的作用得到了充分发挥。从前面的分析中可以看出，在实现经济福祉共享方面也有诸多的制度保障。但是我们也要看到，在经济生活的现实情况中，发展不平衡问题依旧明显，贫富差距依然较大。这说明我国经济制度的实际运行还没有完全达到预期目的，在正义维度上还存在诸多有待完善之处。

1. 公有制的公平正义取向还未得到充分体现

国家统计局公布的 2016 年全国的收入基尼系数为 0.465，2017 年为 0.467[1]，2018 年约为 0.474，而国际上通常以 0.4 作为收入分配差距的"警戒线"。前面的论述已经充分说明了公有制和按劳分配的主体

---

[1] http://www.stats.gov.cn/tjsj/ndsj/2018/indexch.htm.

地位、社会主义的前提条件本身所蕴含的公平正义取向。但是现实的经济发展在最终结果上所体现的却是贫富差距较大、地区差距较大等不合理状况。这种状况所揭示的一个重要问题是，"社会主义制度保障公平正义的优越性"还没有得到充分体现。归根结底，这个问题集中在公有制的实现形式上。

在社会主义初级阶段，公有制的实现形式主要有国有经济、集体经济、混合所有制经济等。国有经济是国民经济中的支配要素，对推动国家经济发展具有重要作用。但一些人不仅否认国有经济在经济发展中的作用，而且认为国有经济实际上是在"与民争利"，不利于实现共同富裕的目标。[①]对相关现实的研究可以证明，这种观点是不正确的。同时，我们也应该看到，国有经济作为公有制的一种实现形式的确存在着一些问题。

一方面，在国有经济的运行中，存在双重代理。首先，国有经济在实质上是社会主义全民所有，但采取的是国家代理制。正如社会契约论所展示的逻辑，人民将公共权力交给国家（政府），国家成为公意的代表。在公有制的实现形式中，也正是将国家作为全民的代理人去实现生产资料的全民所有。其次，国家作为全体公民的代理人不可能去进行具体的经营活动，而是将其委托给具体的组织或者企业，如国有企业。这种二次代理就使得"公有制出现了名义产权主体（全民）和实际产权主体（公有制企业）的分离，实际受益主体和实际成本承担主体的不一致"[②]。这种不一致，使得人们对国有企业等公有制企业的认知出现了偏离。国有企业的盈利更主要的是贡献于公共财政以使人民群众获得更好的社会保障，而双重代理使人们难以切

① 卫兴华、何召鹏：《近两年关于国有经济的地位、作用和效率问题的争论与评析 —— 结合十八届三中全会的〈决定〉进行分析》，《经济学动态》2013年第12期，第39页。
② 季卫兵：《公有制与制度正义 —— 基于收入分配差距原因的思考》，《中共四川省委党校学报》2011年第2期，第75页。

实感受到公有制经济为自己直接带来的好处从而无法充分认识公有制的优越性。另一方面，在国有企业这种公有制经济中实行按劳分配的结果应该是最能保证分配公平，缩小收入差距的，但是现实结果却并不尽如人意，还未能使公有制以及按劳分配的公平正义蕴含得到充分的实现。

公有制在具体实现形式上出现的这些问题说明了虽然我国的基本经济制度是正义的，但是在具体运行制度上还存在需要完善的地方。因此，经济体制改革进程的不断发展，越来越突出地要求对政府和市场的职能进行清晰的划分，要求深化公有制企业特别是国有企业的改革，探索更加科学合理的公有制实现形式和公有资产监管体制，完善相应的经济制度。

2. 分配制度存在着明显的不公平问题

在社会主义初级阶段实行以按劳分配为主体的综合型分配制度，劳动、资本、技术、管理等生产要素都作为分配依据。但是在市场经济条件下，它们在具体分配中所发挥的作用却可能是不平等的。当前存在的突出问题是，依据土地、资本等生产要素所获得的报酬要明显地大于其他生产要素。还有，由于人们在所占有的生产资料和先天出身、自然天赋方面存在较大差异，由于城乡之间、地区之间所拥有的自然、人文资源之间也存在较大差异，因而，人们在市场竞争中的初始地位并不平等。因此，可以看出初次分配中的不公平现象仍旧比较明显，而且明显制约着再分配之公平目标的实现。

保证人民对经济福祉共享的另一个重要措施就是进行再分配。再分配是指政府在初次分配的结果上通过财政税收等一系列措施进行调节，其中最重要的措施是通过建立社会保障制度来实现对经济福祉的共享。但是相较而言，我国在生活标准、教育、医疗、保险等方面的社会保障制度还不够充分。此外，作为直接调节初次分配不公的财政转移支付制度也存在着项目重复、缺乏有效的管理监督机制等问题。而且税收政策作为一种再分配的实现机制缺乏对高收入的有效调节，相对低收入者来说，高收入者的纳税贡献率与其收入不相匹配。

除了税收对高收入的调节外，第三次分配也应该作为一种有效的调节机制。厉以宁教授在我国首次提出了第三次分配的概念，第三次分配就是在以市场为主的初次分配、政府调节的再分配之外基于道德信念而进行的分配。[①] 虽然对这一概念的具体定义有所争议，但通俗来讲就是通过公益慈善等方式自愿地对收入进行再分配。"第三次分配是习惯和道德力量起作用的结果，它是有情的收入转移，而不像市场调节那样是一种无情的收入转移；它是非功利的、非强制的收入转移，而不像政府调节之下的收入转移往往带有某种功利性或强制性。正是因为如此，在社会协调发展过程中，由第三次分配来补充空白，效果更为显著。"[②] 很明显，在目前阶段我国对第三次分配不仅存在思想认识上的问题，而且也缺乏成熟的实现机制。

除了上述两个问题外，我国经济制度在其他方面也还存在着需要继续完善的地方。例如，在经济发展过程中对自然资源的浪费和对环境的破坏还缺乏强有力的制度预防。要想实现经济的可持续发展，满足社会共同体的共同要求，就需要协调好经济发展与自然环境之间的关系。我国虽然提出了"绿色"发展理念，但是一些地方政府在经济制度正义问题上仍然主要关注人与人之间的经济关系，忽视了在人与自然的关系上应该持有的代际正义取向。最后，除了经济制度本身的正义、运行的正义外，我国经济制度的正义还需要政治制度、法律制度等其他相关制度的保障。现在来看，处理好这些社会制度之间的互动还存在着一些需要解决的问题。

----

① 厉以宁：《股份制与现代市场经济》，南京：江苏人民出版社 1994 年版，第 77 页。

② 厉以宁：《超越市场与超越政府论道德力量在经济中的作用》，北京：经济科学出版社 1999 年版，第 111 页。

　　总的来说，根据是否合乎实现我国人民整体的经济福祉这一正义与否的标准来判断，可以看出，我国目前的经济制度是根本正义的，但也存在有待完善之处。因此，对我国的经济制度进行正义维度上的完善是十分必要的。

第二章
我国经济制度整体的正义完善

改革开放四十多年来，中国经济高速发展，我国经济制度在不断改革中逐步完善，民众从改革开放前的为温饱奔波到现在的丰衣足食，确实体会到了改革开放与社会经济发展所带来的"红利"。然而，由于在产权和分配制度安排方面还未达到充分正义，导致了现实社会生活中需求不足、民众收入不均、非理性消费，等等。根据中国国家统计局公布的官方数据，尽管中国居民收入的基尼系数连续7年都持续下降，但是，2015年全国居民收入基尼系数仍高达0.462，城乡居民人均收入倍差是2.73倍。2003—2015年的十几年间，中国的基尼系数全部高于0.4的国际警戒线水平。经济制度安排所造成的贫富差距问题，既是困扰中国经济可持续发展的一个结构性问题，也是中国社会发展面临的一个主要矛盾。

因此，对于我国深化改革开放、继续全面推进经济社会现代化这一具有重大现实意义的实践来说，完善包括所有制、市场体制、分配制度在内的整个经济制度，是一项紧迫而重要的任务。[①] 如果我国的经济制度在整体上没有达到充分正义，就难免会出现经济行为主体地位不平等、贫富悬殊、市场失序等现象，因而也就无法充分实现人民整体的经济福祉即社会整体的经济福祉。因此，努力实现我国经济制度整体的正义完善，对我国经济社会发展具有重要的现实意义。

---

① 任仲文：《人民日报重要报道汇编》，北京：人民日报出版社2012年版。

一、加强我国经济制度的根本价值目的的方向引领地位

  "制度是一个从非个人关系角度表示稳定的社会关系范畴。这种稳定的社会关系作为社会结构性存在，对社会具有整合与规范的功能，人总是生活在由自身活动所构成的这种稳定的关系体系中。"[①] 对于一个社会来说，它的经济制度，既是这个社会的经济生活的统一规则、人们经济行为的统一规范，也是这种统一规则或统一规范下的实践过程。经济制度作为一种公开的、系统的、统一的规则体系，它确定了这一体系中的组织和个人所具有的经济职责、经济地位以及经济方面的权利、义务、豁免等。经济制度的权利—义务关系安排，本身就表达着这个社会特定的价值理念。它作为规则规范和实践过程，从根本上是一种价值存在，也就是说，它是对于特定社会主体的价值存在，是服务于特定社会主体生存发展要求的价值存在。[②] 由于经济制度与经济生活的权利—义务关系问题相关，所以它涉及"制度正义"的问题，而对"正义"的合理理解直接关系到对"制度正义"的合理理解。在经济生活中，对"正义"的理解有两个密切相关的方面："一方面，作为利益交换的规则，正义是有条件的；另一方面，作为道德命令，正义又是无条件的。"[③] 依此含义，在经济领域中，我们把"有条件性"理解为，在经济生活中具有正义观念的人通过等价利益交换原则来满足自我利益，他是否遵守正义规范，取决于他人是否遵守正义规范；把"无条件性"理解为，作为道德命令，无论作为制度还是作为个人品德，正义都必须是无条件的，否则社会的正义局面就难以维持，社会就会陷

---

  ① 高兆明：《制度伦理研究：一种宪政正义的理解》，北京：商务印书馆2001年版，第1页。

  ② 刘敬鲁：《论我国经济制度的价值目的——基于公平正义的视野》，《经济理论与经济管理》2013年第2期，第25页。

  ③ 慈继伟：《正义的两面》，北京：生活·读书·新知三联书店2014年版，第1页。

于混乱之中。由此可见，经济制度的价值正当设定或者说经济制度的正义问题，既是一种现实的秩序问题，也是一种社会理想或者社会意识问题。作为一种现实社会经济关系的安排，经济制度的正义问题是一种现实秩序；作为经济生活中人们的价值目标和自觉要求，经济制度的正义问题又带有理想的特征，是对现实社会经济制度的批判性反映。

（一）经济制度的价值目的的类型及其对经济生活的不同作用

经济制度作为约束经济活动的行为规则，主要目的是用来维持秩序和减少交易的不确定性，以及建立规范的经济秩序，从而实现资源的最优配置。在经济生活中，基本的经济制度可分为以公有制为基础的经济制度和以私有制为基础的经济制度。经济制度的所有制基础不同，决定了它们的根本价值目的不同，前者以实现社会成员整体的经济福祉为根本价值目的，后者以少数社会成员个人的经济福祉为根本价值目的。

在以私有制为基础的经济制度下，少数社会成员个人的经济福祉这一根本价值目的，塑造了众多个人的需求和志愿，决定了他们实现自身需求的技术和方法。个人通过竞争和交换追逐个人私利是经济生活的主旋律。换言之，在私有制经济中，个人经济行为的选择仅仅是出于实现自身利益最大化，他不是企图增进社会成员整体的经济福祉，而是出于自己安全或私利的需求，尽管人们追逐个人经济福祉的结果，常常会增进社会成员整体的经济福祉。在这一点上，亚当·斯密的观点既包含了合理的一面，也包含了不合理的一面。[①] 在实现机制层次上，个人经济福祉这一根本价值目的，要求制定符合个人的自由竞争效率

---

① 〔英〕亚当·斯密：《国富论》（下册），郭大力、王亚南译，北京：商务印书馆2015年版，第25页。

要求的原则和规范。

在以公有制为基础的经济制度下,社会成员整体的经济福祉这一根本价值目的,成为人们进行经济活动所应遵循的道德原则和正义标准。以这一根本价值目的为引领,强调的是人们经济生活的一体性、共同性,人们物质生活水平的共同提高,塑造的是人们经济生活的正确合作方式、经济过程的团结精神、经济收益的一体共享等。在实现机制层次上,这一根本价值目的,要求制定以实现社会成员整体的经济福祉为核心,符合人们在经济上共同发展共同繁荣、共同经济合作要求的原则和规范。

在我国经济生活中,增进社会成员整体的经济福祉作为我国社会主义经济生活的"根本原则",既遵循了一般经济制度正义的有条件性和无条件性要求,也设定了我国社会主义经济制度正义的本质。围绕着增进社会成员整体的经济福祉,我国经济生活形成了三大目标和四大原则,即权利平等、权责对等、综合效益合理三大目标和效率原则、公平原则、统一原则、互惠原则四个原则。三大目标和四大原则是实现社会成员整体的经济福祉的要求和手段;增进社会成员整体的经济福祉是三大目标和四大原则的归宿和价值指向,它们是目的—手段(ends-means)的关系。由此,我们也可以将我国经济制度的价值目的分为根本性的目的和手段性的目的,即增进社会成员整体的经济福祉是经济制度的根本性价值目的,三大目标是经济制度的手段性目的。

(二)我国经济制度的根本价值目的以及它对我国经济生活的引领作用

我国宪法规定,我国实行生产资料公有制和按劳分配制度,这意味着我国经济制度的根本价值目的是增进社会成员整体的经济福祉,因而也从根源上规定了我国经济制度在本质上是平等正义的。也就是说,在我国经济制度下,每一个公民都有资格平等地享有经济方面的各种基本权利，任何个人或集团在经济方面都没有特权，在分配上"要使所有的人都得益，没有太富的人，也没有太穷的人，所以日子普遍好过"①。正如邓小平所说，"这是体现社会主义本质的一个东西"②。社会主义经济制度的本质，或者进一步说整个社会主义制度的本质，就是要"使所有的人都得益"，使人民的"日子普遍好过"。

邓小平在答美国哥伦比亚广播公司记者迈克·华莱士提问时说："社会主义财富属于人民，社会主义的致富是全国共同致富。社会主义原则，第一是发展生产，第二是共同致富。……所以我们的政策是不使社会导致两极分化，就是说，不会导致富的越富，贫的越贫。"③ 邓小平所讲的共同富裕就是通过提高生产力，丰富物质生产来满足民众的物质需求，提升和改善民众的生活水平和生活质量，实际上，就是增进社会成员整体的经济福祉。归根结底，这是社会主义经济制度的本质所决定的。因为，在社会主义制度下，由于生产资料归全民公有，所以，人民所创造的财富归全民所有，这不同于资本主义制度下财富归资产阶级所有；同时，生产资料归全民公有也能够保证全民共享财富，不是富者愈富，贫者愈贫。这与资本主义国家的经济收益的分配结果有着本质的区别。④

从实现社会成员整体的经济福祉这一根本价值目的的途径——按劳分配制度来看，"多劳多得、少劳少得、不劳不得"，这种以劳动作为分配的主要尺度的分配制度，不仅包含了一定维度的平等性，而且能够有效提高社会生产力，有效增加社会物质财富。因此，我国经济制度除了能够实现社会成员整体的经济福祉这一根本价值以外，也能

---

① 邓小平：《邓小平文选》（第3卷），北京：人民出版社1993年版，第161—162页。

② 邓小平：《邓小平文选》（第3卷），第364页。

③ 邓小平：《邓小平文选》（第3卷），第172页。

④ 彭定光：《共同富裕是社会主义制度之经济正义的体现》，《湖南师范大学社会科学学报》1999年第5期，第21页。

够实现稍次层级的价值——公平与效率这两种价值的统一，能够在很大程度上弥合公平与效率之间的裂缝，培养公民"德性和推理共同善"，使公众形成一种较强的共同体感，关心全局以及乐意为共同体做贡献。①

作为我国经济制度的根本价值目的，增进社会成员整体的经济福祉包含着公平正义的价值内涵，指向的是全体社会成员在社会发展中的共同受益。它以物质功利为基础而又包含更多的方面。事实上，增进社会成员整体的经济福祉包括三个维度：物质维度、社会维度、精神维度。②物质维度强调的是，在经济活动中，通过经济行为的自由竞争、平等交换，丰富物质产品，这是推动经济增长发展的动力机制。社会维度强调的是社会成员之间在经济生活中诚信交往、关心互助、团结合作、共存共荣等，这是实现经济进步的社会结合机制。精神维度强调的是社会成员在经济方面的公平、正义、自信、自尊、自立、自强等精神价值的追求，这是促进经济发展的道德超越机制。第一个维度是经济福祉的基础维度，在此维度上，劳动者按抽象劳动的支出获取报酬，投资者按投资的效率获取收入。第二个维度是经济福祉的中间维度，在此层维度上，要求国家对人们的经济社会关系方面的各种价值予以保护，以免受到金钱的侵犯和替代。第三个维度是经济福祉的高层维度。它是考量一个社会的经济秩序是否公平正义、经济生活是否和谐安康的根本标准。也就是说，社会主义经济制度安排所追求的根本价值目的是一个包括经济增长、社会关系、国民精神状态在内的复合过程。

在国内，对将增进社会成员整体的经济福祉作为根本价值目的的

① 〔美〕迈克尔·桑德尔：《公正：该如何做是好》，朱慧玲译，北京：中信出版社2011年版，第308、310页。

② 刘敬鲁：《论我国经济制度的价值目的——基于公平正义的视野》，《经济理论与经济管理》2013年第2期，第25页。

理解通常存在着"目的论"和"代价论"两种观点。前者认为，增进社会成员整体的经济福祉是我国社会主义发展的最终目标，在社会主义初级阶段难以实现，只有在充分发达的社会主义或者共产主义阶段才能实现；后者认为，在增进社会成员整体的经济福祉的过程中可以存在一种"必要的恶"，只要最终目标不变，可以暂时牺牲一部分人的物质富裕。我们认为，这两种观点都与社会主义经济制度安排的根本价值目的不相符合。在当前我国社会主义经济制度和生产力条件下，增进社会成员整体的经济福祉不是"同等"富裕、"均等"富裕或"同步"富裕，它是指在生产资料归民众公有的前提下允许不同个人在富裕的程度上存在适当差距。这种差距不是社会主义公有制所造成的，而是由我国生产力水平还不够发达以及我国经济制度中的非社会主义因素造成的。允许一部分人、一部分地区先富起来，这种差异只是先后顺序的差异，而且与我国经济制度的"按劳分配"原则所允许的个人在收入上存在适当差距这一结果，是一致的。

二、正确安排我国经济制度的直接价值目的的辅助地位

在对目的与手段的关系处理中，需要始终把目的置于主导地位，作为人们活动的方向引领，把手段置于辅助地位，作为人们活动的路径或方式。按照目的与手段的关系来说，增进社会成员整体的经济福祉作为我国经济制度的根本价值目的，在我国经济活动中起指导、控制作用，在根本价值目的周围存在着一系列具体的目的，比如保持经济可持续健康运行和发展、提高人民物质生活水平等，这些具体目的是人民为了增进自身的经济福祉所要达到的具体目的，是实现根本价值目的的手段，我们称之为"手段性目的"或"直接价值目的"。因满足主体的愿望或要求的不同，决定了不同价值体系的存在。在每一种价值系列中，都有其作为目的的价值及构成实现目的的价值的必要的

手段，即每一种价值系列都包含着目的性价值与手段性价值。对于目的性价值和手段性价值的判断，根据不同的标准，两者的分类不同。根据目的价值的层级，在某一价值系列中，终极的目的价值外围总有一系列的具体价值目标，这些具体价值目标又向外延伸，形成次一级的具体价值目标，这样就形成了目的价值与手段价值的同一。对同一个目的价值来说，相对于终极目的，它是手段价值；相对于下级价值目标来说，它是目的价值。例如，在我国经济制度的构建中，增进社会成员整体的经济福祉是目的价值，从整体角度来看，其外围存在经济健康稳定并可持续地运行和发展等具体目标，在这一具体目标之外，还存在着有限资源的合理配置、政府调控市场的手段等次一级具体目标。从个人角度来看，在增进社会成员整体的经济福祉的终极目的外围存在着提高民众物质生活水平目标，在提高民众物质生活水平目标外围还存在个人经济行为选择的具体目标。根据目的价值被民众认同的范围，从高到低又可分为全人类的目的价值、社会整体目的价值、集体目的价值、个人目的价值，低一级的目的价值是高一级的手段价值。根据目的价值的抽象程度，从基础性价值到发展性价值又可以分为自然—物质价值、社会价值、精神—身体价值、人的价值，人的价值是目的价值，以此向下，自然—物质价值是手段价值。[1] 在社会主义条件下，由于社会主义制度本身的性质决定了增进社会成员整体的经济福祉是目的价值，在其外围具有不同的具体目的价值，人们的一切经济活动归根结底都是围绕着增进社会成员整体的经济福祉进行，由它所决定。在本部分，我们根据目的价值的层级分类方法，从整体角度来探讨经济制度的直接价值目的对于根本价值目的的辅助地位。那么，在增进社会成员整体的经济福祉这一目的价值外围，就是

---

[1] 〔日〕牧野广义：《价值的层次性和历史性》，兰久富译，《学术研究》2009年第11期，第12—13、30页。

保持我国经济可持续地健康运行和发展，它为增进社会成员整体的经济福祉提供了外部环境条件，或者说是实现根本价值目的的有效途径，它对增进社会成员整体的经济福祉具有直接的推动作用，在整体价值目的体系中处于辅助地位。

（一）社会主义经济制度的直接价值目的对经济过程的特定作用

在市场经济条件下，经济活动处理的是以商品为中介的人与人之间的交换关系，需要遵循的原则是公平竞争与互惠互利原则。社会主义经济也不例外，它也是处理市场活动中人与人之间的交换关系，只不过，其经济制度既具有市场经济活动的一般性质，又具有生产资料公有制的特殊性。换言之，社会主义经济制度建构既要体现市场在资源配置上的决定作用，又要发挥政府在宏观调节上的优势，使社会主义基本制度与市场机制有效结合。这两个特性的有机结合决定了社会主义经济制度的直接价值目的是：基于社会主义公有制前提下保持经济可持续地健康运行和发展，这也意味着这种运行和发展所遵循的是经济效益、社会效益、生态效益的合理统一原则。

可持续的概念是1992年在里约热内卢召开的"世界环境保护和发展大会"上提出来的，它的公认定义是"在不损害未来世代满足其发展要求的资源基础的前提下的发展"，它本身包含有发展和持续性两个原则。因此，经济的运行和发展就必须在满足和提高人们物质生活水平的同时增加对环境与自然资源的投入，其努力方向就是提高环境资源的使用效率。换言之，要保持我国经济可持续地健康运行和发展，就必须充分发挥市场在资源配置中的作用，建立以市场经济为基础的可持续发展模式，即社会主义市场经济。这种经济健康运行和发展的可持续模式必须能够有效和不断地淘汰落后生产力，克服或减小经济活动的负的外部性，协调不同经济行为主体之间的经济利益矛盾和冲突，奖励与环境保护要求相一致的经济行为，惩罚与环境保护要求相反的经济行为。这也决定了经济制度的直接价值目的对经济制度所具有的特定作用。

社会主义经济制度的直接价值目的——实现经济的可持续健康运行和发展，对于经济过程具有次一级的次引导作用。首先，从本质上看，它不是要求否定和消灭经济过程中经济行为主体对自身利益最大化的追求和可能发生的利益冲突，而是要求承认、引导和协调这种利益追求及冲突，以充分调动不同经济行为主体的积极性，并使人们的利己行为以利他为前提，以增进社会成员整体的经济福祉为结果。① 例如，近几年，为了解决产业结构式失衡，保证经济的可持续发展，国家坚持实施以供给侧结构性改革为主线的经济转型升级，继续保持产业结构上"三产超二产"，需求结构上"消费超投资"，并加快建设统一开放的市场体系，这种改革正在使资源要素配置格局优化，带动发展质量和效益明显提高。其次，它要求为经济活动的参与主体提供一种利益分享的手段，为它们的创造性和生产性活动提供最广阔的选择空间和最充分的激励。同时，还需要为经济活动的参与主体提供一种以利他为前提而又能够实现自利的制度。再者，还要求建立一种克服或减小经济活动负的外部性的约束机制，把经济活动的非效率方面降低到最低限度。最后，还要明确不同经济行为主体在经济活动中的权利和义务以及权利和义务的对称性，使劳动者在经济活动中能够等量劳动获得等量报酬，"使个人的收益率不断接近社会收益率"，经济投资主体能够通过"生产性努力"实现自身利益最大化。显然，只有经济过程符合这些要求，社会主义经济制度的直接价值目的才能得到实现。相反，则必然会诱发大量的机会主义和不负责任的经济行为，导

---

① 洪远朋、陈波、卢志强：《制度变迁与经济利益关系演变》，《社会科学研究》2005 年第 3 期，第 43—44 页。

致资源配置浪费和社会经济利益激励与约束机制的扭曲及人们经济利益心理预期的错位。

社会主义经济制度的直接价值目的对经济过程的特定作用也具有历史性，随着外在经济环境的变化而变化。在社会主义市场经济条件下，经济活动的参与主体是个人、企业、国家；经济成分是以公有制为主体，多种所有制并存的混合所有制；收入分配机制是初次分配和二次分配都要兼顾效率和公平、二次分配更加注重公平的机制；收入分配形式是按劳分配与各种市场要素按贡献获得相对应报酬并存的分配形式。这些特点要求对经济过程采用宏观、法治、间接等调控手段，使市场和政府共同发挥作用。

（二）经济制度的直接价值目的对根本价值目的的从属性

增进社会成员整体的经济福祉作为社会主义经济制度的根本价值目的，强调的是社会成员享受社会物质财富的共同性和平等性，以及人们从事经济活动需要遵循的目的原则。它是人们判断经济活动正义与否的根本标准。保持经济的可持续健康地运行和发展作为社会主义经济制度的直接价值目的，是围绕社会主义经济制度的根本价值目的而得以实现的。换言之，增进社会成员整体的经济福祉是社会主义经济制度追求的"绝对价值"，它所关注的是社会主义经济生活本身的价值；而保持经济的可持续健康地运行和发展作为社会主义经济制度的直接价值目的，追求的是经济行为达到目的的效率，它并不看重所选择的经济行为本身的价值，而是看重所选择的经济行为能否作为达到目的的有效手段。由此决定了经济制度直接价值目的的从属性。

增进社会成员整体的经济福祉作为我国经济制度的根本价值目的，代表了国家在经济领域的价值导向，强调的是社会整体的经济利益和需求，是国家意志以价值形式对集体和个人经济行为的指导和影响，其特点是社会性、理性化、规范化。因此，经济制度"昭示了一种制度的文明，不仅是一种经济的运行机制与规则，也拥有一种文化形态的属性，蕴含着一种文化精神和价值品格"[1]。而我国经济制度的直接价值目的，是经济过程层面的价值目的，因而必须从属于根本价值目的。第一，作为直接价值目的——保持经济可持续健康地运行和发展——它必须遵从"共同利益"标准。因为，根本价值目的承担了符合共同利益的职能，而直接价值目的则是增进社会成员整体的经济福祉的一个方面和重要手段。因此，后者应服从前者。这是在物质财富方面我国经济制度根本价值目的的主导性和直接价值目的的从属性的体现。第二，遵从根本价值目的的引导力。根本价值目的的引导力来源于我国的社会主义制度，来源于生产资料公有制，这种制度性质决定了根本价值目的的法定性权威，并且这种法定性权威能够得到民众的接受和认可。因此，与根本价值目的相比，由制度性质衍生出的直接价值目的自然会在这方面处于从属地位。第三，直接价值目的在经济生活中起到的是辅助、从属作用。与根本价值目的所关注的是经济生活的性质和方向不同，直接价值目的关注的是次一层级的经济运行和经济发展等的质量问题。党的十六大报告明确提出，必须毫不动摇地巩固和发展公有制经济，毫不动摇地鼓励、支持、引导非公有制经济发展的思想，十七大到十九大继续明确坚持这一点，再次强调形成各种所有制经济平等竞争、相互促进新格局的重要性。这充分体现出以公有制为代表的根本价值目的的引导力和经济可持续健康运行和发展这一直接价值目的的从属性和补充性。

第四，经济制度的直接价值目的是经济活动中选择的形式化手段，它是民众在经济活动中通过成本和收益计算，以期达到经济利益最大化和追求经济富裕的方式。在现实社会中，这表现为市场契约和贸易自由、劳动力自由流动、市场合理配置生产资源，等等。这些方面对

---

[1]　郑永奎：《简论"经济正义"》，《光明日报》2001 年 2 月 20 日。

于发挥包括企业和个人在内的经济行为者的自主创造活动具有重要意义，能够激励它们自觉寻找最有效率、成本最低的途径来进行各种经济活动。而经济制度的根本价值目的则决定了追求利益最大化在经济活动中被"允许"的程度。换言之，经济制度的根本价值目的是判断直接价值目的的标准。因此，当一个社会脱离经济制度的根本价值目的，把经济制度的直接价值目的当作最终价值目的追求时，这个社会的经济就会失去正确方向。

（三）我国经济制度的直接价值目的的内涵

增进社会成员整体的经济福祉这一根本性价值目的，决定和制约着经济制度的直接价值目的。换句话说，如何增进社会成员整体的经济福祉，规定着现实经济活动的运行方式。社会主义市场经济是将社会主义和市场有效结合起来，市场成为实现社会主义本质目标的手段，也就是说，实现增进社会成员整体的经济福祉这一目标，需要按照市场规律来自由地组织生产和交换。因此，在社会主义经济运行过程中，如果调控不好或调控不到位，市场的"外部性"即市场失灵现象也难以避免。市场失灵产生的原因是因为市场只关注经济效率和效益，仅仅着眼于局部利益和眼前利益，也就是市场在有关整体利益和长远利益方面存在缺陷。概括说来，市场的"外部性"包括以下几个方面：资源的承受能力、与各种经济活动有关的外部性代价、只注重眼前的效率和效益、从个人或局部利益和需要出发考虑问题所造成资源的浪费和管理上的混乱。[①]

对于我国社会主义经济制度来说，由于它结合了社会主义的共同要求和市场经济的动力激励这双重特点，因而它既能够发挥社会主义

---

① 智士才：《论市场经济运行与可持续发展原则的统一》，《经济问题》1999 年第 5 期，第 2 页。

制度的集中力量优势，又能够克服市场的盲目性缺陷。如前所说，我国社会主义经济制度的这种双重特点，决定了我国必须实现经济的可持续健康运行和发展。这种经济运行和发展不以牺牲后代人的发展为代价，其发展理念是在保证经济快速发展的同时，使社会与自然达到和谐平衡的状态。

根据经济制度的直接价值目的所包含的原则，我们可以推论出我国经济制度的直接价值目的具有如下内涵：首先，经济的健康运行和发展必须是高效的。经济的高效运行不仅能够满足人们日益增长的生活质量需求，而且也能够提高自然资源和环境资源的使用效率。也就是说，充分发挥市场在资源配置中的基础作用，力求用尽可能少的资源产生尽可能多的产出，在相同投入的情况下创造尽可能多的就业机会和生活质量的增量。这种经济增量不是单纯经济的增长，而是经济、社会等方面的协调发展，把经济的发展同社会和人的发展结合起来，寻求整体的或系统的最佳发展。其次，经济的健康运行和发展必须实现从注重物质增长向注重智力增长的转变。经济的发展是人本身所推动的发展，我国经济经过 40 年的高速发展，物质资源的总体增量已得到极大丰富，但是物质资源的体量增长不是无限制的。受到自然资源的有限性和不可再生性特点的限制，我国传统的经济增长方式必须做出改变，从传统依靠无节制地开发自然资源转变为依靠挖掘和利用人本身的智力资源实现增长。这种转变要求对一系列相关的经济行为方式进行改变。最后，经济的健康运行和发展必须是可持续的。在经济方面，可持续性表现为社会可利用资金的增加，它能够为教育、社会、民众生活水平等的发展提供有力的支撑，为资源开发和环境保护提供资金和技术保证。同时，在经济发展水平上表现为经济总量、经济结构、经济效益及经济外向度等方面的发展。[1] 因此，对于经济健康运

---

① 朱道才、任以胜、刘雅洁：《中国经济平稳增长可持续性研究》，《沈阳工业大学学报（社会科学版）》2016 年第 1 期，第 3—4 页。

行和发展的要求就应该在满足经济发展目的的基础上考虑社会、教育、民众生活等方面的发展，实现社会整体效益的提高，实现有关民众生活的各方面协调发展，最终达到可持续发展。换言之，经济健康运行和发展在社会方面体现为经济发展要符合社会的文化观、价值观以及人文发展需要。此外，经济健康运行和发展的可持续性还体现在环境方面，这就是合理地开发和利用资源，正视环境或者自然资源的有限性。因此，只有以生态文明理念和实践为引导，构建生态良好持续条件下的绿色经济，才能够实现经济的长远健康发展。

（四）调整我国经济制度的直接价值目的对根本价值目的的辅助方式

自从改革开放以来，我国经济社会发展取得历史性成就，人民生活水平获得了实质性提高，经济连续多年高速增长，各项经济指标大幅提升。然而，改革开放中前期的经济增长主要依靠自然资源和劳动密集型产业拉动，经济大幅增长的同时伴随的是环境、资源、人口等方面的问题开始凸显出来，比如资源分配不公、环境污染严重、人口与环境生态问题日益严峻，等等。这些问题有违社会主义经济制度的根本价值目的的要求，也与经济制度的直接价值目的——经济的可持续健康运行和发展不符。

从目的和手段的关系角度来说，我国经济制度的直接价值目的作为实现经济制度根本价值目的的手段，对根本价值目的起辅助作用，其作用以及自身的实现方式应由根本价值目的所决定。由于根本价值目的是增进社会整体的经济福祉，因此，这就决定了传统的经济增长方式不符合我国经济制度的根本价值目的的要求。仅仅经济体量的增加并不能保证人民生活水平的改善，也不能从根本上保证社会整体经济福祉的普遍提升。传统的经济增长方式所造成的问题，经济增长由高速增长阶段向高质量发展阶段的转变，以及我国经济制度的根本价

值目的的要求，必然且必须要求调整经济制度的直接价值目的对根本
价值目的的辅助方式。因此，以社会民众对社会物质财富共享的平等
性、创造社会物质财富的丰富性、从事经济活动所需遵循的正义原则
为尺度，直接价值目的的辅助方式应该从以下几个方面进行调整：

第一，由重物的总量增长向重人的全面发展转变。传统经济增长
考核指标是以 GDP 或 GNP 一类的总产出为标准，它关注的是在一定
的生产要素投入水平上，产出实际上增长多少。这种考核标准一方面
使我国在过去的 40 年中取得了持续高速增长，另一方面也过度消耗了
生产要素，使得我国经济发展面临严峻挑战。事实上，一国或一个地
区经济的发展不仅仅需要关注经济总量的增长，而且需要关注经济效
率的提高、经济结构的不断改善、收入分配和社会地位的正义、居民
的社会保障和幸福状况等方面。换句话说，经济制度的直接价值目的
不能离开社会效益、生态效益而孤立存在，对其评价应该放到经济发
展、社会发展、人与自然关系的和谐发展、人自身的全面发展的统一
中进行把握，其出发点应该立足于人民，一切从民众的生活质量出发，
把发展的成果惠及全体民众。这意味着，首先，经济制度的根本价值
目的的实现归根结底要靠人民，这就要求理性、辩证地看待物质财富
的增长和人民的全面发展的关系，把经济的健康运行和发展转移到依
靠科技进步和提高劳动者素质的轨道上来。劳动者的素质状况在很大
程度上决定了经济增长的数量和质量，国家的经济运行以及经济结构
的优化和调整，需要以劳动者素质的不断提高作为保证。其次，直接
价值目的的辅助方式的调整应该着眼于科学研究、教育和经济的紧密
结合，提高科技成果转化率，加快科技成果商品化、产业化进程，应
用高新技术改造传统产业，提高科技进步对经济增长的贡献率。最后，
物质产品的丰富和物质生活水平的提高不仅应为精神生活水平提高打
下良好基础，而且应为精神文化需求的满足注入强大的动力和活力。
丰裕的物质生活条件有利于发展教育、加强培训以提高人力资源的质

量；有利于形成社会整体进步的社会生活价值观，更好地处理贫富差距以促进社会公平、维护良好的社会秩序；等等。换句话说，我国经济制度的直接价值目的的辅助方式的调整方向，就是在让我国民众能够分享社会经济发展成果的同时，协调我国经济和社会的良性发展，提高整体上的可持续发展能力，最终达到社会安定、民富国强的目的。

第二，由"重量"的增加向"重质"的提高转变。我国经过长时期的经济增长，社会物品供应总量已经由原来的供不应求和普遍短缺的状况变为总体上供过于求和相对过剩的状况。民众生活需求的个性化、多元化特征日益凸显，已经从"吃饱"转向"吃好"，越来越重视产品或服务的质量、品牌、信誉度、安全、环保等指标。[1] 社会供求也由数量保障转向质量保障，社会生产力发展的重点也由"多、快"转向"好、省"。在这种情况下，传统的经济增长方式必然也必须发生改变，或者说经济制度的直接价值目的对根本价值目的的辅助方式需要进行新的调整。提高质量、促进共同富裕、实现民众整体福祉的提升成为当今我国发展经济、改善民生的主要任务。

第三，由注重规模扩大向关注结构升级转变。在我国改革开放前期和中期，政府秉持"发展是硬道理"的目标，压低企业在生产要素使用、社会成本补偿以及获取金融支持等方面的成本，激励企业加速完成资本积累，使规模化成为支撑我国经济规模急速扩张的主要途径。[2] 这种注重规模扩大的经济增长方式所带来的结果就是我国经济的粗放式增长、区域之间发展不平衡、贫富差距扩大、生态环境恶化、市场秩序紊乱以及政府职能错位等。[3] 这种状况有违经济制度的根本价

---

[1]　张立群：《中国经济增长呈现新特点》，《经济日报》2018年1月4日。

[2]　曾伟：《中国经济增长的原因和代价：基于政治经济学视角》，《改革与战略》2012年第8期，第27页。

[3]　华民、袁锦：《论中国经济增长方式的转变》，《复旦学报（社会科学版）》1996年第4期，第17页。

值目的，也有违直接价值目的的应有之意，因此需要调整传统的经济增长方式，实现经济的良性、健康运行和发展。

三、完善我国社会整体经济福祉与个体经济福祉共同实现的制度

社会由个人构成，这种构成不是单个个人的简单相加，而是众多个人之间关系的结合。对每一个人来说，由于其自身的偏好和需求特点，其在相互交往过程中按照自身需求追求自身利益最大化。这需要通过与他人的联系和交往来实现，这就形成了社会。社会不是个人之间的松散的集合，而是一个能够形成自身目的和追求、具有自身独立性的主体——社会整体。它所追求和实现的福祉就是社会整体福祉。相反，个人所追求的福祉就是个人福祉。在《现代汉语词典》里，福祉是指福气、幸福，它强调的是让人们感到美满的一种生活状态，此种状态包含安定、满足、自由、平等、尊严、权利等方面的内容。福祉具有个人和社会系统两个层面的含义。个人层面的福祉就是个人的幸福，它出于个人对美满合宜生活的追求。社会层面的福祉是社会全体成员所共同拥有的幸福生活，是人们共同存在所需要的物质条件和各种善的统一体。

由于个人与社会的性质不同，所以在现实经济活动中两种福祉之间很难真正实现一致，存在着发生冲突的可能性。只有在理想状态下，个人福祉的实现和满足也是社会整体福祉的实现和满足，因为社会整体福祉代表着共同的、长远的个人福祉，两者具有一致性。在一般情况下，协调和处理两者冲突所需遵循的原则是"个人福祉服从社会福祉"原则。在社会生活中，社会对个人活动以及个人利益的追求设定了选择范围，个人在追求利益最大化时不仅不能违背社会整体福祉，而且还有促进社会整体福祉实现的义务。但是，对个人来说，是否应

该绝对服从社会整体福祉，服从的合理性是什么，在多大程度上服从，服从的途径是什么，这是正确理解和处理社会整体福祉与个人福祉应当深入思考的问题。鉴于经济生活是人类生活的基础领域，经济关系在人类社会关系中处于核心位置，本部分将主要讨论我国社会整体的经济福祉与个体经济福祉关系的构建。

（一）社会整体的经济福祉与个体的经济福祉的差别与联系

一般而言，社会整体的经济福祉是指社会作为一个整体所追求的经济福祉，也就是人民整体的经济福祉，它的落脚点是社会整体或人民整体，它是社会所有成员的整体经济福祉，作为主体的社会或人民是经济福祉的共同受益主体。社会整体的经济福祉是社会成员生存和生活的基础条件，它主要包括三个方面的内容。

第一，整个经济的健康运行和健康发展。整个经济的健康运行是经济发展的前提，是社会整体的经济福祉的重要方面。经济健康发展是社会整体的经济福祉的结果方面，这不仅能够为社会成员提供必要的生产生活资料，使其摆脱物质贫乏，走向富裕，而且能够为社会生活其他领域的不断进步提供相应的物质基础。这两个方面构成了社会整体经济福祉的实质性内容。

第二，基本完善的经济关系或生产关系。它是社会整体的经济福祉所包含的经济关系这一部分。基本完善的经济关系或生产关系，不仅能够促进经济或生产力的发展，而且能够使经济过程的共同主体容易建立起整体的自信和驾驭必然的自由感。经济关系或生产关系在很大程度上规定着社会整体的经济福祉状况和性质。因此，要不断实现社会整体的经济福祉，就要改变不适应经济生产力发展的经济关系，根据社会发展状况和社会民众需求建立新的生产资料所有制方式和分配方式。

第三，经济生活的正向的经济精神追求状态，包括经济生活方面的乐观自信、努力创造、积极合作、共同奋斗等。经济社会整体的经济福祉不只是包括经济活动的物质方面，还包括经济生活的正向经济精神追求状态。这种状态是经济健康运行和发展的精神条件，是社会整体的经济福祉在精神方面的根本要求。因此，社会需要从自身的实际出发，采取一定的措施来根除消极的、腐朽的经济观念，形成积极健康的经济精神特别是经济生活的价值观。正向的经济生活价值观是对社会经济生活的正确反映，它不但能够对现实社会经济生活提供合理性的论证和辩护，而且能够为经济生活提供正确方向和稳定模式。①

与社会整体的经济福祉相对应，个人的经济福祉是指个人赖以生存和发展的经济条件的总和。从个人的主体性活动角度来看，它是个人在经济活动中的社会化活动方式。这种个人活动方式是由个人在一定经济活动中的地位和作用决定的，正是在这种活动方式中，社会为个人提供了满足其需要的手段和条件。在此意义上，个人经济福祉的实现是指个人获得了相应的社会物质条件。与此相反，个人经济福祉的损失则意味着失去了大部分乃至全部社会物质条件。从以上说明也可以看出，个人经济福祉还意味着在经济活动中个人对自身存在价值的确证和肯定。就个人存在来说，它包含着个人在经济生活中所感受到和拥有的安定、满足、自由、平等、尊严、权利等方面的内容。固然个人存在需要多方面的社会条件，但是个人存在如果缺少个人经济福祉的实现、丰富和深化，那么它就失去了存在的根基，难以生存下去，更遑论生活与发展。因此，个人的存在必须以个人经济福祉的实现作为确证、肯定自己的手段。就对个人的意义来说，个人的经济福祉是个人所实现的对他自身和外部世界的肯定意义，是个人的生存、活动、发展的价值事实，是个人追求自由、幸福、发展等内在需要的

① 彭定光：《论正义的整体利益原则》，《吉首大学学报（社会科学版）》2001 年第 4 期，第 40 页。

一种特殊实现方式。个人的成就及其历史意义首先需要个人进行创造活动，同时，它也需要由个人经济福祉的实现而得到肯定和确证；不以个人经济福祉的实现为肯定方式和确证方式的"成就""贡献"越多越大，则个人价值丧失越多。①

从以上关于社会整体的经济福祉和个人的经济福祉的辨析中可以看出两者的差异。个人的经济福祉是以分散的个人为主体的，具有独特性和多样性；社会整体的经济福祉是以统一的社会为主体的，具有广泛性和普遍性。过分强调社会整体的经济福祉，使个人完全服从社会整体经济活动的要求，会忽视或抹杀个人经济福祉的多样性和独特性，导致个人存在和发展出现片面化，压抑个人独创性的发展和发挥。相反，过分夸大个人经济福祉，则会使个人在经济活动中自我膨胀，在活动指向上趋向随意化，导致社会整体经济活动陷入无共同目标、无秩序的混乱状态，直至危及社会整体的存在和发展。可见，在一定程度上，个人经济福祉的实现与社会整体经济福祉的实现存在一种此消彼长的关系。然而，事实上，两者在追求结果或者说实现目的方面是存在一致性的。因为社会是由个人组成的，没有作为元素的个人，社会也就不成其为社会。个人在社会交往过程中逐渐形成了对"他人"存在和"他人"利益的感悟，进而上升为对群体、阶级、社会、国家等存在的认识。"普遍利益在历史上任何时候都是由作为'私人'的个人造成的。"②换言之，个人经济福祉与社会整体经济福祉始终交错在一起。在一定条件下，个人经济福祉的实现，能够促进社会整体经济福祉的实现；社会整体经济福祉的实现，也能够从根本上推动个人经济福祉的实现。再者，在一定程度上，社会整体经济福祉是对众多个人经济福祉的综合性升华，而众多个人经济福祉则是对社会整体经济福

---

① 张国钧：《个人利益简论》，《马克思主义研究》1989 年第 3 期，第 73—74 页。
② 《马克思恩格斯全集》（第 3 卷），北京：人民出版社 1960 年版，第 275—276 页。

祉的分享。由此可见，个人经济福祉和社会整体经济福祉必然联结在一起，在通常情况下，社会整体经济福祉不能涵盖和囊括个人经济福祉的全部内容，个人经济福祉也无法完全分享社会整体经济福祉。

（二）社会整体经济福祉的实现原则

社会整体的经济福祉关注的是人民整体，并非直接针对社会成员个人。在现实经济活动中，"社会整体"中的"社会"是以主权国家为界域，国家自然而然成为社会的代理人，它从社会经济整体出发对经济活动进行管理，把对经济行为主体的评价视角从单个主体延展到社会，对经济活动中的盲目性、自发性的自由竞争状态进行调控，实现经济健康、稳定、良性的运行和发展，实现社会整体的经济效率。再者，社会整体经济福祉的实现，需要经济社会的"包容性增长"，即经济与社会协调发展和可持续发展。它包括四个方面：（1）经济高速、有效和可持续增长；（2）经济机会平等；（3）经济过程对所有社会成员包容；（4）经济增长成果确保能够为所有民众共享。[①]换言之，社会整体经济福祉的实现，不仅需要充分促进经济增长，而且需要充分实现众多经济行为主体的平等机会，最终达到对经济增长成果的公平共享。另外，社会整体的经济福祉具有超越个人私人性的社会整体性，它通常整合了个人、组织和国家利益。由此可以看出，社会整体经济福祉的实现必须遵循融合统一原则和效率原则。

首先，在经济生活中，实现社会整体的经济福祉，必须遵循融合统一原则。在这里，融合统一原则要求建立众多经济行为主体之间的有机的相互关联、相互作用，以及由此而创造出的经济价值之间的联系。其一，如前所说，社会整体经济福祉通常在很大程度上反映着个

---

① 杜志雄、肖卫东、詹琳：《包容性增长理论的脉络、要义与政策内涵》，《社会科学管理与评论》2010年第4期，第47页。

人经济福祉，它是把众多的个人经济福祉加以整合和提升而形成的，是在将社会自身作为客体而发挥其经济职能基础上实现的。实际上，个人经济福祉之间的相似性决定了能够形成他们经济福祉的交集和对之进行整合统一。社会整体经济福祉在维护个人经济福祉差异性和特殊性的前提下又整合了众多个人的经济福祉。而且，社会整体经济福祉的增长也是以作为社会成员个人的求利努力和创造为基本前提的。正如伯纳德·曼德维尔在其《蜜蜂的寓言》一书中所说：社会如同一个庞大的蜂窝，社会中个人如同蜂窝中的工蜂。只有当每一只蜜蜂勤劳采花、努力酿蜜时，才会使这一蜂窝蜜流如注。其二，在经济生活中，社会整体经济福祉是全体人民所力求实现的一个根本目标。要实现这一目标就需要把人力、物力、财力等社会资源的作用最大限度地调动起来，通过对其合理配置，从而实现社会的物质生产过程。在这一过程中，政府或国家需要有效协调社会各种资源，融合生产、交换、分配、消费等环节，克服市场的个人主义缺陷，实现国家经济的整体发展。其三，社会整体经济福祉所要求的融合统一，不仅包括经济生活的物质方面，还包括经济生活的精神方面。物质方面表现为社会成员在经济活动中所创造的物质成果；精神方面表现为社会成员在经济活动中所创造的精神成果。也就是说，社会整体经济福祉的实现是经济维度的精神成果和物质成果两方面的实现。

其次，社会整体经济福祉的实现也需要实行效率原则。经济福祉的实现过程是在社会经济生活中通过对资源进行配置以实现物质财富的生产然后加以分配的过程。没有物质财富的充足生产，就不可能有人民群众物质生活的提高，因此，我国的经济过程首先需要获得经济生产的效率。在社会主义经济生活中，生产资料公有制所要求的社会整体经济福祉的增加和实现，也同样如此。也就是说，社会主义经济过程也必须关注社会生产过程中资源的投入和产出比，关注生产过程的成本核算，关注有效的资源分配和社会经济效率的增长。在这种意义上，经济效率是实现社会整体的经济福祉的主要手段，同时是经济过程的主要目的。[①]

（三）个人主体经济福祉的实现原则

个人是构成社会的基本单元主体，离开个人，社会将成为无源之水、无本之木。社会整体经济福祉的实现离不开个人经济福祉的实现，个人才能和能量的发挥是社会整体经济福祉实现的前提。个人作为经济生活主体的重要组成部分，是处在一定社会关系中的在地位、能力、作用上有区别的个人，是现实的、社会化的权利主体。在社会主义条件下，经济制度以市场为体制，因此经济健康运行的前提是社会个人具有平等的经济自主权，同时，由于经济制度生产资料以公有制为前提，因此社会民众在参与经济活动、利用和享有经济发展成果方面也能够是平等的。以上两个方面决定了个人经济福祉的实现必须遵循平等原则。

也就是说，这里所说的平等包括两个方面：一是个人具有同等的实现经济利益、取得财富的可能性，即经济机会平等、经济行为权利平等；二是个人在拥有社会财富以及其他利益方面大体平等，即财富均等、结果平等。平等的这两种含义是以个人自主的平等原则和社会成员资格的平等原则为基础的。我国社会主义经济制度及其所从属的市场经济体制蕴含了个人对上述两种经济平等的权利要求和实现要求。第一，社会主义市场经济体制作为一种市场经济体制，在本质上要求经济行为主体的自由平等竞争，要求对资源进行充分有效的配置，要求生产要素能够在市场上自由流动，要求最大限度地降低商品生产和商品交换的成本，这些方面都要求个人拥有自主平等的经济行为权利。

---

① 万俊人：《市场经济的效率原则及其道德论证 —— 从现代经济伦理的角度看》，《开放时代》2000 年第 1 期，第 78—79 页。

例如，在生产要素自由流动方面，每个具有自主权利的个人都有参与平等竞争投资的机会。对于生产要素而言，这意味着等量资本获得等量利润的机会平等；对于个人而言，这意味着他获得工作岗位的机会在规则上是平等的。[①] 因此，这也意味着实现个人经济福祉的平等性。第二，社会主义生产资料公有制这一基础，决定了个人在社会生产中对生产资料的平等权利和劳动平等，也从根本上决定了社会成员资格上的真正平等。这是社会公正地分配个人发展所需资源的基本前提。[②] 而个人发展所需资源的平等分配为个人经济福祉的平等实现提供了保证。

个人主体经济福祉的实现除了遵循平等原则外，还遵循要互惠原则。互惠行为是一种条件合作行为，在经济活动中，个人通过对互惠行为的追求，在经济关系中形成合作关系，这种合作关系会减少个人之间的矛盾和冲突，在实现个人经济福祉的同时促进整体福利的扩张性发展。[③] 在生产资料私有制条件下，人们经济活动的目的是争取自身利益最大化。为了实现这一目的，个人之间被动合作而形成利益互惠行为。与之相反，在社会主义经济生活中，生产资料公有制和个人权利的平等性保证了社会经济活动的公平性。因此，在经济活动中个人是出于内在激励，主动寻求个人之间的合作，在实现自身利益的同时也主动去实现他人的利益，这种积极的合作关系就是我们通常所称的互惠双赢。

在经济生活中，互惠行为对于弥补个人的知识信息的不足具有重要意义。一般情况下，经济活动本身所需知识和信息与个人的知识结构和信息结构并不能完全或始终相配，经济活动时常需要借助不同个

---

① 俞德鹏：《社会主义市场经济与机会平等、权利平等》，《北京社会科学》1996 年第 2 期，第 140 页。

② 杨国荣：《个体自主与人性平等：正义的二重根据》，《中国社会科学报》2013 年 3 月 11 日。

③ 林昭文、张同健、蒲勇健：《基于互惠动机的个体间隐性知识转移研究》，《科研管理》2008 年第 4 期，第 29 页。

人之间的知识和信息的交流才能实现，而互惠行为则有利于拥有不同知识和信息优势的个人之间相互提供帮助。这有利于促进个人之间的信任和合作，推动经济效率的提高，最终促进个人经济福祉的增加和实现。由此可见，互惠原则是个人经济福祉实现需要遵循的一个重要原则。

（四）建立我国条件下两种福祉共同实现的协调一致、有机互动关系

在市场经济中，个人经济福祉的实现主要靠个人自身的努力，但是，仅仅靠个人自己的努力也是不够的，还必须通过个人之间以及个人与社会整体之间的交换才能做到。社会整体经济福祉不管在形式上还是实质上都代表着全体社会成员的共同经济诉求。社会整体经济福祉的实现除了政府统一组织这一关键因素之外，也依赖于个人的努力贡献，依赖于社会对个人经济福祉的肯定。在我国社会主义条件下，实现这两种福祉的充分协调一致和有机互动，是我国经济制度正义性的内在价值目标之一。

在实现两种经济福祉的充分协调一致方面，一方面，我国生产资料的公有制决定了社会整体经济福祉不是众多个人经济福祉的简单相加，而是抛弃了个人经济福祉的偏好、偶然和特殊的方面，同时提升了其中所蕴含的客观、必然、普遍的方面。因此，社会整体经济福祉的实现能够从根本上促进个人经济福祉的实现，只有社会整体经济福祉的实现得到有力的维护和保障，个人经济福祉的实现才具有坚实的基础。另一方面，我国的市场体制在很大程度上规定了，如果片面强调社会整体经济福祉而忽视个人经济福祉的正常实现，那么，社会整体经济福祉就会缺乏个人的有力支持，因而也不能够充分实现或不能实现。依据我国的经济制度以及历史传统，社会整体经济福祉无疑优于个人经济福祉，处于核心地位，"为了国民福利而牺牲个人的暂时福

利，几乎永远是人们正确理解的利益所在"①。因此，对社会整体经济福祉和个人经济福祉进行协调时，要考量两者各自的实现程度以及可能出现的相互损害程度，由此制定恰当的行动方案。

在实现两者的有机互动方面，首先，需要建立两者之间在价值目的上的有机互动。我国社会整体的经济福祉关注的是整体，其价值目的是"共同富裕"及其所统领的社会整体的其他各种经济利益。社会整体经济福祉的最低价值目标是社会整体的经济利益获得基本实现。个人经济福祉的最低价值目标是满足个人的物质生存。在处理社会整体经济福祉和个人经济福祉时，必须认识到两者各自的最低价值目标在一般情况下不能被突破。其次，由于我国以公有制为主导，并且公有制是与市场体制结合在一起的，这决定了我国经济制度需要实现两种经济福祉在"量"上的有机互动，而当这两种经济福祉发生矛盾时，一般需要保证社会整体经济福祉的量的增加优先。在这种情况下，只有当个人经济福祉的量的增加最终会促进而不是损害社会整体经济福祉的量的增加时，社会整体经济福祉和个人经济福祉在量的运动方面才算是达到了平衡状态。

四、完善经济生活的手段价值对目的价值的合理从属关系

我国自从改革开放以来所实现的社会转型，在经济领域表现为由计划经济向市场经济的转型，这种转型不仅仅是制度层面的转型，更是价值观念的转型。由于我国是社会主义国家，生产资料公有制与市场体制的统一，决定了我国的经济过程不仅需要以个人经济福祉为重要考量的价值观，而且需要以社会整体经济福祉为本位的主导价值观。

---

① 北京大学哲学系外国哲学史教研室编译：《十八世纪法国哲学》，北京：商务印书馆1963年版，第536页。

市场经济价值观表现出对外在感性满足的注重和对功利成果的崇尚，在本质上体现了经济行为在合法前提下对自由选择、平等竞争、效率提升等主要经济价值的追求。我国社会主义经济制度的社会本位价值观，在本质上包含了对经济正义、国家富强、人民物质生活水平提高、经济可持续健康发展等社会价值的强调。当前，我国的社会主义经济价值观是两种价值观的融合，它既强调市场经济的个人经济福祉原则，又注重公有制的社会整体经济福祉优先原则。归根结底，这涉及经济生活的手段价值与目的价值的关系建构。

（一）经济生活的手段价值和目的价值的不同特点

一个社会的经济生活总是为了实现某种目的而展开的。在我国社会主义经济制度下，人们从事经济活动，是为了实现经济正义、国家富强、人民物质生活水平提高、经济可持续健康发展等目的，这些目的是我国社会主义经济制度的本质要求和应有之义，即是作为我国经济制度目的或基本目的而存在的。在实现这些目的时，人们的经济活动必须遵循一定的规则或理念，而这些规则和理念只是实现目的或基本目的的手段，或者是由基本目的派生的目的，因此它们被称为手段。经济自由、经济平等、经济效率、经济合作等都是实现上述基本目的的手段。无论是经济生活的目的，还是经济生活的手段，对于人们来说都是有价值的，都属于价值王国，因此，可以把这些价值分为目的价值和手段价值。这里的目的价值指的是目的维度的价值，即这一维度上的价值，是能够直接满足人们的生存、发展和享受需要的那些价值；这里的手段价值是相对于目的价值而言的手段维度的价值，即如何实现目的价值的那些价值，它们不能直接满足人们的生存、发展和享受需要，只是实现目的的方式、中介、路径等。[①] 两者在经济生活中

---

① 江畅：《论价值的基础、内涵和结构》，《江汉论坛》2000 年第 7 期，第 55 页。

的作用不同，决定了两者具有不同的特点。

在我国社会主义条件下，共同富裕、国家富强、人民物质生活水平提高、经济可持续健康发展等是作为目的价值而存在的，因此它们具有根本性，属于终极性的价值领域。社会主义经济制度的本质是增进社会整体的经济福祉，最终实现社会全体成员的共同富裕，这在根本上决定并引导着社会主义经济制度的前进方向。因此，社会主义经济制度应该以终极性价值判断为导向，把人民的生活和发展问题作为经济活动和经济发展的根本，使经济发展过程拥有对人们的终极关怀，富有人文精神。社会主义市场经济具有一般市场经济的逐利性，这种逐利性是推动市场经济发展的巨大动力，它依靠市场机制对资源进行配置，实现生产要素在经济行为主体之间自由、平等的交换，然而，正是市场经济的逐利性导致了人的异化，把人推向对物的依赖之中。我国社会主义生产资料公有制要求克服市场经济所带来的消极后果，实现经济发展的成果为人民所共享，解决人民日益增长的美好生活需要和不平衡不充分的发展之间的矛盾，把上述价值目的作为根本目的和最终目标，作为衡量经济发展、经济行为的主要的价值标准。再者，经济正义、国家富强、人民物质生活水平提高、经济可持续健康发展等目的价值既体现了社会生产发展要求，也有一系列相应的实现机制，包括把公平正义作为引领原则，把经济功利作为动力原则，把人民群众的根本利益作为评判标准[①]，把共产主义作为最终价值指归。换言之，在社会主义经济制度下，经济正义、国家富强、人民物质生活水平提高、经济可持续健康发展等目的，体现了把人民的经济福祉作为终极价值的宗旨。

与目的价值相对应，经济自由、经济平等、经济效率、经济合作

---

① 王岩：《冲突·契合·超越：个人主义与整体主义比较研究——兼论社会主义市场经济条件下的主导价值观建构》，《毛泽东邓小平理论研究》2005年第6期，第60页。

等是作为实现目的价值的手段而存在的。即使在我国社会主义条件下，市场经济也以资源有效配置和物质财富生产为核心，以理性和实用主义为基础，强调合理的市场规则对经济行为主体的制约，由此推动社会生产力迅速发展，这反映出市场经济求利本性的根本要求。在经济活动中，当经济关系成为社会关系的核心时，经济自由、经济平等、经济效率、经济合作等成为市场经济活动的基本伦理精神和道德原则。市场经济的基础是参与其中的行为主体具有独立法人资格，他们在法律规定的秩序中通过相互之间的平等交换和合作实现稀缺资源的配置，通过他们之间的经济联系而实现经济的发展。在这一过程中，如果没有这些经济手段价值作为经济行为的支撑，那么，对于社会来说，就不可能有效地创造经济效益、调整经济结构、促进经济发展；对于个人，也不可能进行主动竞争和技能积累，为社会提供服务与做出贡献。

（二）在我国社会条件下经济生活的手段价值对目的价值的合理从属的特殊要求

在市场经济条件下，"看不见的手"充分调动了经济行为主体的逐利欲望，使得它们以追求经济利益最大化为目的，把社会经济导向单一的对效率的追求。实践证明，仅靠市场体制不能描绘出人类经济生活效率与公平共存的和谐美妙画卷。在我国，社会主义市场经济充分发挥了市场经济和社会主义制度的双重优势，其经济发展目标的制定不仅能够合乎经济效率要求，如合理有效配置资源、有效发展经济等，而且能够合乎经济公平要求，包括公平分配经济成果、公平提高人们物质生活水平等，基本实现了经济生活的手段价值和目的价值的有效结合。我国社会主义经济制度的目的价值——经济正义、国家富强、人民物质生活水平提高、经济可持续健康发展的实现，必须建立在经济自由、经济平等、经济效率、经济合作等手段价值的充分发挥上。只有充分做到这一点，才能够普遍提高全体社会成员的物质和文化生活水平，达到共同富裕。因此，在我国的经济活动中，必须把经济生活的手段价值合理地从属于目的价值。我国社会主义市场经济具有不同于一般市场经济的特殊性，这决定了我国对手段价值合理地从属于目的价值具有特殊要求。

首先，手段价值的实现要以目的价值的实现为衡量标准。我国基本经济制度的本质要求是实现经济维度的各种目的价值，要做到这一点，必须大力发展生产力，提高经济效率，创造不断充裕的物质财富。反过来说，发展生产力所采取的具体经济模式必须与我国经济制度的目的价值相符合，必须与人类的道德理想价值相一致。就如布坎南所说的："如果一个体系由于无效率和生产不足而不能满足人的根本需要或不能实现人的潜能，维护它就不仅是不合理的，而且是不道德的，至少是不人道的。"① 换言之，在现实经济活动中，个人或集体的经济行为的选择不能仅仅从手段价值的角度出发来选择能够实现自身利益最大化的行为，而应该主要从目的价值出发，选择能够促进目的价值的行为。当某种经济行为符合并能够促进经济正义、国家富强、人民物质生活水平提高、经济可持续健康发展等时，它是应当选择的正确行为，反之，则不应当选择或应当避免选择。由此看来，手段价值的选择，需要以目的价值作为标准进行评价，需要受到目的价值的限定和约束。如果没有经济目的价值对手段价值的评判引领，手段价值的选择就会失去方向。因为市场遵循的是优胜劣汰、赢者通吃的规则，当不同主体的利益需求发生冲突时，市场规则将优先满足强者的需求，使强者更强，弱者更弱，最后导致社会贫富分化。

其次，手段价值的实现要将社会整体的经济福祉摆在首位。由于手段价值的实现是市场经济的本质所在，它要求人们的一切经济活动

---

① 〔美〕艾伦·布坎南：《伦理学、效率与市场》，廖申白等译，北京：中国社会科学出版社1991年版，第67页。

都应注重经济效益，同时，每个经济行为主体都是平等自主的，他们都以追求利益最大化来实施自己的行为，其结果往往会产生狭隘的小团体利益或小集团利益，损害他人或整个社会整体的经济利益。我国经济制度的价值目的要求必须把社会整体经济利益放在经济活动的首位，要求所有经济行为主体在坚持这一根本原则的前提下追求自身的经济利益，并且能够促进社会整体经济利益的提升。在发生经济利益冲突的时候，单个主体更是需要做出这样的选择。

最后，手段价值的实现要遵循可持续原则。在市场经济体制下，手段价值的实现能够创造巨大的物质财富，同时也带来了人们物质欲望的膨胀。在盲目地对物质利益的追求中，经济成果的获得成了人生意义的终极依托，道德幸福成了多余的东西。人们占有了被征服的自然领地，却失落了自己的精神家园。手段价值的实现证实了人类的巨大力量，却没有使经济正义理念得到应有的尊崇和重视，这导致了一系列的社会问题和生态环境问题，诸如贫富分化、社会不公、生态破坏、环境污染，等等。我国经济制度的社会主义性质，要求手段价值的实现必须遵循可持续原则，改变市场经济所引发的片面的生产方式和消费方式，努力建立人与自然和谐共生的关系，实现今世发展和消费与后代人的发展和消费的和谐与平等。

（三）明确我国经济生活的手段价值的正当性标准

"今天经济对整个的社会生活起着前所未有的重要的指导性作用。由此社会的'经济化'也在成为趋势。经济化的思维方式和行为方式正渗透和支配着越来越多的领域。"[①]这种经济化的思维方式和行为方式使得各种类型的经济行为主体仅仅把能够在经济上产生财富或利润的东西纳入其考虑和追求的范围之内，把经济自由、经济平等、经济效

---

① 〔美〕乔治·恩德勒：《面向行动的经济伦理学》，高国希、吴新文等译，上海：上海社会科学院出版社 2002 年版，第 6 页。

率、经济合作等价值视为首要价值。在一般的市场经济条件下，市场体制牵引着各种经济行为主体奋力追逐自己的利益，而每一个经济行为主体的努力追求和自由创造最终必将带来巨大的社会财富，增加社会利益的总量。由此可见，社会财富的增加和经济效率的最大化是手段价值的正当性的初步衡量标准。

在我国社会主义经济制度条件下，由于所有制方式、分配方式、政府的经济职能不同，手段价值的正当性衡量标准也不同于一般市场经济的初步衡量标准。具体来说，我国社会主义经济生活的手段价值的正当性标准包含以下方面。

第一，目的合理的经济创新。我国社会主义市场体制也追求效率，但由于实行生产资料公有制、以按劳分配为主体的分配制度和集中性质的宏观调控，不仅能够克服市场体制本身所具有的缺陷，而且要求人们进行合理的经济创新，即合乎社会整体发展要求和个人发展要求相统一的经济创新。这是衡量经济生活的手段价值的一个重要的正当性标准。在社会主义条件下，生产资料公有制和分配制度决定了经济创新的目的是为了满足广大人民群众的物质文化需求，这一目的能够使财富创造和人们的自由发展相统一。因为通过合理的经济创新，市场行为将生产的效率转变为劳动者可自由支配的时间，能够使个人有更多的自由从事自己喜欢的事业。另外，现代社会对产品和服务都提出了品质化要求，这更要求经济活动的合理创新。经济创新活动要求劳动者必须作为劳动的主体，以公有制为基础的社会主义市场体制实现了劳动创新和主体性的统一。在传统市场经济中，创新需要生产要素的投入，每一项创新的投入都必须遵循资本增值的逻辑，而创新投入本身又增加了资本增值难度，这是资本主义的经济创新投入与回报存在的悖论，其主要原因是经济创新所增强的生产力和疲软的消费能力之间产生的矛盾。在我国社会主义条件下，劳动者的收入分配方式主要是按劳分配，它能够使社会生产和消费在一定程度上实现统一，合理的经济创新在增强社会生产能力的同时也能够增强消费能力，两者能够达到基本平衡。由此可见，在我国经济制度下，经济创新不仅能够创造巨大财富，而且能够创造合理的生产和消费主体。

第二，经济成果共享。等价交换是市场机制运行的基础，在此基础之上，等价交换产生优胜劣汰的倒逼机制，经济行为主体只有通过不断提高生产能力，才能满足自身利益需求。在生产资料私有制情况下，以"赢者通吃"逻辑为核心的市场机制必然会造成贫富不均和分配不公，而且生产资料私有制又限制了财富在社会成员之间的共享。在社会主义条件下，经济的发展为了人民、经济发展依靠人民、经济发展成果由人民共享，我国人民对生产资料的共有性和共享性决定了对社会整体经济福祉的共有性和共享性。对于非公有制经济成分，国家允许其自由健康发展，并支持非公有制经济成分和公有制经济成分公平竞争、共同繁荣。这两种经济成分发展所带来的经济利益都以国民收入的形式归全民所有，由社会全体成员所共享。我国社会主义市场经济实现了社会主义制度与市场经济的兼容，实现了国家对市场经济的有效调控，不仅能够增进社会整体的经济利益，也能增进企业和个人的经济利益。同时，也能够使得参与经济活动的主体把长远利益和眼前利益结合起来。这些方面有利于建设社会主义和谐社会、有助于国家的长治久安。由此可见，经济成果共享是我国社会主义经济生活的手段价值正当性的独特标准。

第三，可持续性。一般市场体制的逐利性和盲目性等缺陷，决定了它正常运行的某些结果不符合社会的价值要求，如两极分化严重、经济资源浪费、不正当竞争等。这些消极结果会干扰经济秩序，激发社会矛盾，阻碍经济的健康稳定和持续运行。我国经济制度的生产资料公有制，是生产资料由劳动者共有、共管、共享，必然要求避免或减少市场经济发展过程中的两极分化，要求解决分配不公、缩小社会贫富差距、促进社会公平正义。对于作为宏观调控主体的政府来说，必须充分发挥市场经济和计划经济两种手段的长处，提高调控措施的科学性和可行性，合理调节国民经济。同时，对于经济行为的微观主体来说，必须按照现代市场经济制度规范的要求从事经济活动，逐渐养成自觉遵守市场经济制度的习惯。这些方面的要求决定了经济自由、经济平等、经济效率、经济合作等手段价值的实现，必须是可持续的。只有这样，才能实现我国经济的可持续增长以及经济、资源和环境协调发展。

五、贯彻经济权利与经济义务相互对等的原则

改革开放 40 年来，我国经济在体制上经历了从计划经济到市场经济的深刻转变，建构起了新型的经济行为主体和它们的一系列经济权利。在农村，农民成为独立的生产经营者，获得了真正自主支配自身劳动和生产要素的权利。在城市，国家把个体经济、私营经济等非公有经济纳入到社会主义经济的整体构成之中，大力促进它们的发展，这实际上赋予了这些经济行为主体对自身劳动的支配权以及自主创业和就业的权利。国家对国有企业实行经营权和所有权相分离，使企业成为真正的市场化主体，税利分流和股份制把企业从国家直接经营的体系中解脱出来。总之，这一过程确立了各种市场主体对生产资料的经营权以及支配自己财产的权利。然而，权利和义务总是紧密地联系在一起，没有无权利的义务，也没有无义务的权利。伴随着对经济行为主体的权利建构，也限定了其应当承担的义务。换句话说，经济权利和经济义务必须在经济行为主体的经济活动中对等统一建构。从评价的角度看，只有将经济权利与经济义务有机地联结起来，按照经济权利与经济义务对等的原则，才能对人们经济活动的正当性做出正确评价与判定。

（一）经济权利与经济义务的相互依存关系

权利和义务是基于利益和负担的分配而产生的社会关系，这种关系通常也会以制度的形式固定下来。如果把权利和义务限定于社会经济生活领域，那么，经济权利就是指作为社会成员的公民在经济生活方面所享有的权利。在现代社会，人们的经济权利主要是自由和平等参与经济生活和有效获取经济利益的权利。与经济权利相对应，人们的经济义务则是指作为社会成员的公民在经济生活方面必须承担的行为或责任，包括做出劳动贡献、遵守经济制度的要求等。

经济权利和经济义务之间是相互依存的关系。拥有一定的经济权利就需要承担相应的经济义务，反之亦然；不存在无经济权利的经济义务，也不存在无经济义务的经济权利。借用一种逻辑表达就是，如果 A 对 B 拥有权利，那么就意味着不仅 B 必须对 A 承担相应的义务，而且 A 必须对 B 承担相应的义务；反过来，如果 A 对 B 必须承担一定义务，那么，意味着不仅 B 拥有相应的权利，而且 A 可以在 B 那里获得相应的权利。[1] 总之，经济权利和经济义务是相互关联在一起的。

在此意义上，我国经济制度的改革和完善过程，既是民众日益充分地获得经济权利的过程，也是民众更加广泛地承担经济义务的过程。这种改革不仅建立起市场在资源配置过程中的主要作用，而且是对国家与企业、民众之间经济权利关系的调整，使得原有的国家高度集中的经济权利向企业、社会个人分散。作为经济行为主体的企业和个人成为完全意义上的独立法人，它们在经济活动中能够自负盈亏、自主经营，具有独立商品生产者和利益获得者的地位。同时，它们也需要承担同上述经济权利相应的各种经济义务，遵守经济权利与经济义务对等的原则。一方面，如果没有建立起经济行为主体的自主经营权和经济自由方面的权利，就不可能形成高效率的经济行为主体，社会主

---

① 陈景辉：《权利和义务是对应的吗？》，《法制与社会发展》2014 年第 3 期，第 36 页。

义市场经济体制就失去了微观主体根基。[①]另一方面，如果经济行为主体不履行与其经济权利相应的经济义务，在经济活动中恶意竞争、扰乱经济秩序、违法乱纪等，那么社会主义经济制度追求的价值目的将成为空谈，社会主义的经济正义就不可能实现。因此，建立经济权利与经济义务两者之间的相互对应关系，成为我国经济制度正义完善的重要方面。

（二）我国经济行为主体的经济权利的本质特点

改革开放以来我国新型经济制度的建立过程所形成的新的经济权利系统，充分调动了社会民众在经济领域的积极性，实现了人力资本潜在能力向人力资本现实创造的转化，为经济发展提供了重要动力，使我国在经济发展速度上名列世界前茅。这一新的经济权利系统，主要由经济行为权和经济受益权所组成，是两种经济权利的统一。我国经济制度的复合所有制和市场体制的统一，决定了我国经济生活中经济权利的本质特征。

第一，这一经济权利系统是个人主体的差异性与民众主体的共同性的统一。经济权利是一种独立权利，具有明显的私人属性。每个人都渴望巩固并追求更高的经济地位，实现自身经济利益最大化，最终的结果就会产生经济权利的差异。同时，我国实行的是以公有制经济为主体，全体民众共享经济发展成果，通过二次分配使所有民众最终实现共同富裕。由此可见，在我国社会主义经济制度下，经济权利系统是以个人主体与民众主体的结合为特征的。

第二，这一经济权利系统的实现与政府权力、政府保护义务紧密相连。一方面，经济自由作为经济权利的核心，要求严格限制政府的

[①]　唐爱元：《公民经济自由是构建社会主义市场经济的基点》，《湖南师范大学社会科学学报》1994 年第 6 期，第 26 页。

行动领域，避免对经济行为和经济过程的不合理干预，尽可能使用经济手段进行宏观调控；另一方面，不加节制的经济自由会导致贫富差距加大，危害社会秩序的和谐稳定。因此，要使经济权利系统得到正常实现，政府必须具有对经济进行积极干预的权力。这就要求政府积极主动承担保护义务，尤其是在提供和分配资源方面更加积极有为。

第三，这一经济权利能够确保民众比较公平地享受经济发展成果。不论是从内容上看还是从结果上看，我国的经济权利平等对于确保民众公平地享受经济发展成果，最终达到共同富裕，具有重要作用。从内容上来看，经济权利在本质上是"保障独立的经济地位的权利"，独立的经济地位是经济行为主体在经济生活中自主平等地做出选择的前提，因而是经济行为主体充分发挥自身的能动性的前提。从结果上来看，经济行为主体的自由平等选择和贡献，为平等地享受经济发展的成果提供了现实性。

总之，我国的经济权利系统及其本质特征，也是受社会发展现实条件所决定，它们会随着我国社会和经济的发展而不断扩展其范围，并呈现新的特征，所以对经济权利的理解应该采取开放的态度和立场。秉持这种观念和实践思想，能够保证我国经济权利的配置效果，实现经济权利的最大化。

（三）我国经济行为主体的经济义务的本质特点

经济义务是经济行为主体在经济活动中对他人或社会所承担的责任，它意味着对经济行为主体在经济活动中必须做出一定行为或不做出一定行为的约束，意味着人们的特定的经济关系格局。在现实的经济活动中，不管个人、组织或是国家，作为经济行为主体，所承担的经济义务都根植于经济关系之中，基于现实经济关系的内在规定。这种内在规定性既非先天的价值预设，也非形式上的逻辑蕴涵。再者，不管个人、组织还是国家，它们作为经济义务的实际承担者，其本身的存在具有多方面的维度，在经济活动中形成的社会关系也包含着多重性。对于个人来说，作为劳动者的个人在经济活动中处于某种职位或从事某种职业，与他人形成不同的职业关系，而这种关系则进一步规定了相应的责任和义务。对国家或政府来说同样如此。市场活动的运行不可能在真空中进行，如果要实现社会整体的经济福祉、提高民众生活水平，那么必要的市场基础设施就不可或缺（它包括教育、技术、金融、体育、环境以及经济的社会基础设施）。而建立广义的市场基础设施超出了任何个人和企业的能力和利益范围，因此，这必然是政府的基本职责和义务。对于企业来说，作为重要的市场主体，它在资源配置中起主要作用，这样就要求企业在生产经营活动中要合法经营，凭借自身实力进行竞争，而不得借助非法力量或使用不当手段损害其他经营者或消费者的利益。以上不同主体由于在经济活动中所处的角色和地位不同，所处的经济关系不同，因而承担的角色义务和职位义务也不同，所谓"尽职"就意味着把握这种义务关系并自觉履行其中的责任。换言之，在经济活动中，经济行为主体的义务更多地来自于社会要求，这从作为义务体现形式的规范中可以看到。规范，即当然之则，它们规定了不同经济行为主体可以做什么，不可以做什么。基于现实经济关系的义务，在形式的层面上主要通过不同的规范体现。比如，相对于单个经济行为主体而言，蕴含经济义务的规范，首先以外在并超越于单个经济行为主体的形式呈现：市场规范具有普遍性，并非限定于某一个或某些经济行为主体，而是对所有经济行为主体都具有制约作用。市场规范的这种性质，从另一个维度展现了经济义务的社会性；从某种意义上说，蕴含经济义务的规范，同时即表现为社会对经济行为主体的要求。

当今我国的经济制度建立了一种特定的经济义务系统，它具有以下几个本质特点。

第一，这种经济义务系统对不同经济行为主体在经济活动中的主体人格的确认是基本充分的。经济行为主体人格是在与经济环境的相互作用中逐渐形成的，而经济制度则是经济行为主体的基本生存环境。经济制度在观念上是人们经济活动的规则，在实践上是人们经济活动的方式，因此，经济制度对于经济人格的建构具有关键作用。在我国传统体制下，经济生活中的个人完全或不完全地处于被动状态，没有自主活动的权利。个人作为消费者缺乏对生产者的制约；在就业方面受到生产资料所有制和就业制度的限制，没有或者很少有选择的自由。因此，个人没有办法承担相应的责任，换言之，个人没有办法履行自己的经济义务。社会上基本的经济活动由政府或国家以及作为政府或国家代表的企业来进行，也就是说，传统体制的经济活动是组织的活动，"经济单位"的组织成员只要求具有单一的组织人格即可，而政府和作为政府代表的企业以"全能保姆"的角色承担经济责任。在这种情况下，不管是个人、组织还是国家都不能获得完善的主体人格。改革开放后，企业成为独立的经济行为主体和资源配置的重要主体。同时，在城市，个人逐渐从对政府和单位的依赖中脱离出来，在消费和择业方面获得了巨大的选择权；在农村，个人获得了自主进行生产、经营、投资等方面的权利。国家也从全能政府转变为有限政府，成为规则的制定者，不再参与微观主体的经济活动。由此，在经济运行中，不同经济行为主体各司其职，发挥各自的作用，履行其相应责任，促进了社会主义市场经济体制的建立和完善，其结果必然推崇经济行为主体的独立性、自由性，强调对经济行为主体产权的尊重，承认经济行为主体的价值实现的正当性，最终充分地确认了不同经济行为主体在经济活动中的主体人格。

第二，这种经济义务系统使对经济自由的界限的确认更加合理。无疑，一些国家的纯粹市场经济的自由能较好地解决经济效率问题，却不能自动解决经济行为的正当性问题。我国当前的经济制度所建立的经济义务系统，对经济行为主体的要求特别是自由行动的要求，比实现纯粹市场经济体制的国家更加合理。它力求避免纯粹市场经济体制下经济行为主体的绝对自由主义或完全工具主义的行为，如牺牲他者的利益增进自身利益、"赢者通吃"的残酷竞争、价格欺诈、经济力量垄断、不正当竞争等。同时，生产资料的公有制决定了我国政府具有更加强大的宏观调控力量，能够对经济自由进行及时的政策限定，形成经济行为主体竞争力量的平等，能够平衡商品的供求关系，克服市场体制的自由竞争的自发性、盲目性和不确定性，保持经济自由的合理界限。

（四）我国实行经济行为主体的经济权利与经济义务相互对等原则所需要的条件

从法律意义上来理解，经济权利与经济义务的对等性是双方内在联系、相反相成的对称关系。在浅层意义上，经济权利表达了经济活动中利益关系的"获取"方面；经济义务表达了经济活动中利益关系的"给予"方面。在深层意义上，经济权利和经济义务作为经济关系的本质要求，涉及主体资格、个人要求和经济自由。主体资格是在经济关系中具有的人格规定；个人要求是在经济活动中个人权利的外在表现；经济自由是经济活动中个人权利的本质方面，对经济权利的侵犯或干涉意味着对经济利益关系的否定。经济权利与经济义务的对等性受现实具体社会环境影响，其对等性的实现需要特定的条件。

从我国改革开放开始到现在，经济行为主体的经济权利和经济义务关系经历了从"义务本位"到"权利本位"再到"权利—义务对等"的转变。在计划经济时期和改革开放初期，社会生产、资源分配以及产品消费等各个方面都由政府事先进行计划，国家和集体在经济活动中拥有至高无上的权力，个人和企业则只有义务和服从。个人利益无条件服从国家利益，在整个社会经济运行中渗透着义务优先的特点。随着经济改革的推进，逐步形成了以强调经济权利为突出特征的社会主义市场经济体制的初步框架，这要求市场主体必须具有独立性，能够以自己的名义进行商品交换，并且赋予它们在法律上的人格和权能。同时，以交换为目的的市场经济要求经济行为主体对进行交换的商品具有明确的、专一的、可以自由处置的所有权，这就需要明确市场参与者对物品的占有、使用或转让的权利。在这一时期，我国社会经济的运行强调的是权利优先。然而过度强调效率和追求利益最大化，难免发生不同经济行为主体之间的利害冲突，这种冲突过程更激发了人们对个人利益和个人自由的现实追求。市场本身也无法靠自己的力量平衡发展，其自身的贪婪本性和对利益的非理性的膜拜，开始出现"市场失灵"现象。为了克服"市场失灵"现象，我国进一步完善社会主义市场经济体制，发挥社会主义制度和市场经济的双重优势，确立不同经济行为主体在经济活动中"权利—义务对等"原则。在进入21世纪之后，我国基本确立了社会主义市场经济体制，既承认市场在资源配置中的基础性作用，尊重和保障不同经济行为主体的各种权利，同时也强调国家的合理宏观调控，制定不同经济行为主体权责分明的政策，防止因盲目的逐利带来的义务缺失和责任淡化。由此可见，经济权利与经济义务相互对等原则受制度环境影响。当前，我国经济行为主体的经济权利与经济义务相互对等原则所需要的制度条件有以下几个方面：

第一，市场经济体制与社会主义根本经济制度的有机结合。在市场经济活动中，经济行为主体必须包括独立的、在法律上平等的个人，并且能够自主地支配自己的利益，不受非法干涉。我国所建立的社会主义市场经济体制，实际上是市场经济体制与社会主义根本经济制度的结合，这能够使参与其中的不同经济行为主体的经济权利和经济义务得以相配。以公有制为主体、多种经济成分长期共同发展的所有制结构，规定了它们各自的经济权利与经济义务的对等。以按劳分配为主体、其他分配方式并存的分配制度，能够形成效率与公平相互促进的激励格局。换言之，社会主义市场经济体制的建立既能够使国家对经济实施宏观调控，又能够发挥市场对资源配置的决定作用。同时，国家能够运用各种调节手段，既鼓励先进，促进效率，合理拉开收入差距，又防止收入财富的贫富分化，逐步实现全体人民的共同富裕①。由此可见，坚持市场经济体制与社会主义根本经济制度的结合，是经济行为主体的经济权利与经济义务相互对等原则所需要的首要制度条件。

第二，实施个人经济福祉与社会整体经济福祉相统一的原则。经济权利与经济义务的对等性是两者在经济活动中相互关系的并重或兼顾，不是片面地、简单地呈现经济权利抑或经济义务。我国经济制度的性质决定了经济权利与经济义务的对等既不允许经济行为主体不计后果地索取，以损害他人和社会整体经济福祉为代价实现自身的权利，也不要求经济行为主体不计回报地承担义务，牺牲和放弃自我权益换取社会整体经济福祉的实现，而是注重个人经济福祉与社会整体经济福祉的平衡与统一。经济权利与经济义务的这种对等，鼓励经济行为主体以合法的手段追求物质生活的不断富裕，同时强调人作为社会的存在应当尊重他人的经济需要、兼顾社会的经济需要，以充满善念的行为回报社会和他人，实现社会整体的经济福祉。

第三，建立经济权利与经济义务失衡状况下的纠偏机制。在经济活动中，作为平等自主的经济行为主体，它们的现实经济行为都遵循利益最大化原则，其结果难免会出现损害他人或社会利益的现象，即，出现经济权利和经济义务失衡的状况。因此，利用我国社会主义经济制度的优势，建立一种让经济权利与经济义务对等制约、相互补偿的纠偏机制，去限制经济权利主体与市场经济行为所固有的自发性因素的膨胀与扩张，是十分必要的。当经济权利与经济义务出现倾斜与失

---

① 中共中央文献研究室：《加快改革开放和现代化建设步伐，夺取有中国特色社会主义事业的更大胜利》（一九九二年十月十二日），《十四大以来重要文献选编》（上册），北京：人民出版社 1996 年版，第 19—20 页。

衡的状况时，应对经济权利的多占与损失，经济义务的超出与缺失进行合理的补偿及纠偏。这样，既可以有效地阻止强势经济行为主体利用特权或所控制的资源去获取超出他所承担的义务与贡献的额外财富，也可以使弱势经济行为主体的利益得到合理的保护，真正实现经济权利与经济义务相互对等。

六、完善国家经济利益、集体经济利益、个人经济利益的相互促进格局

"人的本质并不是单个人所固有的抽象物。在其现实性上，它是一切社会关系的总和。"[①]正是在人们的社会交往和创造活动中，个人形成了自我意识和自我利益，并通过确认他人存在和他人利益，进而形成社会群体、阶级以及国家。由此可见，人的本质和人的利益在社会关系中得以形成和确认，反过来，"社会关系的含义是指许多个人的合作"[②]，社会利益以个人利益为基础而形成。然而，在现实经济生活中，社会整体利益尤其是社会整体经济利益的主体是国家（政府作为代表）。此时，社会整体经济利益实际上转变为国家经济利益，国家作为独立的经济行为主体参与到经济活动当中。生活于现实社会关系中的个人，以利益尤其是经济利益而相互连接起来。换言之，个人在社会活动中结成了集体。因此，对于个人来说，个人离不开集体，个人的完善和发展离不开集体的发展，"没有共同的利益，也就不会有统一的目的，更谈不上统一的行动"[③]。"只有在集体中，个人才能获得全面发展其才能的手段，也就是说，只有在集体中才可能有个人自由。"[④]

---

① 《马克思恩格斯选集》（第1卷），北京：人民出版社1995年版，第60页。
② 《马克思恩格斯全集》（第46卷）（下），北京：人民出版社1980年版，第33页。
③ 《马克思恩格斯选集》（第1卷），北京：人民出版社1995年版，第490页。
④ 《马克思恩格斯全集》（第3卷），第84页。

在经济活动方面，集体经济利益是个人经济利益的扬弃性的综合，又最终上升为国家经济利益，在此意义上，集体的经济利益是连接国家经济利益和个人经济利益的桥梁。然而，由于国家经济利益、集体经济利益和个人经济利益的利益主体不同，处于不同的层次，三者之间往往会发生冲突。当三者出现冲突时，如何通过国家经济利益的增进最终带来个人经济利益的增进，实现国家经济利益、集体经济利益、个人经济利益的相互促进和共赢，成为经济生活实践必须处理的重要问题。

（一）国家经济利益、集体经济利益和个人经济利益的不同功能

国家经济利益是一个社会的整体的经济利益，通常是在同个人和集体的经济利益的关系运动中形成的。在很多时候，个人和集体由于自身眼界和经济利益的范围所限，难以将个人和集体的经济利益整合提升为国家经济利益。这就需要政府发挥整合者和提升者的作用。政府作为个人和集体的超越者，不管是在个人和集体的经济利益的博弈过程中，还是在国家经济利益形成后，都呈现出国家经济利益在三者关系中所表现的特殊功能。在我国社会主义经济制度下，国家经济利益既超越于个人经济利益和集体经济利益，又与个人经济利益和集体经济利益并存。

我国的国家经济利益以生产资料公有制的形式代表着社会民众的根本经济利益，用以维持和保障社会民众的长远和整体的经济需要的实现。同时，生产资料公有制保证了"全体公民在同整个社会的生产资料的关系上处于同等的地位，这就是说，全体公民都有利用公共的生产资料、公共的土地、公共的工厂等进行劳动的同等的权利"[1]。社会

---

① 《列宁全集》（第20卷），北京：人民出版社1986年版，第139页。

民众共同占有生产资料的平等性和劳动权利的平等性决定了个人经济利益、集体经济利益和国家经济利益三者在实现过程中的平等互助合作关系，进一步决定了社会整体经济福祉能够为社会民众所分享这一重要目标的实现。

在我国社会主义条件下，国家经济利益的特殊功能还体现在迅速发展社会生产力，以解决人民日益增长的生活需要和经济不够发达之间的矛盾。国家经济利益的实现所得，按照满足社会民众日益增长的美好生活要求而用于全体社会民众：一部分用于社会民众的社会公共需要，一部分留归集体支配，一部分分归个人消费。在社会主义制度下，个人经济利益、集体经济利益和国家经济利益都体现社会民众的共同经济利益，只不过个人经济利益和集体经济利益是局部经济利益；国家经济利益代表全体社会民众的整体经济利益，是长远经济利益，在社会发展中起决定作用。

集体经济利益实质上是单位内部成员的集体经济利益。在以市场体制为主导的经济生活中，任何一个作为经济行为主体的经济集体都必然形成实现自身经济利益的要求和相应实践；经济集体又是个人经济利益实现的场所，只有集体经济利益得以实现、巩固和发展，才能保证和满足个人经济利益的实现、巩固和发展；同时，它还是连接国家整体经济利益和个人经济利益的桥梁，为个人努力创造满足其合理需求的物质条件，为国家和社会的经济健康运行和财富的增加贡献自身的力量。我国经济制度的社会主义性质决定了任何集体都必须在国家宏观指导下从事经济活动，扮演宏观经济计划链条中的直接执行者的角色，因此对国家整体经济利益的实现而承担着经济责任和义务，其本身经济利益的实现是国家整体经济利益的构成部分。同时，集体作为独立的经济行为主体又有自身的经济利益追求，它在不违反国家法律法规的前提下，根据市场机制灵活安排自己的经济活动，并联合作为独立经济行为主体的个人，合理配置非人力生产要素，实现自身的经济利益和个人的经济利益。因此，集体的经济利益，既与国家经济利益不可分割，又与个人经济利益直接相关。①

个人是存在于社会之中的，它既依存于社会又相对独立于社会。在经济活动中，个人理所当然是现实的重要主体。从经济利益的位阶来看，个人经济利益处于最低层次。它以个人的生存发展为核心目的，以个人的特殊努力为实现途径，以个人对经济成果的获得和使用为结果。就个人经济利益对国家经济利益、集体经济利益的作用来看，个人经济利益的实现是国家经济利益和集体经济利益得以实现的动力，是形成国家经济利益和集体经济利益的重要依据。国家经济利益和集体经济利益的实现，依赖于个人经济利益的实现，因而需要统筹个人的经济利益目标，肯定和保护个人经济利益，并为个人经济利益的实现创造必要条件。以经济活动中的创新为例，市场经济中的创新是国家或社会整体不同要素的相互依赖和有机结合，如果想要在经济活动中实现创新，就要依赖于个人的个性发展和个人的创新活动。这决定了必须充分发展和实现个人经济利益。

（二）三种经济利益之间关系安排的正义标准的历史性

尽管国家、集体和个人三者之间的经济利益关系可以用三者的不同功能阐述，或者使用"集体优位，个人基础"的位阶形态来概括，然而这并非是完美无瑕的观念。因为，国家、集体和个人三者之间关系安排的正义标准具有历史性，需要视时代背景、社会制度的变迁等具体情况而定。这也意味着国家经济利益不是在任何时候都优先于个人经济利益，在某些特殊情况下有可能需要把个人经济利益和集体经济利益置于国家经济利益之上。

纵观我国经济改革开放后的经济发展历程，国家、集体和个人三

---

① 詹继生：《企业经济利益初探》，《江西社会科学》1984 年第 5 期，第 55、57 页。

者之间关系安排的正义标准大致经历了三个阶段。

第一个阶段是我国传统社会和改革开放初期强调国家经济利益至上性和绝对性的阶段。国家控制经济资源，并用行政手段配置资源，集体则根据自己的行政级别由国家分配生产要素，个人经济利益的需求由国家和集体提供。个人只能借助于"集体"而依附于国家，国家由此实现对集体经济利益和个人经济利益的管制，形成绝对统一的经济利益格局。国家对经济利益的绝对统辖，无法正常尊重和维护个人经济利益。个人经济利益诉求通常被视为是无足轻重的，国家经济利益的实现则被视为合法、正当，也被视为正义的实现。应当看到，在当时我国处于外部遭封锁，内部资源贫乏的状况下，以国家经济利益至上性和绝对性作为国家、集体和个人三者之间利益关系安排的正义标准无疑是基本合理和正当的，这是当时的社会状况和时代背景所决定的。

第二个阶段是改革中期以"个人竞争"为基础的个人经济利益优先阶段。人们开始重新认识国家经济利益的至上性和绝对性的合理性和正当性。个人开始以一种独立自主的经济利益主体的眼光思考和审视一切，为自身经济权益的实现而奋斗。我国经济制度，所进行的改革，特别是建立生产资料以公有制为主体、多种所有制并存的复合所有制，个人自由竞争的市场体制和综合型的分配制度，不仅使得经济行为主体获得独立法人资格并开始多元化，而且使得追求个人经济利益最大化成为普遍正常的实践，这也激发了作为现实存在的个人的自我意识与权利意识。个人在努力实现自身经济利益最大化的同时，开始追求个人独立的人格与尊严。因此，在这一阶段，人们把个人经济利益看作国家、集体和个人三者之间的关系安排的价值基点。这种关系安排方式在当时的社会背景下有其合理性和正当性，国家长时间确立"以经济建设为中心"的经济发展战略，在实际经济运行中又秉持"效率优先，兼顾公平"的原则，这些观念正好与市场经济的自由竞争、"赢者通吃"、追求利益最大化的理念相一致，使我国获得了巨大的经济发展。然而，在物质方面取得巨大进步的同时，出现了利己主义凸显、拜金拜物思想泛滥、道德和信用缺失、贫富差距进一步拉大等消极结果。

第三阶段是近年来力求实现国家经济利益、集体经济利益和个人经济利益三者之间平衡的阶段。针对以"个人竞争"为基础的个人经济利益优先的经济发展状况所产生的负效益，在国家经济利益、集体经济利益和个人经济利益三者之间的关系安排上倡导三者的平衡。在市场经济中，国家、集体和个人都是作为独立主体参与经济活动，而三者又代表着不同的经济利益的实现主体。国家处于宏观层次，国家所追求的经济利益实际上是社会整体经济利益，这决定了国家经济利益的广泛性、普遍性和长远性。集体是处于国家和个人之间的经济行为主体，作为连接宏观和微观的桥梁，它所实现的经济利益本身具有双重性，一方面它有追求自身经济利益的需求，另一方面又能使国家经济利益与个人经济利益通过它而相互转化。个人是构成社会的细胞，直接参与到经济活动之中，关注自身的经济利益实现。由于个人本身的差异性，决定了个人经济利益的差异性、相对性、眼前性。但是，三者又在经济利益追求上具有一致性，都以实现整个社会、集体和个人的经济福祉为目的。正因如此，当三者出现矛盾时，需要按照平衡原则来加以处理。国家经济利益的实现需要落实到个人经济利益的增进；集体经济利益的实现过程需要为个人经济利益的实现提供条件；个人经济利益的实现则需要为国家和集体经济利益的实现提供微观动力。对国家经济利益、集体经济利益和个人经济利益三者之间的关系进行平衡性安排，符合并适应当前我国经济社会发展状况的需要，也是我国经济制度基本正义的表现。

（三）我国实行国家经济利益优先于其他经济利益的必要性

在我国经济制度条件下，国家、集体、个人的经济利益在根本上是一致的，但也会在一定条件下发生这样那样的矛盾。我国经济制度的本质，决定了处理这些矛盾的原则是国家经济利益优先原则。

首先，生产资料公有制决定了国家经济利益优先于其他经济利益。在我国经济制度条件下，国家经济利益代表着全体社会成员的共同经济利益，国家性质"要求人们不断地把公共的利益置于个人利益之上"[①]。改革开放后，我国实行了多种所有制并存的经济制度，极大地调动了个人成员以及局部群体的积极性和主动性，促进了整个社会的经济效益的提高。然而，社会主义社会最终要"消灭剥削，消除两极分化，最终达到共同富裕"。因此，我国的经济制度必须始终坚持公有制占主体地位，以保证国家经济发展成果能为社会全体成员共享。再者，国家经济利益代表着社会成员整体的经济利益，个人经济利益或集体经济利益代表着个人或局部的经济利益。这些方面都决定了对国家、集体、个人的经济利益之间矛盾的处理，必须实行国家经济利益优先的原则。

其次，国家经济利益优先于其他经济利益也是个人和集体经济利益本身的需要。通过整合个人和集体的经济利益而形成的国家经济利益，它的一个重要任务是保障和实现个人和集体的经济利益，并协调个人之间以及个人与集体之间的经济利益矛盾，进一步促进个人和集体的经济利益的发展。只有国家经济利益发展了，可供分配的经济利益总量增加了，个人和集体才能享受到更多的经济利益。如果没有国家经济利益的调节，个人经济利益之间、集体经济利益之间发生冲突时，个人和集体的经济利益就难以实现，尤其在经济快速发展的当今

[①] 〔法〕孟德斯鸠：《论法的精神》（上册），张雁深译，北京：商务印书馆 1982 年版，第 34 页。

社会中，如果不从国家的宏观角度来组织和协调各种经济利益，很难实现经济的健康发展。反过来，如果个人和集体的经济利益不服从国家经济利益，经济也会陷入无政府状态。从此种意义来看，国家经济利益是个人经济利益和集体经济利益存在和实现的前提。当然，国家经济利益和个人经济利益以及集体经济利益是统一的，互为前提。它们之间的统一性，使得个人和集体的经济利益具有服从国家经济利益的可能性，也使得国家具有要求或强制个人和集体的经济利益服从国家经济利益的权力和正当理由。

最后，国家经济利益是其他经济利益行为正义的合法性来源。从社会价值的要求角度来看，我国经济制度的社会主义性质决定了判断个人和集体的经济利益行为是否合理主要看它是否有助于促进国家经济利益的实现。因为归根结底，个人和集体的经济利益行为的正义性主要来源于我国社会的需要，而不是个人和集体的经济利益的满足。不管是个人还是集体，只有当其经济利益行为成为人们普遍认可的行为时，它们追求和实现的经济利益才是合理和公正的。尽管个人追求并实现自身的经济利益天经地义，但对个人经济利益的极端追求会导致个人对财富的无限欲望。如果不用国家经济利益加以限制和引导，最终可能妨碍更多的个人获得经济福祉。集体经济利益在某种程度上也代表社会成员的经济利益，但由于集体经济利益只是与实现一小部分人的经济利益为目的，在一定条件下也会造成经济的不平等和不公正，影响社会的和谐稳定、经济的良性健康运行。因此，只有国家经济利益的正当性才是根本的。如果没有国家经济利益的实现，就没有整个社会的统一和稳定，个人和集体经济利益也就没有得以保证的基础。在这种情况下，个人和集体的经济利益即使能够取得，也是暂时的，最终也会丧失。因此，在我国公有制前提下，个人和集体的经济利益的实现只有与国家经济利益的实现结合起来，才是个人和集体的经济利益行为的正义根据。个人和集体对经济利益的追求不能与国家经济利益相对立，否则个人和集体的经济行为就是不正当行为。

（四）建立我国条件下三种经济利益之间动态平衡和相互促进的结构

通过以上阐述，我们可以看到，国家经济利益是一个国家内全体社会成员的共同经济利益和根本经济利益，它是社会整体的经济利益，是与国家或民族的生存发展密切相关的长远经济利益，是个人经济利益和集体经济利益的提升与保证。集体经济利益是社会集体内部成员的经济利益，它从根本上受到所在社会的生产资料所有制的支配。个人经济利益是个人成员的经济利益，它的实现状况是由前两种经济利益决定的。三种经济利益主体不同，分属不同的经济利益位阶，经济利益追求和目标差异性巨大。但我国经济制度的社会主义性质，决定了三种经济利益的终极目的是一致的，这就是不断满足全体人民日益增长的美好生活需要，不断提高全体人民的物质生活水平。

要做到这一点，就需要正确处理这三种经济利益之间的关系，建立这三种经济利益之间动态平衡和相互促进的格局。

首先，建立以高阶经济利益协调、引导低阶位经济利益的格局。我国经济制度要求建立国家经济利益、集体经济利益、个人经济利益间的和谐关系。国家经济利益是最高层次的经济利益，在整个经济利益体系中起着主导性、决定性作用。在我国经济利益实现的过程中，有些个人经济利益可以通过集体经济利益得以实现，而事关社会整体经济福祉的国家经济利益，是个人和集体没有能力实现的。这些经济利益代表着社会主义国家的性质和方向。对于这些经济利益，应该从全局角度考虑，由国家进行合理安排，优先予以实现。再者，个人经济利益和集体经济利益的各自特点决定了只有在国家经济利益得以实现的前提下，个人和集体的短期经济利益和局部经济利益才能得以实现。国家经济利益的主导性、决定性作用还体现在扩大和实现国家整体经济利益能够为实现个人经济利益和集体经济利益创造外部条件。国家能够通过宏观调控，充分发挥市场在资源配置中的主导性作用，引导个人和经济组织的社会经济活动，实现生产要素的最优配置，以最少投入获得最大产出，最大限度实现个人经济利益和集体经济利益。因此，在处理国家、集体和个人的经济利益之间的关系时，需要以国家经济利益为主导，建立三种经济利益共同实现和发展的互动格局。

其次，发挥集体经济利益主体在协调个人和国家的经济利益矛盾方面的作用。集体是作为独立自主的组织而存在的，它具有生产经营上的独立性。集体经济利益是个人经济利益和国家经济利益的中介，它除了承担对国家整体经济利益的贡献之外，也代表了一部分个人经济利益。集体经济利益的实现与分配状况如何，将直接影响到国家利益与个人利益之间的关系能否得到合理调节。而且，在经济活动中，集体所实现的经济利益越大，其自身获得利益也越大，同时通过商品和服务形式为社会做出的贡献也越多，以税收形式为国家经济利益的实现提供的利润也越多，以报酬形式为个人经济利益的实现影响越大。在我国社会主义市场条件下，应该引导集体按照国家经济利益的大方向，充分发挥集体作为经济利益生产、创造和实现的场所和源泉的作用，合理实现集体经济利益，同时建立集体经济利益对个人经济利益和国家经济利益的关系进行调节的作用机制。

最后，激发个人经济利益实现的主动性，创造公平外部环境，最大限度实现个人经济利益。我国社会主义的本质是"一切为了人民"，最终实现社会成员的共同富裕。集体和国家经济利益的实现是实现共同富裕的基础和保证，而集体和国家经济利益的实现又需要依靠个人在实现自身经济利益方面的积极性、创造性。没有个人经济利益的实现，集体和国家的经济利益的实现也就失去了驱动力量。同时，也只有将集体和国家经济利益实现的具体工作分解到个人，使个人充分参与到国家经济利益的实现中，才能最终实现所有社会成员的共同富裕。

上述可见，在国家、集体和个人的三种经济利益实现过程中，个人经济利益的实现要靠社会集体经济的发展，靠整个社会的经济繁荣和国家的强大；集体经济利益的实现要由个人来完成，由国家来支持；国家经济利益的实现要靠集体和个人的自觉努力。我国经济制度是公有制和市场体制的统一，这一方面决定了需要引导个人以实现集体和国家经济利益为首要任务，另一方面决定了需要引导个人合理追求个人经济利益，由此做到三种经济利益相互促进，形成三种经济利益之间动态平衡的格局。

第三章
我国所有制及其实现方式的正义完善

　　生产资料的所有制形式在整个社会生产系统中起着重要作用。所有制是人们对生产资料的占有制度，是人们在生产资料占有方面的经济关系，是生产关系的根本方面，对生产关系的其他方面具有决定性作用。马克思认为，"所有制是人们在一定的社会经济活动过程中对再生产条件进行占有、使用和处理过程中形成的各种关系的总和"①。生产资料的所有制形式决定了生产、消费、交换和分配方式。我们认为，生产资料所有制在整个经济正义中起着基础性作用，它决定了生产过程、市场体制以及产品的分配等社会经济的各个方面。所有制及其实现机制能否正义，决定了社会经济的其他方面诸如交换、消费和分配能否实现正义。新中国成立以来，我国在公有制基础不变的基础上，对所有制度及其实现机制进行了多次变革，在保证广大人民福祉的基础上，尽可能实现效率的最大化，企图在效率和公平之间达到平衡。

一、我国所有制形式的嬗变及其价值底蕴

　　我国对生产资料的所有制形式的认识和实践，经历了一个长期的发展过程，从生产资料的社会主义改造完成以后开始追求"一大二公"的公有制形式到党的十六大以来积极提倡和发展股份制和混合所有制

---

　　① 《马克思恩格斯全集》（第 1 卷），北京：人民出版社 1975 年版，第 26 页。

经济。尤其是十八届三中全会以来，进一步强调积极发展混合所有制经济，让企业员工持股，形成资本所有者和劳动者利益共同体。从所有制形式变革的价值基础来看，经历了一个强调"绝对平等"到"兼顾自由和平等"的发展，由单纯的公有制向多种所有制形式共存、共同发展的过程；从所有制的"理想"正义向"现实"正义转变，越来越自觉地从社会整体的经济福祉出发来安排所有制形式。我国所有制坚持以公有制为主体，决定了其从根本上可以实现人民的根本利益，保证了经济制度本质上的正义性，然而，由于社会经济发展水平不同，决定了必须多种所有制形式并存，在具体实现形式上难以做到绝对的正义。这就需要根据我国具体国情不断探索所有制的实现形式，在各种价值之间进行选择和权衡，以期实现所有制及其实现机制的正义。

（一）我国所有制及其实现形式的嬗变过程

新中国成立以来，我国在所有制及其实现形式方面，经历了一个不断探索或嬗变的过程。由于社会经济发展程度的不同，以及不同时期主导价值的差异，在不同时期，采取了不同的所有制形式。探索我国所有制及其实现形式的正义，需要深入考察新中国成立以来所有制形式的演变过程。在新中国成立后的较长时间内，我国对所有制形式的建构是建立在对马克思主义经典著作和我国国情的双重认识的基础上的，其立足点及其根本价值目标仍然是实现最广大人民的福祉。然而，由于一方面对马克思关于所有制的误解，另一方面对具体国情认识的偏差，因此，在实现所有制正义方面出现了很多问题，尤其所有制作为生产关系中的基础性要素，它对社会生产力的发展具有很大的反作用，然而，不当的所有制及其实现形式，很大地影响了我国生产力的发展。我们从所有制变革的内在价值角度，依据其鲜明的特征将其分为几个阶段。

第一阶段，生产资料的社会主义改造所形成的追求单纯的公有制和经济平等的阶段，大体时间是从 1956 年到 1979 年。在新中国成立初期，我国所有制基本上沿袭了新中国成立前的基本结构，是多种所有制结构并存的格局，生产资料的占有形式以私有制为主，存在着剥削和被剥削的关系，这在本质上不合乎正义的要求。从 1954 年到 1956 年，通过对农业、手工业和资本主义工商业的"三大改造"，我国从根本上改变了私有制，建立起全民所有制和集体所有制这两种层次的公有制，个体经济和私营经济消失殆尽。这种对生产资料的公有制的追求，是我国在新中国成立初期试图通过公有制而实现经济公平正义这种思想愿望的反映，然而，这种反映是不全面的，对社会主义社会的本质及我国国情的认识存在偏差。这也是马克思主义理论中国化过程中所形成的一次有局限性的判断。马克思认为公有制只有在生产力高度发达的基础上才能够实现。显然，仅仅实行全民所有制和集体所有制，与新中国成立初期落后的社会生产力水平是不相适应的。"无论哪一种社会形态，在它们能容纳的全部生产力发挥出来以前，是决不会灭亡的，而新的更高的生产关系，在它存在的物质条件在旧社会的细胞里成熟以前，是决不会出现的。所以人类只能提出自己能够解决的任务"。[①] 总而言之，我国通过改造实现单一公有制，一方面，改变原来私有制结构情况下所存在的剥削关系，在一定程度上从所有制结构上保证了社会正义的实现；另一方面，单一的公有制结构与我国落后的生产力水平不相适应，导致了生产力发展的曲折缓慢。我们认为，选择一种与我国国情相适应的所有制结构才是正义的，相反，超越生产力的发展水平或者滞后于生产力的发展水平的所有制及其实现机制都是非正义的，"只要与生产方式相适应，相一致，就是正义；

---

① 《马克思恩格斯选集》（第 2 卷），北京：人民出版社 1975 年版，第 33 页。

只要与生产方式相矛盾，就是非正义"①。

从经济平等和经济自由的角度看，这一时期，更多的是重视经济平等，建立在完全公有制基础上的所有制，消灭了个体经济、私营经济和中外合资、合作经济，无法建构起经济生活的自由竞争。依据经济学家亚当·斯密的观点，普遍的自由竞争是促进投资者改进管理的有力手段，是经济领域各个行业发展的强大动力②。显然，新中国成立初期纯粹的公有制无法形成社会主义应有的经济活力，抑制了作为个人的劳动者生产的积极性，从而，影响到经济效率，而建立在这种低下效率之上的平等，显然也不完全是正义的。

第二阶段，经济体制改革初期所形成的以公有制为主体、多种经济成分共同发展的所有制形式阶段，大体时间是从 1980 年到 2002 年。从价值维度来看，这一阶段，继续把实现人民整体的经济福祉作为根本的经济价值目标，把公有制作为实现这一目标的关键的经济制度。不过，开始重视经济自由特别是不同主体之间的经济竞争对于社会发展的促进作用，允许公有制以外其他经济成分的存在。换言之，通过不同主体之间的竞争和合作，促进经济效率的提高，从单纯地强调经济平等向效率优先、兼顾公平转变。不过，需要指出的是，这一时期，公有制和作为非公有制的个体经济、私营经济和外资经济，在主体地位上并不平等，公有制在经济中处于绝对支配地位，而非公有制经济是作为有益的、必要的补充而存在。这种不平等的地位，一方面，是以公有制的主体地位保障人民根本利益的实现，保障我国所有制的根本正义的性质；另一方面，是通过非公有制的发展，实现经济的自由，促进经济竞争，提高公有制的效率。同时，通过公有制的引领作用，抑制非公有经济所存在的剥削行为，最大程度上限制其不正义行为。

① 《马克思恩格斯全集》（第 25 卷），北京：人民出版社 1975 年版，第 379 页。
② 〔英〕亚当·斯密：《国民财富的性质与原因的研究》（上卷），北京：商务印书馆 1972 年版，第 140、303 页。

具体的发展过程主要体现在以下几个时期。

从十一届三中全会开始，我们在所有制结构上有了越来越多的新的认识。一方面，继续坚持公有制的主导地位；另一方面，逐步认识到个体经济、私营经济和外资经济的重要补充作用。"我们始终坚持两条原则：一是社会主义公有制占主体，一是共同富裕"①，同时在我国现阶段，发展个体经济、私营经济和外资经济具有重要意义，它们能够补充甚至促进社会主义经济。这是新中国成立以来对个体经济在社会主义经济中作用的一次肯定。党的十三大进一步肯定了私营经济和外资经济的地位，提出"私营经济一定程度的发展，有利于促进生产，活跃市场，扩大就业，更好的满足人民多方面的生活要求，是公有制经济必要和有益的补充"，"中外合资企业、合作经营企业和外商独资企业，也是我国社会主义经济必要的和有益的补充"。②我们可以看到，对公有制和非公有制经济关系的认识和实践，始终是我们这一时期的重要任务。对非公有制经济的定位，可以说是我们对马克思主义基本理论和中国实践相结合基础上的一种深化和认识。从根本上说，这是我国调整生产关系结构以促进生产力的快速发展。同时，也表明了我国这时是在追求经济平等的基础上，努力实现经济自由。党的十四大提出了公有制为主体，个体经济、私营经济、外资经济为补充，多种经济成分共同发展。以1996年为例，我国的不同所有制所占比例可以表明上述状况。国有经济和集体经济占整个经济的73.9%，在数量上仍然占绝对的主体，私人经济、联营经济、股份制经济、外商和港澳台经济等其他经济占到整个经济的26.1%，在某种程度上，公有制和非公有制经济得到了共同发展（见表3-1）。在十四届三中全会上，党

---

① 邓小平：《邓小平文选》（第3卷），第142页。
② 中共中央文献研究室：《新时期经济体制改革重要文献选编》（下），北京：中央文献出版社1998年版，第485页。

中央再次强调"必须坚持以公有制经济为主体，多种经济成分共同发展的方针"[1]。

表 3-1 1996 年各种所有制经济所占比例

经济类型	国有经济	集体经济	私营经济	联营经济	股份制经济	外商和港澳台投资经济	其他经济	总计
企业法人单位数（万个）	44.2	150.1	44.3	4.4	7.2	11.1	1.5	262.8
所占比例（%）	16.8	57.1	16.9	1.7	2.7	4.2	0.6	100

十五大以来，人们对我国公有制形式及其实现方式进行了重新审视，在观念上取得重要进展，认为公有制可以有多种实现形式，可以参与到其他经济形式之中，形成混合经济形式，这不会改变我国经济中公有制的主体地位。十五大指出，"公有制经济包括国有经济和集体经济，还包括混合所有制经济中的国有成分和集体成分"[2]。一方面，对公有制主体地位的坚持，从价值上保障了人民整体的经济福祉的实现；另一方面，公有制得以实现的具体形式已经发生了变化，股份制逐渐成为我国经济发展的主要形式。同时，这一时期还提出，公有制在整体国民经济中的优势不仅体现在量上，更主要体现在质上。国有经济对经济发展起主导作用，主要体现在对国民经济命脉的控制力上。与此相应，也更加充分地确定了非公有制经济的地位，认为"非公有制经济是我国社会主义市场经济的重要组成部分"[3]，应该把它们作为与公有制经济进行平等竞争的主体，促进它们的更大发展。以 2001 年我国

---

[1] 中共中央文献研究室：《新时期经济体制改革重要文献选编》（下），第 1001 页。

[2] 中共中央文献研究室：《中国共产党第十五次全国代表大会文件汇编》，北京：人民出版社 1997 年版，第 21 页。

[3] 中共中央文献研究室：《中国共产党第十五次全国代表大会文件汇编》，第 22 页。

各种所有制所占的比重为例，可以看出，整个所有制结构中各种非公有制所占的比例进一步上升，在整个国民经济中的作用更加突出（见表3-2）。我们可以看到，经过新中国成立以来在所有制上的实践，我们充分认识到公有制在保障社会公平、正义方面的作用，同时，允许非公有制经济的发展是保障经济自由，促进社会竞争，提高社会活力的重要因素之一。十六大基本上延续了十五大所提出的以公有制为主体、多种所有制共同发展的主张。

表3-2 2001年各种所有制经济及其从业人员所占比例

经济类型	国有经济	集体经济	私营经济	股份制经济	外商和港澳台投资经济	其他经济	总计
企业法人单位数（万个）	36.9	85.8	132.3	30	13.9	3.7	302.6
所占比例（%）	12.2	28.3	43.7	9.9	4.6	1.3	100
从业人员（万人）	5056.8	3763.1	3170.3	2746.6	1641.4	124	16502.2
所占比例（%）	30.6	22.8	19.2	16.6	10	0.8	100

数据来源：国家统计局2001年第二次全国基本单位普查公报，http://www.stats.gov.cn/tjsj/tjgb/jbdwpcgb/qgjbdwpcgb/200301/t20030117_30413.html。

第三阶段，公有制为主体，多种所有制相对平等和共生发展的阶段，大体时间是从2003年到现在。十七大提出了以现代产权制度为基础建立公有制与非公有制相结合的"混合所有制经济"的设想；十八大以来，一直对这一设想继续深入认识和付诸实践。十八届三中全会以来，更加突出地强调发展"混合所有制经济"，这是我国在所有制结构上的最新探索模式，这种所有制及其实现形式是适应改革开放以来社会经济和生产力的发展状况而提出的。以2013年我国各种所有制经济比重的变化，可以看出我国非公有制经济得到了更加充分的发展，在整个国民经济中发挥了更加重要的作用（见表3-3）。从价值上看，很大程度上是通过使公有制采取股份制形式，让私人经济、个体经济和外资经济以入股的方式加入公有制经济。这一方面是为了提高国有经济的活力，提高其整体竞争力；另一方面，是为了促进公有制经济和非公有制经济合作共生，提高整个国民经济的发展动力和国际竞争力。在这里，我们需要对"混合所有制经济"的概念及其性质进行界定。尽管十八届三中全会、四中全会对"混合所有制经济"都有所阐释，但是，由于这种所有制形式的具体实践仍然在逐步展开，因此，关于它的特征、性质以及在国民经济中的作用，仍然处于一个理论上的讨论和实践上的探索阶段。首先，我们认为"混合所有制经济"是一种股份制经济，多种所有制形式的混合在现代企业制度下必然通过股份制形式而实现。具体而言，公有制和非公有制经济的混合通过占有不同的股份而形成混合所有制经济。当然，反过来看，股份制经济并不一定是混合所有制经济。譬如，个体经济、私营经济和外资经济通过股份制度而形成的所有制结构，并不能成为混合所有制，或者说，几种公有制的经济形态所组成的股份制，也不能成为混合所有制。总而言之，同一性质的所有制形式相互持股并不是我们所理解的"混合所有制经济"。其次，从性质上看，"混合所有制经济"仍然具备公有制的性质。关于混合所有制的性质，一直是国内部分学者所担心的问题，他们认为混合所有制必然改变我国公有制的主体地位，影响到实现人民整体的经济福祉这一价值目标。然而，我们认为只要国家和集体经济控股，或者说公有制在混合所有制中占有主导性地位，就不会影响人民整体的经济福祉这一价值目标的实现。

表 3-3　2013 年我国各种所有制经济从业人员及比例

经济类型	国有经济	集体经济	私营经济	股份制经济	外商和港澳台投资经济	其他经济	总计
从业人员（万人）	5821.6	685	12770.5	143.9	1643.1	11.4	21075.5
所占比例（%）	27.6	3.2	60.5	0.6	7.8	0.05	100

数据来源：2013 年第三次经济普查，http://www.stats.gov.cn/tjsj/pcsj/jjpc/3jp/index-xch.htm。

我们认为，我国实行"混合所有制经济"，从内在的价值维度上看有以下几个方面的原因。其一，"混合所有制经济"仍然以实现人民整体的经济福祉为其根本价值目标，从价值手段上看，它通过不同所有制之间采取股份制的形式而实现。我们必须注意的是，"混合所有制经济"不是要削弱公有制经济的地位，相反，是通过不同所有制混合增强公有制在整个国民经济中的地位，同时，通过"混合"引导非公有制经济健康、快速地发展。其二，实现不同所有制经济之间的合作、共生发展，其内在隐含的价值目的是在实现经济平等和经济效率之间达到动态平衡。在我国进行经济体制改革开始以后的较长时间中，非公有制经济仅仅作为公有制经济的有益和必要的补充而存在，在地位上与公有制并不对等，这在很大程度上抑制了非公有制经济的正常发展，也不利于公有制经济建立自身的动力机制。混合所有制经济则实现了两种经济形式的地位相对平等，为双方的互动和发展提供了良好的所有制结构。

（二）我国所有制嬗变过程中的价值冲突及其选择

诚如前面所讲，任何经济制度的运行都是以一定的价值目标为其基础的。所有制作为我国经济制度的核心，决定和影响着包括生产、交换、分配和消费在内的经济整体的运行，是否能够采取一种正义的所有制结构，影响着整个经济制度、市场运行机制和分配方式的正义。为了实现我国人民整体的经济福祉这一根本价值目标，新中国成立以来，我国的所有制形式尽管发生了一些变化，但是其中内在的价值却有其连贯性和相对稳定性，呈现出以下几个方面的特征，同时，也包含了许多我们需要进一步澄清和讨论的价值问题。

1. 在公有制和私有制关系上，以公有制为主体保障了社会基本正义

在人类社会漫长的发展过程中，私有制的产生和较长时期的存在具有历史必然性，它在一定历史阶段上对于促进经济效率具有很大作用。但同时，私有制社会必然导致社会财产分配的不公正。对于这一点，自由主义思想家卢梭，空想社会主义思想家圣西门、傅立叶和欧文，特别是科学社会主义的马克思和恩格斯，进行了淋漓尽致的批判和分析。

从私有制和公有制的辩证关系上以及人类社会私有制的历史维度看，私有制在以下几个方面会导致社会不公正。第一，私有制导致了社会财富分配的不公正和两极分化。由于生产资料占有的私有制，占有生产资料的主体在分配时必然向着有利于自身的方向进行，而不占有生产资料的劳动者则成了被剥削对象。资本主义私有制的历史实践充分表明了这种不公正。由此可以肯定，空想社会主义者和马克思对资本主义的批判是正确的。早期空想社会主义者摩尔指出，在私有制社会中，穷人一无所有，他们终日拼命劳动，创造社会财富，然而，他们的劳动财富像血液流向心脏一样，都集中到少数人手中。空想社会主义者欧文也认为，"国家的财富和民族的威力有所增长，而群众的贫困、屈辱和役苦也在加深"[1]。马克思在对资本主义进行批判时认为，

---

[1] 〔英〕欧文：《欧文选集》（下卷），北京：商务印书馆 1965 年版，第 53 页。

资本主义赖以存在的基础——"资本私有制"，是产生贫富差距的根本原因，劳动者没有财产，而有财产者不劳动。在资本主义社会里，私有财产作为一种"资本"实质上体现为资本家对工人的剥削。正如马克思所说，"无产阶级执行着雇佣劳动由于为别人生产财富、为自己生产贫困而给自己做出的判决"。① 第二，私有制导致了人们地位之间的不平等，这种不平等是阻碍社会正义建构的重要因素。马克思认为生产资料的所有制决定了人们在生产中的地位以及产品的分配。从人类社会发展的历史来看，无论是奴隶社会、封建社会还是资本主义社会，生产资料占有的私有制，导致了占有生产资料者对不占有生产资料者的压迫、剥削，导致了社会不平等，从根本上影响着社会正义的实现。第三，在私有制经济下，利润、利益的获得始终是个人和企业主体的经济行为的最大驱动力，然而，这种驱动经常是建立在损害公共利益的基础之上的。为了获取更多的利润，这些主体经常违法对自然资源进行掠夺式开采，严重破坏生态、污染环境，导致社会经济无法实现可持续发展，

　　总体上看，私有制影响着社会正义的实现是一个毋庸置疑的事实，不过，它的历史性质和它对经济的促进作用，也表明它并非没有任何正义可言，它在某些方面包含着正义的因素，具体体现在以下几个方面。第一，由于财产属于个人所有，私有制鼓励占有者对自身所拥有的财产十分珍惜，尽可能物尽其用，这在一定条件下有利于资源的节约，在一定范围内避免不必要的浪费。虽然，古希腊时期的亚里士多德关于人的本性是关心自我利益的观点是非历史的，但他却从一个方面表明了上述事实。"任何人最主要考虑的是私人的东西，对公共的东西则甚少顾及，如果顾及那也是与他个人相关。"② 而节约对于经济的

---

　　① 《马克思恩格斯文集》（第5卷），北京：人民出版社2009年版，第781页。
　　② 苗力田编：《亚里士多德选集》（政治学卷），北京：中国人民大学出版社1999年版，第12页。

发展具有重要作用。第二，私有制下生产资料属于不同的所有者，他们必然通过采用先进的技术和管理模式，提高生产效率，以维持自身在竞争中的优势。一种正义的经济秩序必然是充满竞争和活力的，相反，一种缺乏竞争和活力的经济秩序，导致的是懒惰、平庸，从本质上是不正义的。第三，在私有制下，不同经济主体之间产权比较明晰，同时，"私有财产神圣不可侵犯"的观念已经深入整个社会的价值体系中，并且有相应的法律、法规作为保障，这种私人占有生产资料的制度，为正常的经济运行提供了保障。同时，在私有制下，生产资料归个人所有，在个人利益的驱动下，所有者可以自主决策，将自己的资源集中于自身所擅长的领域，提高生产经营的专业化水平，进而提高生产效率。这也包含了一定的正义因素。

与私有制相比，公有制在实现社会平等方面具有很大的优势，可以保障人民整体的根本利益，促进经济的平等，实现我国人民整体的经济福祉。正因为如此，新中国成立以来，在对马克思主义经典理论理解的基础上，结合我国实践，建立起了"一大二公"的公有制这种所有制形式，建立了全民所有制和集体所有制，消灭了私有经济，只保留了一定限度的个体经济。无疑，单一的公有制形式在保证平等方面起了很大的作用，然而，也导致了经济缺乏竞争和活力、生产资料浪费等问题，严重影响了我国的经济效率。这种建立在低效率基础上的公平并不是完全正义的。党的十一届三中全会以后，我们认识到私有制经济在提高经济活力和竞争力方面的作用，提出了"以公有制为主体，个体经济、私有经济和外资经济作为补充的所有制结构"，这在很大程度上是对实施"一大二公"的公有制所导致的效率低下和不完全正义的一种纠正。公有制为主体保证了所有制的基本正义，同时，非公有制作为一种有益的、必要的补充，在很大程度上提高了我国经济的整体活力和竞争力。然而，这时又产生了新的问题，由于公有制经济是主体，而非公有制经济是有益的、必要的补充。作为不同的经济主体，在市场经济中地位不同，这在很大程度上影响了经济的公平性和正义性，因此，十五大、十六大提出了"非公有制经济是社会主义市场经济的重要组成部分"，逐步确立起不同所有制主体之间进行竞争的相对公平的环境，大大提高了经济效率。我们从本质上认识到，忽视经济效率的经济平等，不是一种真正完全的正义，只是一种平均主义，而吸收私有制在促进效率提高方面的优势，建立在保证效率基础之上的复合所有制格局，才是真正完全正义的。

2. 在平等和效率的关系上，从追求平等优先向追求效率和公平的平衡方向转变

由上可以看出，没有经济效率的平等，并不是真正完全的经济正义，而只有建立在经济效率基础上的平等，才是真正的经济正义。在我国所有制的嬗变过程中，始终贯穿着经济平等、经济公平和经济效率这些重要的价值问题，如何处理它们之间的关系，如何确定某种价值具有优先性，如何确定它们之间的次序，一直困扰着我国所有制的变革。因此，深入研究和厘清它们之间的关系，对于实现所有制正义，乃至整个经济正义具有深刻的意义。

"平等""公平"和"效率"这三个方面的价值，从表面上看，都是人类所追求的根本价值，并且，由于其内涵比较丰富，它们之间存在着千丝万缕的联系，人们理解的维度也多种多样。因此，在我国制定所有制及其实现形式时，面临着对这些价值的正确判定和选择。

首先，我们探讨一下在我国所有制变革中的"平等"这一价值。"平等"是指所有独立的经济主体在选择参与经济生活方面具有实质上相同的权利，并在经济收益的分配方面能够得到实质上相同或不存在实质差别的份额。相反，"不平等"是指经济生活中一些相关者获得了控制他人经济生活的能力，换言之，也就是另外的一部分相关者处于一种被控制的状态。"平等"大体上包含了两个方面的内容：其一，过程和规则的平等，也就是"经济主体、不同的所有制主体在选择参

与经济生活方面具有实质上相同的权利"，在市场准入、税收政策和制度保障等方面遵守相同的规则；其二，结果平等，从内涵上看是指"在经济收益的分配方面的平等"。这两个方面的经济平等之间既相互联系，也经常会发生矛盾。一方面，"过程和规则的平等"事实上就是我们通常所讲的"程序正义"，在程序正义的情况下，由于不同所有制本身经济实力的差异、所从事行业的不同、所处竞争环境的不同等原因，往往导致经济收益的分配出现实质差异，简而言之，过程和规则的平等并不能保证结果的平等；另一方面，追求"结果平等"则可能会导致"过程和规则的平等"的失效，并且导致分配上的平均主义。实践证明，平均主义忽视了个人的能力、环境的差异，在很大程度上会导致效率低下。这种结果平等最终只能是一种共同的贫穷。

不过，我们需要自觉注意可能发生的另外一种现象，这就是，如果仅仅强调"过程和规则的平等"而置结果的平等于不顾，则有可能造成占有大量生产资料的富有者，利用手中的资源改变规则，使得规则有利于自身的利益，最终导致过程和规则的不平等。因此，如何实现在"过程和规则的平等"和"结果平等"之间达到动态平衡，始终是一个问题。具体而言，允许不同所有制在生产资料的占有方面存在一定的差距，但是不足以利用手中的生产资料改变社会规则，影响过程和规则的平等实施，损害他人或者说其他所有制主体平等参与经济竞争的机会。

其次，除了"平等"以外，"公平"这一价值也始终贯穿于我国所有制的变革过程中，我们有必要从内涵上对它进行厘清。西方学者罗尔斯也是从"公平"入手来理解正义的，我们不妨从他对概念的界定入手来反思一下我国所有制的变革。他认为正义有两个基本的原则："（1）每一个人对于一种平等的基本自由之完全适当体制（scheme）都拥有相同的不可剥夺的权利，而这种体制与适于所有人的同样自由体制是相容的；以及（2）社会和经济的不平等应该满足两个条件：它们所从属的公职和职位应该在公平的机会平等条件下对所有人开放；第二，它们应该有利于社会之最不利成员的最大利益（差别原则）。"[①]罗尔斯对于正义原则的讨论，主题是社会主要制度安排，因而在我们看来，这一原则也自然适用于在所有制上如何实现正义，对于我国来说，就是如何正确处理全民所有制、集体所有制、个体经济、私营经济和外资经济的关系。从罗尔斯的两个基本原则来看，实现公平主要有"自由权利平等原则""机会均等原则"和"差别原则"。具体而言，每个个体都具有相同的、不可剥夺的、平等的自由权利；经济社会的不平等应该有利于最不利成员的最大利益。首先，我们可以看到公平意味着自由权利平等和机会均等。如何处理好公有制包括全民所有制、集体所有制和非公有制之间的关系，涉及我国所有制及其实现形式的最高价值目标——人民整体的经济福祉问题。非公有制经济由于自身性质和追求利益最大化的价值目标，导致其重视自身价值而忽视所有制的"实现人民整体的经济福祉"这一根本价值目标，忽视劳工权益、社会环境以及社会的可持续发展。因此，我国目前所实行的公有制和非公有制经济之间的机会均等，是建立在健全法制对非公有制的规范和调节的基础上，将其剥削劳工、污染环境等敝端限制到最低点。其次，罗尔斯认为作为公平的正义、社会不平等应该满足"差别原则"，它们应该有利于社会之最不利成员的最大利益。我们在所有制形式上也可以说实行了"差别原则"，即一方面，对于那些最不利成员，通过公有制经济来公平地保障他们的利益；另一方面，在公有制和非公有制的关系安排方面，必须使得公有制经济具有优先性和优势地位，因为，在非公有制经济中，由于生产资料归企业主、外国资本家等所有，广大人民群众不占有生产资料，显然是"最不利成

[①] 〔美〕约翰·罗尔斯：《作为公平的正义——正义新论》，姚大志译，北京：中国社会科学出版社 2011 年版，第 56 页。

员"。综上分析，我们在所有制及其实现形式中所要实现的公平，无非体现在两个方面：第一，公有制和非公有制经济之间机会均等，让各种所有制在市场经济中具有平等的竞争机会，使得经济充满活力和竞争力；第二，充分体现"差别原则"。为了从价值上充分保障人民整体的经济福祉的实现，需要始终保障公有制的优先地位。建立公有制与非公有制相互混合的所有制，也需要在总体上保障公有制的优势。这种"差别原则"不仅需要体现在量上，即公有制经济在控股数量上最大，而且需要体现在质上，即公有制经济在国民经济中始终处于主导地位。

最后，"效率"也是贯穿于我国所有制变革的重要价值之一。把"效率"这一概念当作一种价值，表面上看，不像"平等""公平"一样十分明确。然而，它的确又是影响所有制变革的一种重要价值。从内涵上看，"效率"是指投入和产出或者成本和收益之间的对比关系。戈伦比威斯基（Robert T. Golembiewski）认为"效率"就是"用最小的成本达到既定的目标，或者成本既定时产出最大"[①]。无论是采用哪一种所有制形式，实现高效率始终是其价值目标之一。只有实现了高效率，才能达到利益的最大化，满足各种所有制的物质价值需求。在我国所有制变革中，一开始是实现"平等"占主导地位，这种平等更多地体现在"结果平等"上，认为只要实现生产资料的共同占有，也就是全民所有制和集体所有制，就可以保证结果的平等。然而，生产资料的公有制的实现方式不明确，会导致资源的浪费、消极怠工、经济缺乏竞争和活力，最终导致效率低下。在公有制形式下，充分调动人们的积极性，提高效率，始终是我国探讨公有制实现形式的重要目标之一。近年来，在国有企业中试行"员工入股"，就是为了达到这一

---

① Robert T. Golembiewski, *Public Aministration as a Development Discipline*, New York: Marcel Dekler, 1977, p. 178.

点。在公有制和非公有制经济的关系问题上，事实上，我们从取消非公有制，到把它作为公有制经济有益和必要的补充，再到把它作为社会主义市场经济的重要组成部分，也是以"效率"这一价值作为出发点的。尽管非公有制经济本质上并不完全符合人民整体的经济福祉这一根本的价值目标，但是非公有制经济在竞争中能够给予公有制经济外在的压力，能够在客观上起到激励公有制经济的作用，并且能够提高双方的效率。

目前，我国开始强调在经济生活中公平与效率同样重要，需要实现双方的平衡互动，因而需要创造公有制经济和非公有制经济能够公平竞争、共同发展的市场条件。这意味着我国经济的所有制格局将变得更加合理、更加完善。

从以上对"平等""公平"和"效率"三对价值的分析，我们可以看出，我们从追求"平等"尤其是"结果平等"，到效率优先、兼顾公平，再到公平与效率同样重要的转变，是一种历史必然的过程，是我国对所有制正义的价值实践进行变革的过程。

二、我国所有制及其实现方式所存在的正义不足

新中国成立以来，我国所有制的变革过程也是我国所有制逐步实现正义的过程。当然，我们这里所讲的"正义"不是狭义上的正义或生产资料占有形式的合理化。而更多的是从综观的角度讨论所有制的正义，探讨所有制形式对于生产、分配、交换和消费的影响，特别是对我国人民生存发展的影响。换言之，我们这里所讲的"正义"，更多地是指人与人之间的利益关系的合理化，人的权利和义务的对等化，人的付出和获得之间的关系比例恰当，追求效率的同时实现公平，追求公平的同时实现效率的最大化。而这些要求最终都有利于实现人民整体的经济福祉这一价值目标的实现，合乎它们在经济生活方面共同

存在和共同发展的过程要求。从历时性的角度，我们可以看到，我国所有制形式的历次变革都是基于人民整体的最大经济福祉出发，以最大限度解放社会生产力为目标，以最大限度实现经济社会的公平正义。不过，在我们看来，尽管我国所有制的变革整体上实现了社会公平正义，然而，在一些方面仍然存在着许多制约经济社会公平正义得以实现的问题。

（一）公有制经济的实现形式不够完善

第一，公有制占有主体不明确，影响着人民群众的根本利益的实现。的确，我国在所有制结构中公有制的主体地位，从本质上保障了生产资料所有制的根本正义，基本实现了人民整体的经济福祉这一价值目标。不过，在公有制的实现过程中，也存在着一些问题。在公有制经济中，无论是全民所有制还是集体所有制，都是一种间接占有的方式。在全民所有制经济中，国家代表全体劳动人民行使所有权、经营权和收益权，同样，在集体经济中，劳动者也不直接享有这些权利。这样就存在着劳动者如何成为公有制经济的真正主人，如何保障公有制经济中的财产保值、增值，如何对经营者进行有效监督，如何合理分配公有制经济的收益等问题，这些都事关公有制经济能否真正地实现人民整体的经济福祉，也关系我国所有制正义的充分实现。

第二，公有制的主体地位与经济自由、平等竞争之间还存在某些不一致。在我国不同所有制的发展过程中，为了充分体现公有制的主体地位，对于非公有制的经济行为领域进行了这样那样的限制。在市场准入上，公有制经济控制着关系国民经济发展的命脉的重要部门，诸如石油、电力、金融等，这些行业为非公有制经济从制度上设置了门槛，很难进入；在数量上，强调公有制经济实力要超过非公有制经济；在质量上，强调公有制在经济中的支配地位。与之不同，市场经济是一种自由经济、平等经济，要求不同经济主体之间地位平等、相互自由竞争。显然，这些要求经常与公有制的主体地位抵牾。目前看，我们的全面深化改革正在解决这一问题。

第三，公有制特别是全民所有制的具体实现形式不明确在一定程度上助长了权力的渗透和腐败。在我国，生产资料的公有制有两种形式。其中的全民所有制，全体劳动者共同占有生产资料不是直接占有，而是通过间接占有来实现的。具体而言，是通过政府或者国有企业代表全体劳动者共同占有生产资料，事实上，形成了一种所有者和生产资料的事实分离状态，或者说，由政府或者国有企业代表全体劳动者占有生产资料。董德刚教授认为："我们过去的国有经济名为全民所有制经济，但生产资料主要为少数政府部门及其官员支配，普通劳动者基本没有所有者权利（选择管理者、重大决策、资产受益等权利），实质是政府所有制或官有制。"①董教授将我国全民所有制经济称为"官有制"或"政府所有制"这种观点，我们并不是十分认同。不过，他也叙述了一个客观存在的现象，即在全体劳动者间接占有生产资料的条件下，部分政府人员和国有企业管理者作为代理者乱用手中的权力，侵吞国有资产，导致国有资产流失等权力渗透和腐败现象发生。另一个方面，也表明了在生产资料的全民所有制的实现过程中，政府和国有企业的管理者代表全体劳动者行使生产资料的所有权、经营权和收益权的情况下，如何在制度上、机制上完善全体劳动者对政府和国有企业的监督，是理顺公有制的重要步骤，也是杜绝权力渗透和腐败的重要举措。

（二）不同所有制的地位不够平等

在处理公有制和非公有制关系上，我国始终坚持公有制的主体地位可以保障实现人民整体的经济福祉这一根本价值目标。这是正确的。

---

① 董德刚：《所有制问题也要进一步解放思想》，《南方周末》2008 年 2 月 28 日。

不过，由于以往观念的惯性，对非公有制形成了一种不够全面的认识，这就是认为非公有制是剥削性质的所有制形式，仅仅注重自身利益的实现，不注重社会效益、资源环境的保护等，这与我国所有制的根本价值目标是背道而驰的。我国对非公有制的态度，是一个逐步认识和落实的过程。从完全排斥到认识到非公有制是公有制经济的必要补充，再到认为非公有制是市场经济的重要组成部分，再到实行混合所有制，以便达到非公有制和公有制共生共荣。不过，在这一认识和实践过程中，非公有制经济还没有充分获得其应有的地位，在市场准入、资金筹集等方面，与公有制经济存在很大差距，还没有充分实现与公有制经济的共生共荣。具体而言，体现在以下几个方面。

其一，不同所有制经济在市场准入方面机会不均等，影响着它们之间的平等竞争。我国公有制的主体地位，很大程度上是由国有经济体现的。目前，在电力、电信、铁路、邮政、民航、石油、金融等行业仍然主要采取国有企业经营，限制非公有制经济的介入，使这些行业形成了国家垄断。一方面，国家垄断保证了国家的特许经营，增强了国有企业在国内外的竞争力，提高了其综合实力。另一方面，由于其垄断经营地位，国有企业在一种缺乏充分竞争的环境下，依赖其雄厚的资金实力、垄断的市场地位就能获取高额利润。在国有企业无法从市场获取利润的情况下，国家为了维护其公有制地位，会经常给予资金或补贴支持。国有企业优越的内外环境，短期内有利于维护其优势地位，长期下去只会导致竞争力下降。

其二，不同所有制经济之间融资和税收环境不同，使得它们之间难以公平竞争。公有制经济往往是实力雄厚的国有或者集体大中型企业，它们丰厚的资金和综合竞争能力，为它们的融资提供了可靠的保障，也容易获取银行、社会和个体的信任。国有银行、商业银行愿意为它们提供资金支持，同时，它们以发行股票等方式向社会筹集资金也相对容易。相反，非公有制经济——个体经济、私营经济和外资经济等，由于缺乏国家"担保"，自身实力较弱并且面临着很多不确定的因素，导致社会融资方式有限，难以获得更多资金来壮大其实力。同时，在国家政策上，非公有制经济也无法与公有制经济相比，禁止非公有制企业之间采用相互借款、发行债券等方式筹集资金。在税收方面，针对非公有制经济的税率相对较高，国家针对一些部门、一些行业的减税和免税政策，大多是针对公有制经济，涉及非公有制经济较少。当然，值得肯定的是，目前政府正在大力实施和推进这方面的平等政策。

其三，在对待不同所有制的态度和观念方面，没有建立起它们之间共存、共生的关系。长期以来，在对待公有制和非公有制经济的价值观念中，始终存在着一种偏见和歧视，认为非公有制经济存在着剥削，是不正义的，而且，这种认识也落实到了实践上，使得非公有制经济在各个方面受到不公正的待遇，严重制约了非公有制经济的发展。这种认识虽然看到了非公有制企业所存在的剥削现象，但并不全面。事实上，在我国现行的所有制制度下，完全可以用严格的法律法规限制非公有制经济的剥削程度，同时，用高尚的价值观念引导非公有制经济，避免发生一些偷税漏税、偷工减料等不良行为，实现非公有制经济的健康发展。

（三）资本在收益中所占比重明显过大

我国在所有制中所实行的"股份制"，包括正在建立的"混合所有制"，生产资料的所有制以股份的方式体现出来，出资者在整个生产资料中股份的比重决定了其在生产中的地位以及分配。资本也就成为影响生产、经营和收益的重要因素。"资本"这一概念，一般而言，从物质基础上讲主要指生产要素。如果缺乏资本，整个生产就无法维系，这是一种关于资本的普遍而基本的观点。不过，这种观点却没有指出资本的本质。马克思曾经指出，资本的本质不是物，而是建立在物的基础上的社会关系。"生产资料和社会资料，作为直接生产者的财产，不是资本。他们只有在同时还充当剥削和统治工人的手段的条件下，才成为资本。"①马克思深刻认识到，资本的本质在于剥削剩余价值。

在"混合所有制"经济中，不同所有制以入股的方式形成了特殊的所有制结构。出资者中既可能有公有制经济，包括全民所有制和集体所有制经济，也可能有个体经济、私营经济和外资经济等非公有制经济。非公有制经济作为"混合所有制"中资本的重要来源，在很大程度上符合资本的本质特征，将追求利润作为其最终目标。然而，这一过程导致了人的异化、生态环境恶化以及人际关系紧张等社会不公正现象，而这种不公正现象的产生根本上是由于资本在收益中的比重日益增强而导致的。具体而言，这种不公正体现在以下几个方面。

其一，资本在所有制中的比重上升，劳动者在一些情况下处于被资本所造成的异化状态之中。"异化"这一概念是由马克思所提出的，是指劳动者所进行的生产过程及其产品变成异己的力量，反过来统治人的一种社会现象。由于不同的所有制以股份的方式参与经济，资本在其中所起的作用越来越大。资本的本质和目的是追求价值增值。然而，以资本为要素的生产过程所产生的价值增值，并不是资本自身带来的，而是从劳动者身上攫取的。资本是死劳动，它不可能自身实现价值增值，只能从劳动者的"活劳动"上攫取。通过提高劳动者的劳动强度、延长劳动者工作时间等手段实现其价值增值。在这种过程中，由于资本自身的贪婪性，经常无视劳动者的身体和精神的承受能力，使得劳动者受到严重伤害。

其二，资本的贪婪性，在缺少严格、充分、合理的制度的情况下，很容易破坏人与自然的和谐关系，导致自然环境的破坏，影响生态正

---

① 马克思：《资本论》（第一卷），北京：人民出版社2004年版，第877—878页。

义的实现。资本的运行过程，同时也是人的劳动过程。劳动本质上是人与自然之间进行物质和能量交换的过程，它是通过自身的自然力作用于外在的自然力，创造产品来满足人类需要的过程。资本要实现价值增值，必然要通过人的劳动来实现，这是价值生产和价值增值过程的统一。如果没有自然界提供物质和能量，劳动就成为无本之源，不可能实现价值增值。劳动将自然所提供的质料转移到新的产品中，实现价值增值。然而，资本的本质是无休止地实现价值增值，或者说带来更多的利润，这就决定了它追逐短期利益，无止境地攫取自然资源，而不考虑资源环境的承受能力和可持续性发展，这必然导致大气污染、土壤污染、水资源污染等严重问题。改革开放以来，我国所有制中资本的日益发展，已经有力地证明了这一点。

其三，资本的多寡导致了人的地位的高低，引起了社会中人际关系的紧张。马克思认为，人的本质不是单个人所固有的抽象物，在其现实性上，它是一切社会关系的总和。马克思认为，在诸多社会关系中，生产关系是最根本的。马克思认为"资本"不仅是可以带来剩余价值的货币，更代表一种生产关系，这种生产关系体现为占有资本的人对劳动者劳动的支配。人们在社会生产中的地位是由其是否占有资本和占有资本多少所决定的，占有资本者对不占有资本者进行剥削。在我国的混合所有制或者股份制经济中，各种资本所占有的比重不同，导致了它们在整个生产资料中的地位的差异，以及产品分配的差异，最终导致贫富差距的产生以及社会人际关系的紧张。

三、完善公有制与其他所有制之间的价值关系

我国所有制无论采取何种实现形式，必须始终坚持公有制的主体地位，这是保证其基本正义的根本。关键是，公有制如何实现全体人民占有，以及如何在公有制和非公有制共生的条件下，实现其主体地

位，不断提升其竞争力和效率。如何在所有制的变革维度上，解决非公有制经济不注重社会公共利益和资源环境的可持续利用等问题，以及如何使得资本收益减少其剥削性，这些都是我们对于所有制的正义完善必须考虑的方面。

在我国所有制中，公有制为主体从根本上保障了人民整体的经济福祉这一价值目标的实现。然而，由于我国公有制尤其是"全民所有制"实行的是全体劳动者间接占有的方式，尽管国家宏观上保障了全体劳动者利益的实现，但是，其间接占有性，使得劳动者的直接利益似乎无法与公有制联系起来，甚至有一部分学者怀疑全民所有制，认为全民所有就是全民都不拥有。这种观点当然是不正确的，但是这也反映了我国全民所有制的占有形式需要进一步改进，从制度上保障人民整体的经济福祉的实现。

（一）强化公有制根本价值目的的优先实现原则

强化公有制根本价值目的的优先实现原则，是完善我国公有制的关键所在，这需要在以下几个方面做出努力。

第一，进一步落实公有制的全体人民的共同主体性。

在公有制的实现形式上，正确建立全体民众间接占有生产资料的方式，是公有制真正实现全体民众共同占有的关键。这需要探索合理有效的具体形式。以全体民众对生产资料的统一比例为依据进行收益分配，可能是既保持公有制又平等分配的切实可行的形式。就企业内部来说，"员工持股"是公有制尤其是国有企业实现员工对生产资料直接占有的一种有效的探索，是员工直接享有公有制企业所有权和未来收益的制度性安排。员工通过持有企业的部分股票或者股权，在企业中拥有更多的管理权。员工持股可以使得公有制的员工与生产资料直接联系，更多地实现员工作为生产资料的主人地位。同时，由于员工的收益与企业的效益直接相关，更能够激励员工发挥自己的创造力为公有制经济的发展贡献力量。在员工持股中，尤其要重视和探索对企业的发展有直接和重大影响的科研人员、经营管理人员和业务骨干持股，他们对公有制企业发展的贡献远远大于普通员工，如果仅仅和普通员工持有相同的股份，很难激发他们的积极性，对他们也是不公正的。因此，在员工持股中可以根据他们对企业贡献的大小，允许他们在公有制企业中持有与贡献、能力相应的股份，有利于他们安心为企业做贡献。

第二，在公有制的实现方面，注重效率原则，提高公有制经济的竞争力。

公有制在实现其根本价值目标人民整体的经济福祉的同时，最大的任务是在保证公平的基础上，实现效率的最大化。从公有制与效率的根本价值关系上看，公有制经济只有在不断提高效率的情况下，才能创造出日益增多的物质财富，不断提高人民群众的生活水平。相反，如果效率低下，所创造的物质财富相对较少，就很难满足人民群众的物质需求。我们认为，公有制获得较高效率，是实现其根本价值目的的前提。我们应该从以下几个方面提高公有制的效率。首先，在公有制经济尤其是国有经济中要引入竞争机制，增强其核心竞争力。目前，我国公有制经济的优势，在很大程度上是依靠国家的垄断而形成的。诸如电力、电信、石油、国有银行等，它们拥有特许经营权和政府的其他支持，依靠其雄厚的实力、毫无竞争的市场，即使在低效的情况下，仍然能获取高额利润。然而，长期在垄断情况下，获取高额利润从根本上不利于国有经济的活力和创新能力的提高。因此，应该适当地引入竞争机制，在国有企业内部不同经济主体之间展开竞争。同时，也需让非公有制经济参与到诸如电力、石油等行业的生产经营的竞争中，促使国有经济完善和发展自身的动力机制。其次，国有经济要在创新中保持其竞争力，在创新中提高其效率，要起到引领社会创新的作用。在知识经济时代，社会价值的创造主要来自于知识的再生产，知识创新在生产中具有决定性作用，也是提高经济效率的关键。国有经济实力雄厚，可以建立强大的科研队伍进行知识创新。

第三，在投资制度方面，建立长期稳定的公有制对关系到国家整体的经济综合实力和长远发展领域的投资制度。

公有制经济尤其是全民所有制经济，它是将全体劳动人民作为一个"共同体"来对待的。它所创造的价值、利润不是为某一个企业或某一个群体服务的，而是为社会整体服务的。全民所有制企业尽管与企业内部员工的利益直接相关，不过，它同时承担着为我国全体劳动者创造价值、服务社会的功能。我们认为，员工持股仅仅是在产权上处理好全民所有制和内部员工之间的关系，与全体社会成员相比，在范围上仍然比较小。全民所有制要实现人民整体的经济福祉，必须建立长期稳定的投资制度，从税收、资金、人员上投入更多关系到国家综合实力和长远发展的领域，诸如航天、航空、基础科学、基础教育、医疗卫生、交通运输等，这些领域投资大、风险大、收益周期较长，非公有制经济对它们经常缺乏投资的积极性。然而，这些行业关系到国家长远发展、综合竞争力的提升和人民群众的长远利益，因此，公有制经济在这些方面必须具有大局意识、整体意识，承担非公有制经济不愿或者不能承担的任务，为实现人民的长远经济社会福祉和国家的综合竞争力服务。

（二）完善公有制与其他所有制之间的共生关系

在我国所有制中，对于"坚持公有制为主体，多种所有制共同发展"已经形成了基本共识。一方面，"以公有制为主体"是为了保障人民整体的经济福祉，同时，多种所有制共同发展有利于形成不同所有制主体之间的独立和平等竞争的关系。不过，在公有制为主体的情况下，如何实现公有制和非公有制之间地位的平等，使得它们在相互竞争中，不断提高自身的竞争力，促进他们之间的积极共生，仍然是一个有待解决的重要问题。我们认为，需要在准入规则、财税保障、价值观和法律制度等多个方面加以完善。

首先，消除非公有制经济的准入壁垒，为不同所有制提供公平机会。

我国在所有制上基本实现了"公有制为主体，多种所有制共同发展"。但是，为了实现公有制的主体地位，在市场准入方面设置了很多壁垒，限制非公有制经济。基于这种情况，要从观念上消除对非公有制的歧视，逐步放开非公有制经济对关系到国计民生行业的介入程度，消除各种非公有制的准入壁垒，给予它们更多的机会，适当地让它们参与到电力、电信、铁路、石油和金融等行业中，这样也可以弥补国有经济资金短缺问题，实现社会融资，促进这些行业的健康发展。从具体的手段上看，要进一步完善行政审批制度和程序，合理评估非公有制经济，为它们介入相关领域提供机会。从作用上看，非公有制企业介入与国计民生相关联的行业，可以打破国有企业的垄断现象，在外部竞争压力下，有利于提高国有企业的活力，促进它们改善经营管理，提高科研和技术应用能力。

其次，完善非公有制经济的融资和税收体系，为非公有制经济提供财税和金融保障。

非公有制发展中的制约因素除了市场准入机制外，最大的制约因素是融资平台和税收体系。完善非公有制企业的融资平台和税收体系，使得它们与公有制企业一样拥有更多的机会，获取更多的社会资金来发展自身。第一，各大银行应该给予它们与公有制企业同等的贷款待遇，使得它们在资金短缺时能够获取更多的资助，壮大其实力。在我国，无论是国有银行还是商业银行，在发放贷款等方面有很大的倾向性，公有制企业由于有政府信誉作为担保，更容易取得信任，而非公有制企业则很难从各大银行获取贷款。第二，证券监管部门应该给予非公有制企业以综合评估，给予它们通过股票筹集资金的机会。目前，非公有制企业在整体实力上还不是十分雄厚，影响着它们通过发行股票、债券等方式筹集资金。因此，要进一步完善股票、债券市场，使得非公有制企业有更多渠道筹集资金。第三，由于非公有制经济缺乏担保，自身资金来源不稳定，导致经常出现失信的状况，这种状况反过来又影响其融资的能力，形成了恶性循环，因此，要解决非公有制经济的融资困难，必须在壮大其实力的同时，提高其信誉度。

最后，更新相关的价值观念，健全相关法律制度，搭建公有制和非公有制合作发展的良好平台。

第一从价值观念上，应该抛弃对非公有制经济的偏见和歧视，更多地认识到非公有制经济是社会主义市场经济的重要组成部分，它和公有制经济一样能够促进社会经济的发展。价值观念的变革，是保障非公有制经济的发展以及使它与公有制经济共生、共存的思想前提。第二，要健全相关的法律制度，做到既能够充分发挥非公有制经济的竞争活力，又能够规范非公有制经济的天然不足。非公有制经济的根本目标是追求"私利"的最大化。这一方面决定了它对于我国整个经济的发展具有重要促进作用，因而需要国家制定法律为非公有制经济提供充足的活动空间；另一方面也决定了在一定情况下它会超出正当的界限。如果它的"私利"行为不能通过法制来约束，就会带来很多问题。在生产产品的过程中就会出现偷工减料、坑蒙拐骗、欺诈消费者等现象。因此，既有必要采用严格的法律、规范来约束非公有制经济，使其真正成为社会主义市场经济的一个重要力量；也需要健全公有制经济和非公有制经济相互合作的法律规章，为它们的共生共存提供平等的制度平台和社会关系条件。

四、建立国有资产的所有权、经营权、收益权的合理关系

在我国所有制及其实现形式的正义完善中，建立包括国有资源在内的国有资产的所有权、经营权和收益权之间的合理关系，对于激发

经营主体的积极性，促进经济快速发展，具有重要的意义。从前面分析我们可以看到，在我国改革开放初期，在国有资产的安排方面，对所有权重视不足，过分强调经营权的作用，造成了国有资产的经营没有很好地服务于实现人民整体的经济福祉这一根本目的，也引发了收入和分配差距扩大、贫富两极现象突出等问题。例如，在国有资源的开采利用方面，当时不仅导致了资源的无效率开发和严重浪费现象，而且导致了资源开采的收益主要落入了少数人的腰包。因此，如何建立起国有资产特别是国有资源的所有权、经营权和收益权的合理关系，也就成为我国所有制及其实现形式的正义完善的重要内容之一。

（一）我国在国有资产的所有权、经营权和收益权方面存在的问题

在经济学视野中，所有权、经营权和收益权都是产权的重要内容。产权是"财产权"的简称，它是指特定的主体对财产占有、经营和获取收益的权力，具有很强的排他性。刘诗白先生在阐释"产权"时明确指出，财产涉及作为主体的人和作为客体的物或对象，确切地说，财产是一种社会关系，是人的经济活动和社会生活中客观存在的人对物（对象）的排他性的占有关系。[1] 换言之，财产始终和权利紧密联系在一起，而且这种权利是排他性的。具体而言，"所有权是财产的所属权利，经营权是财产的使用管理权利，收益权是财产收益的分配权利"[2]。在人类早期，生产力相对落后，财产权的三个方面——所有权、经营权和收益权——是统一的。随着社会生产力的发展，尤其是股份制的实施，作为产权的三个方面的所有权、经营权和收益权逐步分离。这种分离不仅有力地推动了经济生产的发展，而且极大地改变了经济

---

[1]　刘诗白：《主体产权论》，北京：经济出版社 1998 年版，第 3 页。

[2]　刘敬鲁：《论国有资源产权的完善及其对建设和谐社会的意义——所有权和经营权合理关系的哲学视角》，《哲学动态》2008 年第 11 期，第 66 页。

产品的分配关系。从它们之间的内在关系上看，首先，所有权是经营权的基础或者说前提条件，只有对一定的财产和资源拥有所有权，才能对财产进行经营或者委托经营，并且对所有财产的多少直接制约着经营的效果和收益。其次，经营权是所有权得到扩展的必要条件，如果没有经营活动，所拥有的财产就像一潭死水，没有任何收益，原有的财产将可能贬值甚至消失殆尽。同时，经营状况如何，直接影响到所有财产的增值或者贬值。一般而言，经营所产生的增益将所有财产的增加，相反，经营不善，可能导致所有财产减少或者消失。最后，收益是指财产或者资产在经营过程中所获取的利益。那么，相对于所有权和经营权来说，收益权是指在财产经营收益中的权利。一般而言，财产所有者和经营者依据一定的比例分享收益权。收益权的大小与财产拥有的多寡和经营状况的好坏有着直接的关系。在一般情况下，拥有财产越多，经营状况越好，收益就越高，相反，则收益越低。

在我国所有制中，公有制有全民所有制和集体所有制两种形式。全民所有制在产权上属于全体劳动者共同占有生产资料，应该共同分享其收益；集体所有制是集体占有生产资料，资产的收益也归集体所有。由于全民所有制收益归全体劳动者所有，因此，我们通常所讲的国有资产的经营和收益很大程度上影响着人民整体的经济福祉的实现。处理好国有资产的所有权、经营权和收益权，是实现所有制正义的关键。尤其是在国有资源方面，我国从20世纪90年代起，实现了国有资源的所有权和经营权的分离。一方面，国家仍然保持着对整个国有资源的所有权，这是我国国有资源产权的重要特点；另一方面，通过承包制、股份制等方式，不同主体对国有资源拥有了经营权，产生了国有资源的流失、失控现象，换言之，所有权和经营权的分离，使得国家对经营权的制约大大减弱。这引起了在国有资源处置方面的许多不正义现象，导致了一些国有资源被廉价经营、掠夺式开发、严重破坏等问题，严重地影响了国民经济的可持续发展。

这表明，我国对国有资产的所有权、经营权和收益权之间关系的制度安排还没有达到充分正义的程度，这主要体现在以下几个方面。

第一，在国有资产的所有权和经营权的制度规则中，在对国有资产的所有权和经营权的控制方面还重视不够。所有权和经营权的本质是控制权。在我国，国有资产本质上是国家所有或者说全民所有，因此，国家也就成了国有资产的所有权和经营权的主体，这样才能从本质上实现最广大人民的福祉这一最高的价值目标。然而，在实施过程中还存在着一些有待解决的问题。由于国家或者全民对国有资产的所有是一种间接所有，即国资委作为国有资产的代理主体而行使出资人职责，国有企业管理者作为经营主体来对国有资产进行经营，这就会出现如何对这些代理者进行有效监督的问题。在改革开放初期，由于对国有资产的制度监督不健全，造成了某些政府官员和国有企业的负责人利用或侵吞国有资产来获取个人利益，导致国有资产经营浪费、严重流失等问题，使得国家对某些国有资产的所有权和经营权的控制力下降。目前，在这方面已经有了很大改善，但还存在着合理程度不足问题。

第二，在国有资产的所有权和经营权的处理上，还存在着重视国有资产的短期经济效益而对于其可持续利用重视不足的问题。仅就国有资产中的自然资源部分来说，包括各种金属、稀土、石油、煤炭等矿藏，都属于不可再生资源，能否合理利用，在很大程度上关系到国民经济的可持续性发展或可持续性收益。我国是一个人均占有自然资源相对较少的国家，对自然资源必须尽可能节约利用、高效利用，才能保证经济的可持续发展。在我国国有自然资源的利用上，必须站到战略的、长期发展的高度，实施严格的开发利用制度。从我国目前对国有自然资源尤其是石油、矿藏等资源的开采现状看，自然资源经营权的出让价格，包括采矿权使用费、资源补偿费、资源税等各种费用仍然过低，同时，对各种资源利用的准入门槛也仍然过低，致使一些效率低下，不符合环境标准、劳工安全标准的经济主体进入了国有自然资源的开采领域，导致国有自然资源的掠夺式开采、无度开采和大量浪费，严重影响了我国经济的可持续发展。

第三，在国有资产的经营权上，为了保障最大多数人的经济福祉，以及保障国家对影响国计民生的行业的控制权，实行完全的公有制和对资产的国家控制。这一方面能够保障关系到国计民生的行业不受国际环境以及国内经济投机分子的影响，确保最广大人民群众利益的最大化；另一方面造成了国家对这些行业诸如电力、铁路、银行、煤炭、石油等行业经营权的绝对控制或绝对垄断，主要依靠垄断的方式维持这些行业的公有制地位，因而在很大程度上妨碍了自由竞争。从长期来看，这种方式不利于这些行业的健康发展，使得这些行业缺乏生机活力，这既会增加国有企业的经营负担，也会给国家财政收入及其分配带来不够富足的困境。

第四，国有资产的所有权、经营权和收益权之间的某种脱节，导致了不同经济主体之间的财富占有差距，无法充分实现人民整体的经济福祉这一根本价值目标。从国有资产的性质上看，其所有权属于全体人民。由于所有权和经营权的分离，使得少数国有资产的管理人员拥有国有资产的经营权，同时，也拥有了收益权。而国有资产的多数所有者，由于主体权利的模糊不明而无法真正获取其收益，这是导致社会贫富差距、两极分化的一个重要方面。例如，20世纪90年代，数量众多的个体煤矿老板成为巨富，就与煤矿资源的开采定价，包括矿产使用费、资源补偿费、资源税太低，有着很大的关系。

（二）我国国有资产所有权、经营权和收益权的一般关系的正义完善

国有资产是我国公有制经济中的核心部分，在其所有制的安排上是基本正义的。然而，由于存在上述问题，首先需要在所有权、经营

权和收益权的一般关系上进行完善，使其从根本上服从于实现人民整体的经济福祉这一价值目标。具体而言，我们认为，应该从以下几个方面着手。

第一，完善国有资产的所有权、经营权和收益权之间的关系，提高其所有者也就是人民群众对国有资产的控制力，使其真正享有国有资产的收益权。目前，由于人民群众不能够直接对国有资产的所有权进行处置，因此，尽管其收益在理论上强调"取之于民，用之于民"，却没有充分落实这一点。在国有资产的所有权、经营权和收益权的一般关系的完善上，建立和完善人民群众对国有资产的管理落实机制，同时，进一步完善人民群众对国有资产的监督机制，尤其是给予人民对代理行使经营权的国企管理人员、相关政府机关官员给予严格监督的权利，防止国有资产的个人利益化经营或小群体利益化经营，逐步采取全体人民对国有资产共同直接占有的方式，并且共同平等地享受国有资产的经营收益。

第二，从国家长远战略出发，完善国有资产的所有权、经营权和收益权之间的关系，保证国有资产的合理经营，为国民经济健康、可持续发展提供保障。仍然以国有自然资源为例。我国是一个人口多、人均自然资源短缺的国家，合理和节俭地利用资源，是经济正义的重要体现之一。在完善国有自然资源的所有权、经营权和收益权之间的关系方面，一定要做到可持续性发展。显然，在这一方面，我们仍然需要不断完善。对有限的矿产、煤炭和其他自然资源进行可持续的开采，并且严格防止对自然资源状态的实质破坏。要在所有权、经营权和收益权之间的关系上实现正义，就必须在社会经济发展的同时，注重自然资源环境的保护。

第三，在国有资产的所有权上，一方面要保证国有资产对影响国计民生行业的控制权、支配权；另一方面，在国有资产的管理上，制定正确的准入规则，引入竞争机制，使得其他所有制的企业能够进入到国有资产的一些行业。使其他所有制企业进入这些行业，并非是要改变国家对国有资产的控制权，而是要在非公有制要素和公有制要素之间展开竞争，打破公有制经济的垄断地位，使得行业的发展更加健康，更加充满活力。此外，公平合理的竞争也有利于提高国有资源的利用率。

第四，完善国有资产的经营准入制度，完善经营权监督，确保人民群众的收益最大化。首先，针对我国国有资产的经营效率仍然不高的问题，要进一步完善国有资产的承包机制，使其符合价值规律的基本要求，保证国有资产的有效保值和增值。其次，针对我国国有资产经营过程中经常发生的一些管理者的绝对控制现象，加大对国有资产经营过程的合理监督，完善国资委监督机制和人民监督机制，保证国有资产经营的正当性。最后，在国有资产的收益上，保证经营管理者和普通群众之间的合理收益差距，一方面，让经营管理者多劳多得，调动他们的积极性；另一方面，防止经营管理者和普通劳动者之间的收入差距过大，造成社会不满。当前，我国在国有资产收益的分配中，管理者和普通员工之间收入差距几十倍、上百倍的情况经常见到，这些都有必要进行调整。

（三）资本投资和获益的正当规则的正义完善

随着我国所有制的变革，尤其是十五大提出"股份制"将成为我国所有制发展的主要形式以来，资本在整个所有制及其分配中的作用日益突出。这种所有制形式的多样化变革反映到分配上主要表现为：单纯的全民所有制和集体所有制经济，是以劳动作为生产收益分配的唯一尺度，而混合所有制经济除了按劳分配以外，还按照生产要素进行分配。十八届二中全会以来，提出了建立"混合所有制"经济，这种"混合"是各种所有制形式以"股份制"的方式建立的，各种所有制依据出资的比例对生产资料进行管理和分配，资本在整个生产资料中的作用越来越突出。然而，资本导致了人们的异化、人与人之间的不平等以及人与自然之间的冲突等问题。完善资本投资和获益的正当性规则，成为目前我国所有制正义完善的突出要求和重要方面。

第一，通过逐步提高劳动者的技术能力和教育水平等，大幅提高劳动者的地位，最大限度合理地实现劳动者的自由和权益。这需要在规则上做出明确规定。资本的本质决定了其永无止境地追求利益的最大化，忽视劳动者个人的权益和价值，甚至劳动者的身心承受能力。然而，随着社会的发展，人的权利，尤其是劳动者的身体和精神承受能力，必须得到应有的重视。从应然的角度看，资本不应当侵蚀劳动者的休闲时间，而应该给予劳动者更多的自由；然而，从"实然"的角度看，这与资本的本质是相冲突的。不过，现代科学技术的发展，在给资本带来增值的同时，也为劳动者提供休闲、娱乐时间，为他们自由的实现提供了可能。然而，在全球化的背景下，科学技术发展的不平衡，发达国家拥有较高的科技水平，而发展中国家科技水平相对落后，资本往往将高污染、高劳动强度、简单粗放型的产业转移到发展中国家，使得发展中国家的劳动者承受了较高的身体、精神负担。因此，我国作为发展中国家，要改变资本对人们的异化，必须加强科学技术的发展，通过教育提高劳动者的素质，将资本的收益更多的是通过技术而非劳动者本身来获取，使得劳动者从繁重的体力和较长的工作时间中解放出来，从根本上实现他们的自由。

第二，加强规范资本运行，限制其贪婪的欲望，达到人与自然的和谐发展，实现生态正义。资本本质上的趋利性，使得其无限度地掠夺自然资源。随着科学技术的发展，这种掠夺性已经达到了史无前例、无与伦比的程度。科技在资本面前已经沦为工具，助长了资本价值的无限度扩张，加剧了人与自然之间的冲突。实现资源和环境的可持续发展，限制资本获益的程度，从本质上说是正义的。首先，国家应该树立生态安全和资源、环境的可持续发展意识，抑制资本对资源、环境的过度侵蚀。生态安全和正义是国家可持续发展的重要保障。生态安全是指一国的生存和发展所处的生态环境没有受到实质破坏和威胁，它关系到国家的安全和国民的长期利益。在经济发展的过程中，不仅要考虑直接经济效益，而且应该综合评估经济发展与资源环境的使用及其带来的环境污染等问题。因此，限制资本追求短期经济效益而忽视长期效益，限制资本追求经济效益而忽视社会效益（包括环境保护、资源节约等），就成了投资和收益正当性的重要方面之一。其次，建立和完善社会公众参与和监督资本运行的机制，保障人与自然的和谐发展。资本的贪婪主要体现在对资源的掠夺式开发、随意排放污染物等方面。这些问题的解决依靠国家立法可以起到一定的作用。但是，给予社会公众更多的权利，对资本行为进行广泛监督，才能起到很好的社会效果。

第三，建立相应的规则，约束资本对人际关系的侵蚀，保证人际关系中的人格独立，形成自由、平等、和谐的人际关系。马克思认为生产资料的所有制决定了人们在社会生产中的地位以及产品的分配。资本无疑是生产资料占有的一种历史形式，它在一定历史阶段对人们在社会生产中的地位具有决定性作用，拥有大量资本的人，往往社会地位较高。他们将手中的资本和劳动者结合起来获取更多的价值，然而，这种价值增值是建立在资本所有者对劳动者的剥削的基础上，导致了资本所有者和劳动者根本利益的对立。在现行所有制中，在允许资本存在的情况下，需要在资本收益和劳动报酬之间达到平衡，减少资本收益的比重，提高劳动者的收益，从根本上保证劳动者人格的独立，使他们与资本所有者的地位相对平等，不受资本所有者的绝对控制，可以按照自身的意志而行动。同时，这样做也可以提高劳动者的社会地位，使得他们与资本所有者可以在相对平等的基础上进行劳资协商，促进生产的正常运行和人际关系的和谐。

五、建立累进实现社会所有制目标的过程机制

从上面的分析可以看出，无论是部分劳动者联合占有生产资料的集体所有制，还是国家代替全体社会成员占有生产资料的全民所有制，都存在着某些困境和问题，这就是如何真正使得全体人民共同占有生产资料，拥有生产资料的所有权、经营权和收益权，实现人民整体的经济福祉这一根本性的价值目标。从长远来看，我们认为，最终需要实施"社会所有制"。正如马克思恩格斯所言，人类最终必然走向社会成员共同直接占有生产资料的所有制。这种所有制在实质上可以称作"社会所有制"，即生产资料属于整个社会所有。它应该成为我国公有制正义完善的终极目标。我国现行的公有制与将来实行的社会所有制还有实质差距。然而，社会所有制的建立不可能一蹴而就，是一个漫长的过程。因此，我们需要逐步建立累进实现社会所有制目标的过程机制。

（一）社会所有制的本质特征

"社会成员对生产资料的直接占有"是马克思恩格斯所提出的描绘未来社会生产资料所有制的一种形态。[①] "社会主义的任务并非在于把所有权和劳动分隔开来，而是在于把任何生产的这两个要素结合在同一手中……社会主义的任务，毋宁说仅仅在于把生产资料转交给生产者公共占有。"[②] 在一定意义上看，马克思认为这种所有制和公有制在内涵上是相同的，不过，在细微方面还存在着一定的差别。如果我们把这种所有制称作社会所有制的话，那么，它和我们现阶段的公有制，也就是全民所有制和集体所有制之间，究竟存在哪些差异呢？在很长一段时间里，学者们进行了深入探讨，都希望能澄清这一问题，我们

---

① 宋书声、王锡君、王学东：《马克思恩格斯著作中表述未来社会所有制的几个概念辨析》，《求是》1995 年第 18 期，第 25—28 页。

② 《马克思恩格斯全集》（第 22 卷），北京：人民出版社 1965 年版，第 573 页。

认为社会所有制存在着以下几个方面的特征。

第一，社会所有制不同于全民所有制，也不同于集体所有制，不是一种间接占有生产资料的形式，而是一种劳动者直接占有生产资料的形式。按照马克思的观点，社会所有制是"同传统所有制彻底决裂"的结果，换言之，它与私有制存在着本质的差别。私有制是私人占有生产资料的形式，而社会所有制是全体社会成员共同无差别地占有生产资料的形式。因而它与全民所有制和集体所有制存在着一定的相似之处。同时，在具体占有形式上又不同于我国现有的"全民所有制"和"集体所有制"。首先，我国的全民所有制是一种国家所有制，它主要由国家代表全体社会成员占有生产资料，全体社会成员对生产资料的占有是以间接的方式实现的。社会所有制与全民所有制一样，也是社会成员共同占有生产资料的，但不是全体社会成员与生产资料的间接结合而是一种直接结合。换言之，直接结合是所有权、经营权和收益权统一于直接所有者的一种结合方式。其次，我国的集体所有制是部分劳动者直接占有生产资料的公有制形式。从占有方式上看，社会所有制和集体所有制十分相似，都是一种对生产资料的直接占有。不过，从范围上来看，社会所有制是全体劳动者联合拥有生产资料的所有制，其范围远远大于集体所有制。马克思认为社会所有制的产生是生产力和生产关系发展的必然结果，生产资料所有制作为生产关系的核心，在手工业阶段，生产资料是劳动者直接占有的。在大工业阶段，生产资料被资本家所占有，生产资料和劳动者相互分离。随着人类进入公有制社会，生产资料和劳动者就会逐步由分离走向直接结合，最终产生社会所有制。

第二，按照马克思的观点，社会所有制是一种劳动者的联合所有制和新型的个人所有制，不同于分散的个人所有制。马克思指出，资本主义是建立在资本家私人占有生产资料的、分散的个人所有制基础上，无法适应社会化大生产的要求，最终会严重阻碍生产力的发展。

这种生产资料所有制必然为社会所有制所替代，马克思有时也将此称为"个人所有制"。但是，这种"个人所有制"已经不再是各个孤立的个人与生产资料的结合，而是作为联合的社会个人和生产资料的结合。尽管社会所有制在一定意义上也是一种"个人所有制"，但远远超越了私有制社会的"个人所有制"。

当然，社会所有制的产生是有一定的条件的。马克思认为国家的消亡是社会所有制产生的基础，社会已经成为"自由人的联合体"。在国家尚未消亡时，社会成员通过国家占有生产资料，这种占有形式是一种间接占有。当国家消亡时，社会转变为"自由人的联合体"，他们直接地共同占有生产资料，由"间接占有"转变为"直接占有"，这样就能够适用于更高阶段的生产力发展要求。

第三，社会所有制是一种全民共有、共决、共享的经济。[①] 社会所有制是社会化大生产的客观要求，它具有巨大的优势。首先，所有权由全社会联合所有和直接所有。其次，生产资料的收益与所有者、经营者有着密切的关系，克服了目前全民所有制与所有者之间的间接关系，使生产资料所有者能够直接享受到其收益。最后，全体劳动者通过民主机制决定生产资料的经营，并且建立起完善的监督机制。因此，在一定程度上，这种所有制形式的实现，不仅是占有方式的历史性转变，也是经营方式和分配方式的历史性转变。

（二）创造累进实现我国社会所有制的条件

社会所有制是我国公有制正义完善的终极目标，它能从根本上实现人民整体的经济福祉。不过，任何所有制形式的实现都是与一定的生产力水平相适应的，社会所有制是与较高的生产力发展水平相适应的。因此，社会所有制的实现不可能一蹴而就，我们需要从机制上逐

---

① 董德刚：《"社会所有制"这个概念更好一些》，《北京日报》2010 年 6 月 12 日。

步推动其实现和发展。

首先，逐步完善我国公有制包括全民所有制和集体所有制的实现形式，为逐步实现社会所有制创造基本前提。

目前，我国全民所有制的具体的代表者、执行者是政府机构和国有企业的管理者。这种所有制形式的积极方面是主要的，但同时也存在一些消极方面。积极方面在于由于其本质属性上是公有制，为向更为高级的社会所有制的转变创造了条件，这种条件在很大程度上比私有制更加有利。其消极方面则有，政府机关、国有企业的管理者在公有制资源的所有、经营和收益上拥有很大的权力，在社会监督机制尚不健全的情况下，他们有可能乱用手中权力侵吞国有资产，还有，经营责任经常不到位，生产经营效率不高，等等。为了改变这种状况，我们应该逐步扩大劳动者联合所有的规模，让劳动者真正地直接占有生产资料，逐步建立生产资料收益的共享机制，让劳动者全面享受到生产资料的收益。

其次，生产资料的社会所有制不仅是经济基础，而且也与上层建筑直接相关。完善社会民主机制，使得全体劳动者行使经济民主权利，决定生产资料的所有、经营和收益，这是我国在上层建筑方面所需进行的重要制度改革。我国需要在现有所有制的基础上，扩大人民群众的经济民主权利，培养他们的民主意识，探索他们参与经济管理决策的具体形式，让他们完全成为生产资料的所有者、经营者和收益者。

总之，我们需要看到"社会所有制"的实现具有历史必然性，但是，目前我国实现社会所有制的经济和政治方面的主要条件还不成熟，因此，按照对我国社会发展进程的认识而自觉努力地逐步推进，是我们现在要做的工作。

第四章
我国市场经济体制的正义完善

在我国，市场经济体制的建构是一个不断探索、试验和深化的过程。我国政府和人民从实际出发，不断进行体制和模式创新，建立起我国市场经济体制的基本正义框架。目前来看，我国市场经济体制还存在一些不足，需要在正义维度上继续加以完善。结合我国的实际，我们认为，这种完善应是经济行为主体植根于历史责任的担当，诉诸经济政策的激励，合乎社会与自然的统一，着眼于市场秩序的改善，落脚于共同富裕目标的实现这样一种实践过程。

具体来说，由于市场经济体制对经济行为主体的利益驱动，经济行为主体经常落入资本过度扩张所形成的"黑洞"和"陷阱"中，因而需要设定经济行为主体自由行动的正当边界，以便达到个人与社会、利益与责任、自由与约束的有机统一。我国的市场经济既不是自由主义的，也不是统制主义的，而是坚持经济效率和经济公平的辩证统一。建立和完善相关激励机制又是二者实现辩证统一的条件要求。市场经济的公平内涵不仅包括人际公平和族际公平，而且包括代际公平。经济发展既需满足当代人的需要，又需合乎后代人的需要，因而有必要引入环境治理制度，使经济系统与自然环境形成价值共生。当市场经济健康发展所需要的公平价值不能得到充分彰显时，将会导致生态破坏、两极分化、民生困苦等问题，因而又需要对市场运行中的不良倾向进行科学纠偏。国家对市场经济依法有效调控，则是其努力纠正市场运行不良状况的关键。

一、完善经济行为主体的正当边界

市场经济体制下经济行为主体的正当边界，是指经济行为主体在长期市场经济实践基础上，为实现经济健康运转和发展所制定的关于权利、利益和责任划分的制度规则。经济行为主体主要包括政府、企业和个人。按照不同主体的特点，可将其正当边界分为政府从事经济决策、进行宏观调控的合理标准，企业从事创造和经营的社会责任要求，以及公民个人自主从事经济活动的规则。

（一）何谓经济行为主体的正当边界

现代市场经济体制既要充分赋予市场主体自由行动的空间，又要设置合理边界，保障市场经济平稳健康发展。自由至上主义者主张不受约束的市场放任，将政府调节市场视为不公正之举，认为它侵犯了个体的自由选择；统制主义者则奉行集中统一的市场管制，将民众自由创富视为两极分化的源头，认为它损害了个体平等价值。无边界的自由经济体制和无自由的统制经济体制，都不符合我国经济政治根本制度的本质要求。我国市场经济体制是特定边界约束下的经济体制。

这里的"边界"有三层指向：一是从内容和性质看，它是不同经济行为主体之间的权利和义务划分；二是从形成过程看，它是经济行为主体在实践过程中达成的理性共识；三是从功能和结果看，它是基于内外部条件变化而达成的一种经济动态机制。设置正当的制度或规则边界，是完善市场经济体制的正义维度所必需的，目的是为了增加全体社会成员整体的经济福祉，确保他们在经济竞争过程中能够共同存在和共同发展。

对于承担不同功能的经济行为主体而言，它们在经济维度上自由行动的正当边界是一种关系。如此，政府、企业和公民个人的行动边界，亦可归结为政府之于企业的监管边界、政府之于个人的服务边界、企业之于个人的管理边界、公有企业之于私人企业的主导边界、私有资产者之于劳动者的使用边界，等等。考虑到政府和企业的关系、劳动和资本的关系是现代市场经济体制的两对主要关系，现代市场经济条件下的边界关系因而可归结为政府和企业、公有企业和私人企业、私营企业主和劳动者之间的边界关系。

（二）谁为谁划定什么边界

既然广义的经济行为主体由政府、企业和公民组成，因此，能否处理好政府、企业和公民三者之间的关系，关系到市场经济体制的正义能否实现以及实现程度。建立既相互配合、相互协调，又相互监督、相互制约的关系，是经济活动的必然要求。经济活动的统一整体性质规定了三者需要相互配合、相互协调的合理性；经济活动的分工差异性又规定了三者相互监督、相互制约的必要性。如果强势一方的经济行为得不到正确有效的约束，任其扩张和膨胀，弱势一方的经济权利就会受到威胁，其结果必将导致社会整体利益的失衡。

明确了边界划定的必要性之后，就须回答"谁为谁划定什么边界"的问题了。在很大程度上，经济行为主体的正当边界实质是政府、企业、个人三者之间利益博弈的结果，但由于不同性质的企业和不同的个人具有不同的利益诉求，决定了政府是经济行为划界的直接承担者。政府是社会公共的经济利益的代表，是全体人民的经济意志的直接执行者。企业和公民的经济行为边界都应由政府来划定。一般来讲，企业既是市场主体，也是社会基本单位。履行社会责任既是企业的基本义务或企业经营管理所要达到的起码目标，也是政府规范企业行为的边界要求。在当今社会，公民中的大多数是社会经济财富的创造者，同时所有公民都是经济财富的享有者。政府应依照具体经济条件明确公民的经济行为边界。

同时，政府也须为自身的经济行为划定正当边界，建立适应市场经济体制完善要求的恰当性标准。这是因为，在利益部门化的动机驱动下，政府作为强势一方也有虚置、跨越乃至践踏边界的可能和风险。政府作为经济决策者、宏观调控者及经济改革进程的主导者，要在推进经济体制改革及经济体制的正义完善过程中界定自身的功能。

关于政府经济行为正当边界的完善问题，国内外存在着诸多不同观点。陈孝兵认为，政府的经济行为边界在于运用经济手段、法律手段和必要的行政手段从事宏观调控，负责统筹规划、掌握政策、组织协调以及提供服务和监督，但不得直接干预企业具体事务。① 黄淼认为应将政府行为边界限定在市场失灵领域。市场发挥作用的领域是政府行为不能跨越的边界。② 他们对政府边界做了规范意义上的学理探讨。宋圭武则对政府边界进行了实证研究。他认为政府边界由边际社会收益等于边际社会成本来决定。③ 罗尔斯认为，"为了平等地对待所有人，提供真正的同等的机会，社会必须更多地注意那些天赋较低和出生于较不利的社会地位的人们。这个观念就是要按平等的方向补偿由偶然因素造成的倾斜"④。"在经济活动和职业的自由选择中，政府也执行和保证机会均等的政策。"⑤ 市场行为可能会产生侵害社会利益的负外部性，政府必须采取行动予以纠正。例如："工业对自然环境的污染和侵蚀。这些代价通常并不被市场所考虑，所以生产的商品是以比它们的实际社会成本低得多的价格出售的。在私人和社会的会计之间存在着一种市场没有计入的差异。政府和法律的重要任务之一就是制定一些必要的纠正方案。"⑥ 纠正这些机会不平等和市场负外部性等现象，是政

---

① 陈孝兵：《企业行为与政府行为的边界及其重构》，《中州学刊》2003 年第 5 期，第 31 页。

② 黄淼：《市场经济体制下的政府行为边界》，《北方经贸》2015 年第 1 期，第 34 页。

③ 宋圭武：《政府行为的经济学界》，《发展》2016 年第 5 期，第 5 页。

④ 〔美〕约翰·罗尔斯：《正义论》，何怀宏等译，北京：中国社会科学出版社 1988 年版，第 101 页。

⑤ 〔美〕约翰·罗尔斯：《正义论》，何怀宏等译，第 276 页。

⑥ 〔美〕约翰·罗尔斯：《正义论》，何怀宏等译，第 269 页。

府的天然职责。诺齐克认为，个人权利是至高无上的，尤其是个人的生命权利、财产权利和自由权利。"个人是目的，而不仅仅是手段；没有他们的同意，他们不能被牺牲或被用来达到其他的目的。个人是神圣不可侵犯的。"[①] 国家产生于自然状态下公民自我保护的需要。"我们关于国家的主要结论是：能够得到证明的是一种最低限度的国家，其功能仅限于保护人们免于暴力、偷窃、欺诈以及强制履行契约等等；任何更多功能的国家都会侵犯人们的权利，都会强迫人们去做某些事情，从而也都无法得到证明；这种最低限度的国家既是令人鼓舞的，也是正当的。"[②] 可以看出，罗尔斯和诺奇克二者的观点，仅就经济生活而言，虽存在重要差异，但都认为公民个人的经济自由行为权利是国家行为所不得跨越的边界。政府行为必须以促进经济自由、保障自由竞争为目的，而不是取代市场，越俎代庖。[③]

我们认为，考虑到政府和市场的关系是市场经济体制正义完善的核心关系，故市场体制的有效性要求，规定了政府经济行为的边界。也就是说，政府对市场体制的管理，必须以保证市场体制的正常运行及其效益和效率为尺度。超出这一尺度，就是不正当的。

（三）经济行为主体的具体边界划定

按照经济主体的不同地位及角色，可将其行为边界区分为政府宏观调控、微观干预的标准，企业主动创造、自主经营的界限，以及公民个人的经济行为选择的边界。

1. 市场体制有效是政府宏观调控及微观干预的正当边界

党的十九大报告提出要"着力构建市场机制有效、微观主体有活

---

① 〔美〕罗伯特·诺齐克：《无政府、国家和乌托邦》，姚大志译，第 37 页。

② 〔美〕罗伯特·诺齐克：《无政府、国家和乌托邦》，姚大志译，前言。

③ 邹静琴：《强势政府的合法性与边界划分：罗尔斯与诺齐克的比较》，《马克思主义与现实》2009 年第 4 期，第 63 页。

力、宏观调控有度的经济体制"①。我国社会主义社会所处的历史阶段、经济仍然不够发达、人口众多、民族多样等国情必然要求市场机制有效和宏观调控有度。从基本国情来看，我国仍处于并将长期处于社会主义初级阶段，仍是世界上最大的发展中国家。这是我国迈向社会主义中高级阶段及中等发达国家行列所客观面对的最大实际或现实条件。只有继续发挥市场机制对资源配置的决定作用，同时注重宏观调控的灵活度和微观监管的精准度，才能实质性地提高经济发展的质量和效益，有力推动我国由社会主义初级阶段向中高级阶段、由发展中国家向中等发达国家过渡。为此，政府要通过有度的宏观调控和必要的微观干预，确保市场机制的有效性。这是政府从事经济决策工作的恰当性标准。正如有学者所指出的：建立成熟完善的市场经济体制，必然对政府提出根本要求，这就是要从管住市场向看住市场转变。当市场运行正常时，政府可以不作为；当市场运行不正常时，政府则要作为。②

市场机制的有效性是政府宏观调控及微观干预的合理性边界。改革开放以来，我国经济虽然发展迅速，但存在着明显的不平衡不充分问题，只有能够保证充分释放微观主体创富活力的宏观调控和微观干预，才能解决经济发展仍然不发达的问题。

所谓市场机制有效，是指它能够充分发挥作为经济发展的基本手段的作用，特别是价格机制、供求机制、竞争机制的作用，通过产权有效激励、资本化要素自由流动、价格反应灵活、竞争公平有序等方面的规则，推动经济不断发展。

宏观调控有度是政府增强市场机制有效性的整体要求。这是指政府的宏观调控活动正确合理，恰到好处，包括能够正确把握经济发展方向，正确制定和实施经济发展规划，及时采取财政、货币、产业、

---

① 习近平：《决胜全面建成小康社会　夺取新时代中国特色社会主义伟大胜利 ——在中国共产党第十九次全国代表大会上的报告》，北京：人民出版社 2017 年版，第 30 页。

② 袁晓江：《市场经济行为边界和规范》，《特区实践与理论》2014 年第 5 期，第 68 页。

区域等方面的政策，引导企业依法有序经营，最终实现经济长期持续健康发展。天津市政府精准调控房地产市场的经济实践（案例），就能充分说明这一点。

案例 1　天津：对房地产的"三价联控"

2017 年年初，天津市首次提出对房地产三个要素价格即土地出让价格、新建商品房销售价格、二手房价格实行"三价联控"。

一是对住宅用地出让价格进行严格控制，由此稳控新房价格。根据出让地块周边新建商品住房区片指导价格，确定土地出让最高限价，土地竞拍达到最高限价后，转为"竞自持租赁住房"或"竞棚改安置商品房"，确保项目楼面地价控制在合理水平，避免出现"面粉贵过面包"的情况。

二是对新建商品住房价格进行合理管控。在房地产开发企业申请新建商品住房销售许可时，严格按照 2016 年 10 月新建商品住房的平均销售价格设定最高上限，不得高于项目所在区片指导价格，对申报价格超过限价的，不予核发商品房销售许可证。

三是以新房价格引导二手房价格保持平稳。在全市实行新建商品房严格限价且新建商品房供应充足的市场情况下，新房的控价直接传导到二手房市场，促使二手房价格保持稳定，卖方预期平稳，买方心态理性，市场议价空间不断扩大。

"三价联控"抓住了住房价格稳控的关键，实现了对住房价格的精准调控，打击了房地产投机炒作行为，遏制了房地产市场过热势头，确保了住房价格稳定、交易量回归正常。[1]

---

[1]　陈璠：《"精准调控"如何控房价、稳市场？——我市进一步加强房地产市场调控权威解读》，《天津日报》2018 年 6 月 6 日。

微观干预有责是政府增强市场机制有效性的末端条件。一般而言，政府作为经济的管理部门，旨在通过行使经济权力、提供经济产品、处理经济事务、履行经济责任，来弥补市场失灵，维护国家整体的经济利益。这在微观经济领域就要求政府对企业和公民经济行为特别是其不当行为和违法行为积极进行正当干预，同时避免干预缺位及干预过度。这是维系市场经济持续高效运转的基础性条件。一方面，针对信息不对称所带来的道德风险和逆向选择，自然灾害发生后的商品价格暴涨，农民种粮积极性不高，以及私人企业垄断与公共利益所存在的矛盾，政府必须分别通过信息公开、价格管制、财政补贴、反垄断法规等手段，对市场运行机制进行及时干预，保障市场经济健康运行；另一方面，政府应帮助企业减税降费，减少不必要的前置审批和认证手续，减少对企业经济行为的过度干预，但对于私人企业法人所从事的商业贿赂、拖欠银行贷款、偷税漏税、制假售假、侵犯知识产权等违法行为，政府有关部门则要行使法定监管权，必要时调动国家机器惩治企业不法行为，使其不敢铤而走险、唯利是图，同时也要承担监管缺失的法律责任。换言之，政府有责任根据情势变化对微观经济主体的不当行为依照法定程序和法律规范进行强制性干预，否则将对其所造成的"劣币驱逐良币"、金融风险加剧、危害社会公共利益、经济共同体的行为预期大大降低等不良后果，承担法定行政责任。这也说明，依法调整微观经济主体的不当利益，严厉打击其不法行为，克服市场失灵及市场失序等现象，是政府自身行使经济权力、履行经济责任、增进经济利益的必然要求或应有之义。

市场机制有效、宏观调控有度、微观干预有责作为政府从事经济工作的三大标准，是辩证统一的关系。三者具有相同的总体目标和根本方向，那就是服从并服务于社会主义市场经济体制的持续稳定运行和制度体系完善。一方面，宏观调控和微观干预的正当边界须以市场机制是否有效及其有效程度为基础。因此，作为宏观调控者和微观干预者的政府，在经济体制改革中居于主导地位，但又不是包揽一切的。强政府不等于大政府。弥补市场机制的无效性，使市场机制由无效到有效、由弱效到强效，是政府调控和干预的现实出发点和功能着力点。另一方面，市场机制有效又要求宏观调控有度和微观干预有责。只有如此，才能够维护、改善和增进市场机制的有效性。反之，如果宏观调控缺乏张弛变通，微观干预又不恰当及时，那么不仅达不到调控的预期效果，还会引发甚至加剧市场机制的无效性。

总之，市场机制有效与宏观调控有度、微观干预有责作为政府经济决策的标准或要求，构成矛盾统一体的两个方面。市场机制有效原则规定了政府的宏观调控和微观干预的理性限度；而宏观调控有度和微观干预有责则确保了市场机制在一定时空条件下的良性运行。只有将其辩证统一起来，才能将我国市场经济体制推向更加正义的状态和境地。

2. 履行社会责任是企业生产经营的正当边界

自由总是在社会层面获得相对意义。企业行动的自由也都是有边界的，亦即主体行为不能逾越一定的权利界限或自由限度。无边界的企业行为将导致严重的经济不平等和社会不正义，严重影响经济社会健康发展。

企业是最重要的市场主体，也是最基本的社会单位，因而必须承担社会责任特别是强制性社会责任。无疑，在企业行为多元化的今天，其对社会的责任形式也是多元的，有经济责任、法律责任、道德责任；有强制性责任、非强制性责任等。企业社会责任体系中不同的责任形式处于不同的位阶。[①]

我们认为，对于所有企业来说，促进经济稳定和经济发展，是它们需要履行的首要社会责任。企业要在市场竞争中立于不败之地，既

---

① 刘继峰、吕家毅：《企业社会责任内涵的扩展与协调》，《法学评论》2004 年第 5 期，第 143 页。

需要运用科技降低成本，又需要将他人资源或要素有机整合起来，创造最大劳动生产率和最优的经济效益。对当前的我国企业而言，内部面临着包括劳动力、土地、原料和能源在内的要素成本上升、价格上涨的压力，外部又要承受更激烈的全球竞争的挑战及其他非市场竞争因素。实现各要素最佳配置，从整体上消化要素成本上升及全球竞争压力，需要企业自觉承担起安全生产主体、自主创新主体、供需平衡主体、资源开放主体、绿色生产主体、收益共享推进主体的经济责任。企业只有在要素整合中自觉承担上述经济责任，才能在我国经济整体向好的条件下实现自身运营谋利。

对不同性质的企业来说，所需承担的社会责任不同，因而它们经济行为的正当边界也不同。

对国有企业来说，承担保障国计民生的社会责任，是它们生产经营活动的正当边界。从是否具有垄断性来看，我国的企业大致可分为垄断性国企、竞争性国企、垄断性私企和竞争性私企。国企的生产资料归全民所有，实行按劳分配，并将生产剩余做相应扣除后上交国家，通过再分配来保障经济安全，提供经济服务，维护经济秩序，以及在盈利基础上，执行科技创新、产业升级、保障民生等国家战略政策，带头履行自主创新、供需协调、资源开放、绿色生产和收益共享等基本社会责任。华润集团履行社会责任的生动实践，可以看作国企恪守生产经营正当边界的典型例证（案例2）。当前我国又是以国有经济为主导，国有经济具有对整个国民经济的影响力和控制力，并通过股权混合所有、政府与社会资本合作等方式，使国资在一定程度上、一定范围内影响、控制和支配私营企业的发展速度、规模和目标，进而引导私营企业积极履行相应的法定社会责任。

案例2　华润集团：自觉履行社会责任

企业的发展不仅仅是取得成功，而且要实现卓越，因此，企业既要创造经济成果，也要履行对公众的安全生产及社会公益责任、对股东的盈利责任、对员工的关爱责任、对环境的保护责任、对伙伴的共赢责任、对消费者的产品品质保障及权益保护责任。华润集团在以下两个方面所履行的社会责任，值得肯定。

在扶贫开发方面，从 2008 年至 2016 年，华润已在农村地区建设了 9 座希望小镇，直接帮扶受益农民 2679 户 10307 人，辐射带动希望小镇周边 100000 余人致富奔小康。

在企业发展和生态建设方面，华润集团以环保理念为先导持续优化发展行业领域结构，以转型发展为契机持续推动生态建设创新。如加大太阳能、风电等新能源业务的比重，复制推广循环产业园模式；淘汰高耗能和高污染的设备设施，进一步提高生态保护效率；完善环境污染应急管理体系，开展环境隐患排查，确保有效、及时、准确地应对处理各类突发环境污染事件。①

对私营企业来说，自觉履行吸纳就业、照章纳税、保护环境、尊重知识产权、依法诚信经营、维护劳动者合法权益等强制性社会责任，是它们从事生产经营活动的正当边界。私人企业从满足自身需要出发，把实现自身利益最大化作为目的，把与他人交换与合作作为满足自身利益最大化的手段。由于企业的生产和分配都是以个人利益为本位，所以经常出现个人利益和他人利益、社会利益的不一致。按照供求信息和价格信号谋求资源最佳配置是企业获取较高利润的根本途径。就行业内部来讲，资本、技术和其他要素的结合带来了较高生产率，特别是对于需求大、价格高的产品，企业往往会增大投资、扩大生产规模。生产与阻碍生产的手段是同时产生的。生产规模的扩大与民众实

---

① 《华润集团 2016 年度社会责任报告》，http://www.crc.com.hk/responsibility/report/groupreport。

际需求的大幅减少，又使相当一部分产品最终不能被人们所消费，导致生产过剩、价格下跌。就行业竞争过程而言，在开放条件下，一开始当个别企业将集中起来的要素，流动到利润率高的产业部门之后，会引发许多其他企业的资本争相流入，竞争的结果则是各企业最终按平均利润率获得收益。企业生产经营者通过自由竞争加快资本周转，运用科学技术提高生产资料利用率，最终获取普通利润，也"只是作为盲目起作用的平均数而实现"[①]。"只要获得普通的利润，他就满意了，而不再关心商品和买主以后将是怎样的"[②]。企业最终追求到了普通利润或平均利润，但却造成了资源浪费、生态破坏和环境污染的自然危机，造成了劳动异化、贫富分化、精神虚无化、政府企业化的社会系统性危机。

企业通过配置资源或组织要素，生产出商品和服务并提供给消费者，并将商品价值进行再分配。这一过程是通过履行合约或确定性承诺来实现的。由于受法律保护的合约规定了资本、技术、土地、原材料、能源以及一切要素所有者的权利分配、责任分担和利益分割，因而确保了资源配置的高效性、社会分工的动力性和利益分配的预期性，即"造成一种可以行得通的财产和自由的相互关系和有规则的预期"[③]。然而，按照利己者对法定责任和道义责任消极逃避、利他者对法定责任和道义责任主动承担的假设，私企以盈利为目的，追求最大化利润并为私人所享有，不会主动承担吸纳就业、照章纳税、保护环境、缩小贫富差距、维护劳动者合法权益等强制性社会责任，不会自觉接受社会调节，这显然与社会主义制度总体要求相违背。

我国的社会主义实践可以创造条件让私人企业自觉承担强制性

① 《马克思恩格斯选集》（第4卷），北京：人民出版社1995年版，第581页。

② 《马克思恩格斯选集》（第4卷），北京：人民出版社1995年版，第386页。

③ 〔美〕康芒斯：《制度经济学》（上册），于树生译，北京：商务印书馆1962年版，第113页。

社会责任。其一，宏观制度微观化是使私企履行好社会责任的重要途径。即在党的领导下，明确并加强私人企业党支部、工会和职代会功能，可以有效监督其履行好应尽社会责任。其二，政府监管和利益相关方监督是私营企业自觉承担社会责任的重要保障。监督既是一种权利，又是一种责任，更是一种系统管理。私人企业能否履行好社会责任，不是单靠某一方面的力量，而要靠系统管理来保障。

最后需要强调的是，在社会主义市场经济体制条件下，政府、企业和公民个人作为经济行为主体，分别以"市场机制有效""社会责任担当"和"公平参与"构成各自经济行为的基础性边界。保证它们合乎上述行为边界要求的关键，是将三者的行为边界法律化、制度化。政府对资本增值过程和社会组织系统的监督管理，国有企业的生产经营，私人企业的经济活动、个人的经济活动，都需要按法律规则有序进行。只有推进政府、企业和个人在法律框架内相互依存、相互配合、相互监督、相互制约，实现三者各自内部及相互之间责任权利的动态平衡，才有可能达到市场经济体制正义完善的目标。

二、强化经济系统与自然环境价值共生的责任主体和管理制度

经济系统与自然系统之间需要形成一个要素传导、良性循环、融合共存的整体。我国市场经济所造成的无节制过度开发及其所带来的环境污染、生态破坏、水资源短缺、资源浪费、绿色空间锐减等生产、生活和生态三者之间的不匹配，是市场经济体制在生态领域自发运行的非正义表现。我国需要按照"经济—环境"共生合一的规律，加强经济系统与自然环境价值共生的主体责任和管理制度。

（一）我国目前经济系统与自然环境之间的关系状况

人类与自然是生命共同体。经济系统以自然环境的承载力为运行前提，人类需要建立经济系统与自然环境的共生融合关系。一方面，人类作为自然环境的开发者及塑造者，面对日益复杂的经济系统，不断从自然界寻找开发空间、交换条件和消费场所。自然环境能够满足人们的正当合理需要，具有不可替代的特殊价值。没有可靠的自然环境保障，人类就不可能实现物质享受、政治发展和精神满足；另一方面，自然环境对经济活动的接纳力和承载力又是有限度的。超出自然环境的接纳力和承载力，人们生产能力和生活水平的提升将会受到极大制约。正因为如此，人类在开展经济活动、实现利润最大化过程中，应自觉尊重自然、顺应自然，维护自然界的平衡和协调，防止自然资源的过度消耗。否则，人们对自然界的掠夺式索取，必然引发人与自然的对抗，并影响到人类的生存及可持续发展。

在我国进入经济建设和改革以来，经济系统与自然环境之间出现了比较突出的不协调问题。一方面，对自然的大开发带来了我国经济的快速发展，使得我国经济水平和总量显著提高；另一方面，造成了对自然环境的明显破坏，资源浪费、污染严重、生态失衡等现象十分严重。近年来我国自然环境质量有所改善，但是，一些地方政府和企业为了利润而置自然环境于不顾，使得污染物新增量与排放量仍处于高位。特别是，有些地区为了摆脱贫困落后面貌，在吸引项目资金时忽视本地区特殊的自然环境特征，使得该地区在经济发展中付出了沉重的自然环境代价。[①] 项目的引入虽加快了本地区经济增长，增加了当地政府及民众收入，但却以牺牲自身生存条件为代价，最终使收入增加也不可持续。

---

① 张华、刘婷：《西部地区经济与生态互动模式建立的必要性》，《河北旅游职业学院学报》2010年第2期，第71页。

还有，在我国许多地方，由于经济系统对自然环境的破坏，引发了"自然环境恶化型贫困"。人们对自然资源的过度掠夺及非理性开发，恶化了人们的生存条件，加剧了人们的贫困；贫困加剧又加速了人们对自然环境的破坏，进而使自身生存条件进一步恶化。无疑，贫困的消除、人们生活的改善、共同富裕的逐步实现，都以经济增长为基础，然而，经济持续增长的前提则是建立经济系统与自然环境的和谐关系。要做到这一点，需要政府制定并实施经济系统与自然环境的价值共生规则，合理界定经济增长的自然环境承受限度，实现对自然资源的整体规划使用及全社会对自然环境的补偿、修复和保护。

（二）明确经济系统与自然环境的价值共生的首要责任主体

要实现经济系统与自然环境之间的价值共生，需要明确这一正义实践的责任主体。显然，政府是首要的责任主体。

社会主义市场经济追求当代人之间的平等及代际平等，并不内在地造成资源收益分配不公和环境严重破坏的不良后果。合理使用和严格保护自然资源是社会主义市场经济体制的基本正义诉求。然而，长期以来，我国经济建设和自然环境有两大矛盾：一是经济总量扩张与环境容纳承载能力不匹配；二是经济快速增长与环境修复再生能力不匹配。政府是环境保护的最高责任主体。解决上述经济与自然环境之间的矛盾，实现经济系统与自然环境价值共生，必须从根本上依靠政府长远规划和科学管理。不以政府规划为基础的自然环境开发，以及不以自然规律为依据的政府规划，都必将带来隐患甚至灾难。

政府统一规划管理有两层意思：一是将环境系统和经济系统视为同一系统。通过技术创新和管理创新，既要使经济成本降低，也要使环境成本降低；既要激发市场主体新活力，又要强化环境保护新规则；既要注重经济升级，又要注重环境改善；既要满足公民经济新需要，又要满足公民环境新需求。二是将环境改善和经济发展二者融合为同一发展过程。如果政府将绿色发展视为经济发展的基本要求，将经济发展视为环境改善的载体途径，进而将绿色发展规划纳入创新驱动、城乡区域协调发展、开放型经济发展、资源循环共享使用的具体实践之中，最终可使环境改善和经济发展融合为同一发展过程。如此，不仅能够继续保持经济活力，经济系统内部自动均衡发展，而且环境修复工程也将大大减少，"先污染后治理"的弊病将在很大程度上得以克服或避免。

为了实现经济系统与自然环境的价值共生，政府必须成为统一管理的真正主体，承担相应的管理责任。

一是建立自然环境保护管理规则。保护和改善自然环境是发展生产力的前提。自然环境保护管理是政府重要职能之一，也是维系经济与环境两大系统价值共生的根本举措。为此，政府要完善和实施环境保护管理规则，包括环评规则、资源使用规则、开发准入规则、排污许可规则、信息公开规则和区域联动规则等，为控制污染物排放总量，淘汰严重污染环境的落后工艺、设备和产品，加强污染防治区域联动，提供制度保障。特别是对水资源、土地资源、矿产资源，在做好总体规划前提下，分别制定好取水许可规则、土地用途转让许可规则和矿产开发准入规则。

二是建立环境建设考评规则。依靠制度、规则、政策和法治保护环境，最重要的就是建立体现环境建设目标要求的奖惩规则、考核办法和评价体系，强化关于节约资源、节能减排、生态修复、生态产品生产能力等综合反映生态文明和经济文明一体化建设的指标，实施从执行过程到实施效果的过程评价体系。环境考评规则的建立，要求国家从环境信号出发重建调控规则体系，而非仅限于从市场信号出发制定经济调控规则。

三是建立环境破坏追责规则。保护自然系统，使之与经济系统协调共生，需要落实主体责任，并实行一把手总负责制、一票否决制和终身追究制。特别是对不顾环境承受限度而盲目决策并造成严重后果的有关人员，要追究领导责任；对监管不力、失职渎职有关人员要追究监管责任。只有依法依纪严肃追究政府有关人员相关环境责任，才能使之在环境—经济协同发展方面增强自觉性和主动性。

（三）建立经济系统与自然环境价值共生的主要制度规则

要实现经济系统与自然环境的价值共生，必须建立相应的制度规则。制度规则作为一种强约束，能够起到有力和持续的规范作用。

1. 资源产权归属清晰规则是经济系统与自然环境价值共生的激励性规则

在明确政府的管理主体地位后，还需解决自然资源的产权归属问题。权利责任是一个整体。没有权利就没有利益，没有利益就没有责任。企业和个人行使自然资源许可使用权，获取利益，并承担相应责任或相应代价；政府行使自然资源所有权和监督权，获取公共利益，并承担公共责任。过去自然资源产权归属不明晰，私营企业和个人为谋取私利，对自然资源进行唯利是图和竭泽而渔式的无节制开发，造成了严重的环境污染和资源浪费。

资源产权归属清晰有利于形成资源价格并上市交易，有利于充分反映和准确调节资源供求关系，最优化配置资源，减少资源浪费和环境污染，有利于将企业的外部行为内部化，使私人成本与社会成本、私人收益与社会收益趋于一致。比如，排污权交易规则的制定，就是赋予作为产品的污染排放资格以一定产权，并通过市场进行买卖或交易。购买者以一定价格购取该产权，也就是获取了相应时空范围内的污染排放资格，从而将其外部行为内部化。除了明确排污权交易规则，还要制定水权交易规则、碳排放权交易规则以及矿业权交易规则等。

当然，以市场调节产权分配，也有诸多不足和缺陷。比如资源产权的分配可行性问题、交易成本问题以及信息不对称问题，都关系到资源产权交易能否顺利开展。因此，资源产权交易规则只是在一定条件下和一定范围内发生作用。在其不能发挥调节作用的时空领域，还须发挥好政府在自然资源保护工作中的主导作用。如此，国家应对河流、森林、山岭、草原、荒地、滩涂统一确权登记，形成归属清晰、权责明确、监管有效的宏观产权规则。

2. 自然资源有偿使用规则是经济系统与自然环境价值共生的约束性规则

长期以来，企业按照资本逻辑进行生产和交换，在追求利润最大化过程中不顾负外部性影响，加之政府的自然环境管理水平滞后，自然环境的价值被人们所忽略。在有些地方，自然资源被人们无偿使用，有些地方的排污费征收标准不能真正约束企业对环境的破坏，故应根据"谁开发谁保护，谁破坏谁恢复，谁受益谁补偿"的公正原则，建立和完善绿色税费规则、自然补偿规则、损害赔偿规则等经济系统与自然环境价值共生的约束性规则。

一是建立绿色税费规则。为更好地保护环境、节约利用资源，推进绿色生产和消费，应建立绿色税制。消费行为也具有外部性，广大公民在从事日常消费行为时，并未对损害自然、浪费自然资源的消费行为本身承担相应责任，而是将其转嫁给了他人、社会及未来，严重背离市场机制的正义诉求。为此，国家需对此类行为征收消费税。同样，企业在进行投资、生产时，通常只考虑可直接计算的成本和收益，对经济过程中所消耗的环境要素的投入和产出，以及由此可能产生的负面社会后果，如对人民的身体影响和生活损害，市场本身并未折合成生产者应承担的社会总成本。为使产品价格充分反映边际社会成本，应对所有自然领域和生态空间的资源开发行为，从价合理计征资源税。这是控制资源开发，避免生态破坏和资源浪费，消除资源收益分配不公等现象的正义之举。

二是建立利用环境的补偿规则。这一规则又具体包括市场价值评估规则、政府转移支付规则和地区间横向补偿规则。人类生存所需的空气、水和其他环境资源，都是环境物品，都可根据稀缺程度形成价格，指导人们通过市场进行选择和买卖。人们因享受高质量生活而消耗资源环境并为自然界所做的相应补偿，需要通过其所支出的一定数量货币来完成。这一过程的预期实现，是以自然资源市场价值评估规则的建立为前提的。此外，政府对重点生态功能区的财政转移支付规则应当公开透明；为培训人才、转移产业、共建园区而建立的横向生态补偿规则，必须责权统一。

三是建立环境损害赔偿规则。自然资源透支使用是环境遭到损害的核心因素，它反映了社会消费者的价值观念和生活方式。以追求利润最大化为目的的资本化大生产，使企业在利用环境要素的同时，也损害了环境功能；在提高人们生活节奏的同时，也大大降低了人们的生活安全系数。正如艾伦·杜宁在《多少算够——消费社会与地球的未来》中讨论消费的环境代价时所强调的，像能源、化学制品、金属制品、汽车、纸张、一次性物品和包装、高脂肪饮食以及空调等东西的大量生产和消费，必将对地球造成严重损害。我们前面已经多次指出，环境要素与功能的损害，需要赔偿和修复。为明确赔偿责任，确保技术规范和赔偿到位，以便及时修复环境，应建立环境损害赔偿协商规则，完善相关诉讼规则以及有效赔偿的执行和监督规则。

3. 防治结合、从严治理规则是经济系统与自然环境价值共生的保障性规则

面对自然资源对经济系统自调节的硬约束，若将民众对资源的索取控制在合理范围内，政府一方面应依靠技术创新和产业升级，提高资源产出率，从根本上扭转因经济发展而造成的资源短缺局面；另一方面应以预防为主、以治理为辅，为经济系统与自然环境价值共生提供正义性规则保障。

实现经济系统与自然环境价值共生，需要政府、企业、生态组织

及公民的合力防治。政府一方面应修订生态保护法、污染防治法，制定修订适应我国国情的环境质量标准和环保标识认证制度，科学划定生态保护红线并健全预警机制，加强对能源、水、土地等战略性资源的管控，将各类开发活动限制在环境可承载范围内；另一方面可利用金融、信贷、财税等经济杠杆治理环境污染，如建设效率高、灵活性强的政策性绿色融资体系，推行绿色信贷并根据环评结果对企业实施差别化信贷政策，完善节能环保项目的税收优惠政策，维护生态安全。

企业应承担绿色发展的主体性责任，特别是通过技术创新和管理创新节约资源、降低成本、减少能耗，实现经济效益和生态效益的协调统一。长期以来，由于受国内外重工业企业扩张影响，我国消耗了大量能源和矿产，导致资源消耗速度加快，环境负荷加重，环境破坏和污染一直无法得到有效遏制；快速城市化进程中企业在占用大量耕地的同时，土地利用率极低，造成土地资源大量浪费。如果经济行为主体的利润增加以对能源、土地和矿产的透支利用为代价，显然是经济建设过程中的非正义之举。只有加强技术创新和管理创新，内生动力由要素驱动、投资驱动转向创新驱动，发展方式从粗放型转向集约型，才能扭转被动局面。企业转型发展、增加利润是其关心技术创新和管理创新的动力之源；反过来讲，技术创新和管理创新客观上又加速形成节约资源、保护环境的生产方式和消费模式。

在过去很长一段时间里，多数民众缺乏环境保护意识，过分强调征服自然和改造自然，只顾眼前不顾长远，不仅导致资源被盲目开发和过度索取，而且不能积极参与国家的环境管理、主动监督资源利用，更不能在生活环境受损情况下自觉维护获取必要赔偿的权利。鉴于此，生态组织及其所联系的志愿者公民，要在经济系统与自然资源价值共生的规则制定和实施中发挥应有的协调和监管作用。生态组织在制定绿色保护规则、环评规则、环境紧急事件应对规则等方面具有独立性、客观性、公益性、专业性优势，可以带领公民营造和谐环境，养成绿色、低碳、循环的生活方式。不管是国内还是国际生态组织，作为政府和社会的桥梁纽带，在贯彻执行环境保护战略，唤醒公民环境意识和生态行为，满足社会需求和生态需求以及提升二者结合程度等方面起着承上启下的中介功能，因而能够对市场经济体制的正义完善发挥不可忽视的推进作用。[①]

三、建立市场经济过程的科学纠偏机制

不受任何力量干预的市场经济，其运行结果必然会导致经济失序、社会失态和生态失衡等问题，给社会带来诸多非正义后果。只有建立制约市场运行负面影响的正义机制，形成以政府为主导、以企业为主体、以社会公众为主力军的力量格局，并以之为基础建立保障性、防控性、改善性和保底性长效纠偏机制，才能确保市场经济持续、健康、稳定发展。

（一）市场经济过程偏离社会主义正义要求的表现

由于市场经济的本质是经济行为主体追求经济利益最大化，因而，即使在我国社会主义条件下，市场经济过程也经常会出现偏离正义要求的现象。这些现象既包括微观上的企业不正当竞争、私人企业垄断，也包括宏观上的物价不稳及经济波动。

一是经常出现不正当竞争、扰乱正常市场秩序的现象。市场体制是保护个人自由和发挥个体积极性的经济制度安排。每个市场主体都在为自己的经济利益而奋斗，相互之间处于高度竞争的状态。因此，有的市场主体为了自己的利益，采取包括商业诽谤、商业贿赂、侵犯

① 参照庞庆明、程恩富：《论中国特色社会主义生态制度的特征与体系》，《管理学刊》2016年第2期，第3—6页。

商业秘密和虚假广告在内的不正当竞争手段，成为常见的现象。随着互联网经济的快速发展，互联网服务业竞争者之间为了获取竞争优势，利用自身或第三方网络平台与网络技术而展开的违背商业道德，损害公众、竞争对手与消费者利益的不正当竞争行为凸显。[①] 以损害其他经营者竞争优势而谋取自身交易机会的不正当竞争行为，违背公平交易、诚实守信商业道德，损害消费者和其他经营者合法权益，扰乱社会经济秩序，应当坚决予以纠正。从国家工商总局公布的一些案例中，就可看出不正当竞争对市场经济秩序所造成的破坏性后果。

二是经常出现不同经济行为主体的竞争实力的不正当、不平等，造成某些不正当性质的市场垄断。对于同一行业的不同企业而言，其自由竞争经常导致行业垄断。其实，市场经济体制完善的实质并不在于一般地保持平等竞争，也不在于彻底消除垄断，而在于实行何种垄断下的平等竞争，是实行国企垄断下的平等竞争还是实行私企垄断下的平等竞争。由社会主义生产方式所决定，对某些行业实行国企垄断，具有现实合理性和优越性。以公有企业为主体、以国有经济为主导的企业平等竞争，契合市场经济体制之于社会主义正义完善的满足条件。改革开放以来，私企从无到有、从弱到强，国企做出了巨大贡献。[②] 因此，关键是如何防止和动态消除市场体制经常出现的缺乏正当性的竞争实力的不平等。

三是在一定条件下导致物价大幅波动和经济下滑。市场经济本质上是市场配置资源的经济，但市场积极作用的充分发挥是有范围和条件的。市场主体逐利的无限性与经济资源的稀缺性之间存在巨大矛盾。如果缺乏顶层设计及法律规制，极易引发物价上涨、投机盛行、

---

① 卢安文、孔德星：《互联网信息服务业不正当竞争研究综述》，《重庆邮电大学学报（社会科学版）》2018 年第 1 期，第 97 页。

② 卫兴华：《发展和完善中国特色社会主义必须搞好国有企业》，《毛泽东邓小平理论研究》2015 年第 3 期，第 4 页。

过度消费、金融危机甚至经济危机。我国经济制度的社会主义性质，一般能够保证市场经济不发生系统性金融风险及大的经济危机，但无法避免物价波动、经济出现疲弱、增长速度明显下降等现象发生。这在发生经济过热和国际金融经济危机的情况下尤其如此。在 1997 年和 2008 年两次国际金融危机发生之前，我国经济也处于过快增长阶段。当 1997 年泰国全面放开金融市场，亚洲金融危机快速蔓延，以及 2008 年美国次贷危机席卷全球时，我国也存在着对各类金融产品的开发缺少合理限制，鼓励借贷消费和透支消费，市场缺乏有效监管，金融资本畸形膨胀等现象。物价上涨、资本投机、实体萎缩、过度消费，严重影响到经济发展速度和人民生活质量。数据显示，2007 年 10 月 16 日上证指数是 6124 点，次年 10 月份跌至 1800 点；2015 年 6 月 18 日上证指数达到 5100 点，7 月 13 日跌至 4300 点。[①] 归根到底，这是由市场体制的盲目性这一缺陷所导致的。

（二）对市场经济过程进行科学纠偏的原则

对我国市场经济过程进行科学纠偏，需要确定相应的合理原则。我们认为，这归根到底是由我国社会主义市场经济的双重特性所决定的。

首先，必须坚持社会主义基本原则。经济基础或经济制度的性质决定经济体制运行的方向和目标。因此，在经济上巩固我国社会主义公有制的主体地位，强化国有经济的主导作用，是使市场经济沿着社会主义轨道健康运行的根本保障。我们既不搞单一的公有制，也不搞完全的私有化，而是坚持以公有制为主体，多种所有制经济共同发展。同时，也需要加强上层建筑对经济制度的服务功能。上层建筑的核心是国家政权，只有不断完善国家政权的主要制度，才能确保人民在经

---

① 王国刚：《金融危机发生在微观领域　中国金融盘子有多大无人知晓》，http://www.360doc.com/content/ 18/ 0613/ 17/ 48160554_762139365.shtml。

济上的当家做主及市场经济运行过程的正义。另外，道德观念是上层建筑的重要组成部分。在各种道德观念的并存中，巩固社会主义经济基础所要求的"以为人民服务为核心、以集体主义为原则"的道德意识形态占据主流地位，对于纠正市场经济的偏离现象，也具有重要意义。①

其次，需要坚持不断对市场经济体制进行完善的原则。我国的经济体制改革是一场涉及经济生活各个方面的深刻革命，必然要改变旧体制固有的，以及体制转变过程中所产生的各种不合理的经济利益格局，让市场经济体制服务于社会主义，服务于劳动人民。在体制转变过程中，市场经济的逐利性、自发盲目性等弊端逐步暴露，例如见利忘义、个人经济利益膨胀、投资领域失衡、价格远离价值、贫富差距严重、环境破坏等。针对建立市场经济过程中所出现的上述弊端，需要结合历史和现实条件不断进行革除。市场经济体制的完善过程，同时也是政府和人民对它的纠偏过程。西方学者也承认完善市场竞争的假设条件的严格性及市场经济所具有的天生弊端性：它并不能够总是以最低成本生产人们需要的物品，也存在低效率现象，以及收入分配会出现不公平，失业和通货膨胀会以某种规律出现。政府可通过财政政策、货币政策、收入政策和供给政策等宏观经济政策，解决市场经济可能出现的不稳定问题。②

最后，坚持社会主义与市场经济有机结合原则。社会主义能够与市场经济结合，这已被我国改革的长期实践所证明。关键是进一步实现二者的有机结合。我国社会主义市场经济的成功实践还表明，社会主义社会不仅可以搞市场经济，而且能够比资本主义社会更好地运用市场经济，社会主义市场经济能够优越于资本主义市场经济。目前，我们在实行社会主义与市场经济结合方面，还未达到最佳状态。我们

---

① 何怀远：《市场公正与道德境界》，《学术月刊》1998年第7期，第52页。

② 鲁明学：《西方学者对市场经济利弊的分析》，《南开经济研究》1994年第1期，第48—50页。

需要进一步探索和实践，完成这一重要任务。这需要发挥社会主义和市场经济各自的优势，才能够克服"市场失灵"之弊。在这方面，当代西方市场社会主义理论值得认真借鉴。詹姆斯·扬克（James A. Yunker）、大卫·施韦卡特（David Schweickart）及约翰·罗默（John E. Roemer）都认为，社会主义与市场机制的结合有助于更好地实现效率与平等的"双赢"，有助于促进混合所有制经济发展，有助于促进经济民主与政治民主的更多实现。①

（三）我国市场经济过程科学纠偏机制的主要方面

不论是现代资本主义国家，还是现代社会主义国家，市场经济都不是自发运行的，而是有着一定计划或目标的。资本主义国家搞的市场经济，正向着自由基础上的平等方向演进；我国社会主义国家建立的市场经济体制，不仅是在市场经济体制范围内进行完善，而且是沿着社会主义方向进行完善，坚持以人民为中心的发展向度，最终是为了增进最广大人民的根本利益。

1. 建立保障市场经济运行方向的引导监管机制

与资本主义国家对个人自由的推崇与对市场经济干预的软弱无力不同，在我国社会主义制度条件下，人民群众是国家经济生活的主人，是市场经济文明的创造者和享有者。国家代表人民强力控制市场经济运行的根本方向，努力使市场经济运行方向和经济结构调整进程符合历史发展趋势。中国共产党坚持把增进人民福祉，促进人民的全面发展，朝着共同富裕目标稳步前进作为市场经济运行的出发点和落脚点。我国社会主义市场经济的运行，基本做到了既有利于国家和集体对个人正当经济利益的尊重和保护，也有利于个人对国家和集体的经济利

---

① 金瑶梅：《论当代西方市场社会主义对中国社会主义市场经济的启示》，《当代世界与社会主义》2016 年第 3 期，第 99 页。

益的自觉认同和服从，做到了国家、集体和个人的经济利益的辩证统一。不过，市场经济追求个人利益最大化的自由行为，具有损害国家利益和人民利益的天然倾向，同时，我国的社会主义的根本经济制度还不够完善，这共同规定了在国家、集体和个人的经济利益之间经常会发生矛盾的现实。因此，党和政府必须对市场经济进行政策引导和法律监管。

首先，党的领导是确保市场经济运行方向正确的政治前提。只有坚持党的领导，切实发挥党的政治核心作用，才能确保市场经济运行的方向正确，有效实现、维护和增进职工合法权益。不过，企业性质不同，党的政治核心作用的发挥方式也需要不同。

其次，政府监管是市场主体能够为国家利益和人民利益服务的公共政策条件。政府按照统一规则对国资分类分层监管，同时对私人资本企业由事前审批转为事中事后监管。不过，政府对国资和私资的监管目标也需要有所不同。对国有资本需要采取分类分层监管方式，目标是确保国有资本不流失和保值增值，提高其社会综合效益，为人民的全面发展创造条件。政府对私企的监督重在使它们依法诚信经营，并促使私企公平分配个人收入。同时，政府能够通过引导私资投向，规定其作用范围，以使其能在一定程度上为社会主义事业的整体利益和长远利益服务。

最后，法律监督是市场经济有序运行的制度保障。恩格斯认为，"在社会发展某个很早的阶段，产生了这样一件需要：把每天重复着的生产、分配和交换产品的行为用一个共同规则概括起来，设法使个人服从生产和交换的一般条件。这个规则首先表现为习惯，后来便成了法律。"① 人们在从事商品生产和商品交换过程中所形成的法律规则，既是商品经济发展到一定阶段的必然产物，也是商品经济进一步发展的

---

① 《马克思恩格斯全集》（第 18 卷），北京：人民出版社 1979 年版，第 347 页。

客观要求。人们在商品经济中的生产和交换关系越发展，矛盾就越复杂，就越需要规范化和法治化的市场体制。无论是产权保护，还是企业社会责任建设，无论是要素自由流动、公平交易，还是公平竞争秩序的维护，市场经济中的每一种行为都应在法律法规中找到相应的规范。

2. 建立防控市场经济运行风险的信息传导机制

市场经济也是信息经济。市场经济的交换正义是以交易双方信息占有的对称性为前提和基础的。由于交易双方不会自动实现信息占有的对称性，因而需要政府承担相应角色。政府既可以通过市场调查获取第一手资料，也可以通过其他途径获取有价值的市场信息。由于政府具有调控者和投资者双重角色，因而在搜集数据信息确保市场经济健康运行方面，可通过信息审查监控和信息公开透明双重向度来完成。

一方面，国家在宏观层面掌控并公开相关行业市场数据信息，可减少或避免由于信息不对称所导致的信息劣势群体的销售风险（比如厂家之间的价格战）和购买风险（比如性价比低的产品驱逐性价比高的产品）。由于交易双方获取信息的成本不同，所处信息优劣地位不同，签订契约后收益和风险将会在二者之间进行不平等分配。处于信息优势的一方，通过订立契约和转移风险，将获取巨额收益，另一方则遭受巨大损失。比如，股票证券市场中时有发生的信息披露问题。如果国家注重搜集、掌握、审查、发布相关行业信息，建立和完善社会信用评价机制及行业信息披露制度，规范企业产供销行为，限制市场价格无序竞争，堵住公司网络交易或线下交易的制度漏洞，则可减少由于信息不对称所带来的市场交易风险。

另一方面，政府作为调控主体，必须要求企业等市场主体依法公开信息；而其作为项目投资主体，在与企业合作过程中也要注重自身信息在法律规定范围内的公开性和透明度。比如，政府和社会资本合作，应就项目识别、项目准备、项目采购、项目执行、项目移交等内容，采取信息主动公开和申请公开两种方式进行公开，以保障公众知情权，促进项目公平竞争和规范运行。

3. 建立限定市场经济运行底线的财政分配机制

在我国，市场经济只是实现社会主义社会发展的手段，并且其只能在社会主义基本制度框架内运行。摆脱贫困、改善民生、实现共同富裕作为社会主义的本质要求，同时也构成了市场经济运行不可超越的底线。建立限定市场经济运行的底线、及时纠正偏离底线的机制，是十分必要的。

改革开放以来，通过发挥市场机制作用，我国经济长期保持两位数增长，经济体量全球第二，对世界经济增长贡献率也超过了30%，但越过市场经济运行限定底线的现象也时有发生，造成了一些民生问题，如贫困现象仍然明显。财政分配的民生导向机制的建立和完善，既是满足社会成员应得和资格意义上的平等这一共同体存在的微观条件，又是缩小社会成员资源占有不平等情形、实际改善贫穷者境况的保底性纠偏措施。

广义财政分配包括财政支出、税制调整、财政转移支付、社保投入等方面。近年来，我国财政支出不断向科教文卫、就业、社会保障、生态环境、公共基础设施建设等领域倾斜；推行以营改增为代表的税制改革，减轻企业负担，推进全社会创新创业并带动就业再就业；加大对老少边穷地区财政转移支付力度；中央财政大幅增加社保投入比例。财政部公布数据显示，2017年教育支出30259亿元，增长7.8%；科学技术支出7286亿元，增长11%；文化体育与传媒支出3367亿元，增长6.4%；社会保障和就业支出24812亿元，增长16%；医疗卫生与计划生育支出14600亿元，增长9.3%；节能环保支出5672亿元，增长19.8%；城乡社区支出21255亿元，增长15.6%。[1] 总之，财政分配

---

① 《2017年全国财政收入增速回升至7.4%》，《中国政府网》2018年1月25日。

目标和手段、结构和比例、责任和权限不断趋于协调统一，大大推进了国民收入再分配能力现代化步伐。

但与此同时，短时期内所形成的贫富差距对人们心理造成巨大压力，社会保障体系还不够健全，一些社会成员生存条件依然脆弱。尽管到 2020 年年底，我国实现所有贫困人口全面脱贫，但显然，巩固和拓展脱贫成果，使人们过上持久的富裕生活，仍然任务艰巨。为此，政府需进一步改革税制，加大对私人大资本企业征税力度，合理划分中央和地方的财权和事权，使各自财权和事权相匹配，并将更多财政资金继续投向公共服务领域、关系国计民生的重点项目、老少边穷地区。

第一，科学调整税收政策。目前，个人所得税以国民收入体系中的工资收入为征收对象，而工资收入在高收入群体总收入中所占比重较小，征收又基本以代扣代缴为主，对个人资产申报、清查的监督体系还不完善，导致偷逃漏税现象比较突出。现行的个人所得税制度没有对国民收入起到根本性调节作用。国家对豪车、豪宅等项目尚未专项征税，对赠予性和纯收益性收入的征税制度也不完善。为加强税收调节力度，应提高阶梯式税率差异，对低收入者免税，并给予财政补贴，对高收入者征收高额所得税，并扩大征收标的物范围；试征遗产税、赠予税，实现财富分配的代际公平。

第二，科学划分央地的财政权责。协调好中央与地方的财政权责分配关系，是促进财政事权与支出责任动态平衡，减少财政资金"跑冒滴漏"，调动中央和地方两个方面积极性的必然要求。当前中央和地方财政收入之比为 48∶52，财政支出之比为 15∶85，财政事权和支出责任不够匹配，地方政府财政压力较大，并形成对中央财政的较高依赖，故须对中央和地方之间的财政权利和责任进行重新分配。这里需要考虑两个因素：一是确保中央调控的权威性。这就要求继续坚守分税制原则。二是保持宏观税负稳定。为平衡财政事权和支出责任，中央需要增加对全国基本公共服务的支出比重，特别是划拨部分国有资本充抵社保基金，乃是维持宏观税负稳定的必要之举。

四、明确国家调控市场经济的正当原则

由于垄断、信息不对称、私人代价与社会代价（或私人利益与社会利益）偏离、创新风险或不确定性的广泛存在，加之市场调节本身的盲目性和滞后性，国家有必要对市场经济进行调控。国家调控市场经济，是以公有资本为主体、以国资为主导的依法调控、间接调控，其本质是改变现代国家对市场力量的盲目依赖，协调局部经济利益与全局经济利益、眼前经济利益与长远经济利益的矛盾，最终实现人民的共同富裕。

（一）国家调控的内涵及特征

关于国家调控市场经济的内涵，不同学者有不同理解。有学者将调控内涵区分为社会层面、传统层面、国家直接投资层面和规范层面。社会层面或民间层面的调控是指对于社会自身解决不了的问题，国家和政府进行控制与干预。传统意义上的调控是指通过行政手段干预社会经济。规范意义的宏观调控不同于上述意义的调控。它是政府以适度扩大需求总量、调节经济运行的某些数量规模来影响国民经济稳定发展的宏观调控，是一种真正意义上的宏观调控。[①]

我国的宏观调控明显迥异于成熟市场经济国家和转轨国家的宏观调控，具有鲜明的自身特色。从宏观调控本身来看，这些特色表现为涵盖领域广泛、政策工具多样、宏观调控频繁、调控力度适度等；在

---

① 徐澜波：《规范意义的"宏观调控"概念与内涵辨析》，《政治与法律》2014年第2期，第84页。

转轨经济背景下，宏观调控还表现出实践性、过渡性、综合性和创新性等特点。独具特色的宏观调控为我国经济的持续快速增长提供了有力的保证。[①]

我国的宏观调控与发达国家宏观经济政策既有联系又有区别。第一，在政策工具使用上，都把财政政策和货币政策作为主要政策，但是我国更多依靠财政政策，发达国家则更多运用货币政策。除财政政策和货币政策外，我国宏观调控工具集还包括价格政策、产业政策，以及与产业政策密切相关的区域政策、土地政策和投资政策等。[②]第二，在调控地位及作用方面，由社会主义性质所决定，我国宏观调控在经济体系中处于主导地位，在共同富裕目标要求下起着"促进重大经济结构协调和生产力布局优化"的作用。发达经济体调控在经济体系中则处于补充地位，且只有总量调控，缺乏结构性调控。有学者认为我国的宏观调控在整个市场经济体系中只是起补缺性作用，在资源配置、经济运行、经济结构调整、经济发展中，市场机制起决定性作用，政府的宏观调控只是补缺性的和救急性的。[③]我们认为，这显然没有区分我国宏观调控与发达国家调控的不同特点。

（二）国家调控市场经济的正当性原则

借鉴国内有些学者的看法，可以把 1981 年以来我国政府对市场经济的调控过程划分为三个阶段。第一阶段是 1981—1985 年。这期间我国实行"社会主义商品经济"，中央计划仍是经济运行的主导者。因此，这一阶段我国宏观调控实质是中央计划在现实生活中发挥主导作

---

① 庞明川：《中国特色宏观调控的实践模式与理论创新》，《财经问题研究》2009 年第 12 期，第 17 页。

② 陈彦斌：《中国宏观调控的现实功用与总体取向》，《改革》2017 年第 2 期，第 7 页。

③ 方福前：《大改革视野下中国宏观调控体系的重构》，《经济理论与经济管理》2014 年第 5 期，第 17 页。

用。第二阶段是 1986—1995 年。这一阶段是我国宏观经济大起大落的阶段。1988 年由于货币供给、贷款以及固定资产投资增长过快，引起经济全面过热。中央以行政手段为主治理经济环境，整顿经济秩序，紧缩财政和信贷，大幅度全面紧缩投资和消费。1994 年经济又出现全面过热，当年 24% 的通货膨胀率也达到了我国历史最高点，中央政府采取了一系列措施治理通货膨胀。因此，1986—1995 年间我国宏观经济运行较为紊乱，说明这阶段宏观调控有效性较差。第三阶段是 1996 年开始到现在。这一阶段我国实施了积极的财政政策和稳健的货币政策，创新宏观调控方式，加强区间调控、定向调控、相机调控，为经济发展和结构性改革营造了稳定环境。[①]

从最初五年的中央计划主导到后来十年的调控有效性较差再到最近二十年的调控有效性显著改善，主要得益于对政府和市场关系的正确处理，基本做到了将市场机制有效与宏观调控有度相结合。要进一步增强国家调控市场经济的有效性，还必须从我国国情出发，发挥制度优势，遵循公资主体原则、法定程序原则、间接调控原则、利益协调原则和共同富裕原则，走我国特色宏观调控之路。

1. 公资主体原则

坚持公有资本为主体，首先要求国有资本主导整个国民经济发展。与私人资本追求私人利润最大化截然不同，国有资本贯彻国家意志，执行国家命令，追求国家利益最大化，是国家宏观调控的物质基础。反过来讲，国家调控必须依靠国有资本，以之为主导才能推进整个国民经济健康发展。

以国资为主导的国家调控，可以协调私资活动，较好实现社会利益，控制两极分化。一是国资企业与私资企业在平等参与市场竞争的

---

① 陈杰、王立勇：《改革开放以来我国宏观调控的有效性研究》，《宏观经济研究》2015 年第 3 期，第 55—57 页。

同时，能够在一定程度、一定范围内阻抑社会分化的自发持续恶化。国资企业之所以要同私资企业一道参与市场竞争，是因为国资作为国有制与市场机制相融合的产物，具有保值增值的自然属性；之所以能阻抑社会严重分化，是因为国资具有全民所有、民主管理、社会监督的社会属性。二是国资可以通过市场作用确保社会利益广泛实现。国资企业不仅能够在党的领导下，在保障国家安全、推进科技创新及改善民生等领域减轻国家负荷，而且还能够推行职工民主管理制度，允许企业内实施以按劳分配为主体的多种分配制度，从而兼顾国家、企业和职工个人的正当利益。三是通过混合所有制改革，协调私人资本的经济活动。私人资本竞争必然会导致私人垄断，私人垄断反过来又限制竞争，带来极大不平等，损害经济效率和经济公平，加剧社会矛盾和冲突。将私人大资本引导到有利于国计民生的发展轨道上来，就须以国家资本主导和控制私人大资本的作用范围和作用领域。混合所有制改革即是达到上述目标的一个过渡方式和有效途径。

在公有资本为主体、国有资本主导国民经济发展的前提下，国家不仅允许各种合法的资本所有制企业长期并存，而且组织推动各种所有制企业之间面对市场公平竞争。这里要避免下面两种情况发生：一是国有资本无限度干预国民经济，盲目增加就业岗位和社会福利，影响资本积累效率。国家以资本为工具广泛、大规模干预经济生活，有其负面作用，必须设定干预的必要性及限度。否则，包括避免过度通货膨胀、实现物价稳定和充分就业等在内的国家宏观调控目标不仅不能顺利实现，反而还可能带来资产泡沫、物价畸形上涨、经济下滑、失业增加等诸多恶果。二是任由私营企业范围扩大，私资力量形成行业或市场垄断，其自由经济活动越过正当界限。此种情况下，国资不仅无法主导私资企业，反而极易蜕变为资本雇佣劳动性质的私资企业，进而使国家驾驭市场经济的能力遭受挑战。

2. 法定程序原则

改革开放以来，我国商品经济得到充分发展，并进一步确立和完善了社会主义市场经济体制。法治是管控市场经济的底线，并对市场经济发展发挥引导、规范和保障作用。作为法治经济的市场经济，不仅要求微观市场主体按照规律、规则、约定办事，在市场准入、产权保护、市场交易、市场竞争等方面做到守法诚信，而且也要求国家在法律程序框架内对国民经济进行调控和治理。法定程序既是国家调控的手段，也是国家治理的限度，在保障国家对经济形势做出客观判断、科学合理进行宏观调控决策、协调各项调控政策等方面起着重要作用。党的十八届四中全会提出的"把公众参与、专家论证、风险评估、合法性审查、集体讨论决定确定为重大行政决策法定程序"，即是强化法定程序在重大决策包括重大经济决策问题上的规范和保障作用。

一般而论，宏观调控行为总是要通过一定的程序才能对客体发生影响，但这些程序如不以法律方式固定下来，则因不具有强制力而经常易变，无法应对调控客体、调控手段与调控效果的不确定性。宏观调控法定程序的本质是确保国家调控行为在一定时空范围内发生作用的正义性和科学性预期，提高社会公众对国家调控的认同。

宏观调控法定程序主要包括动议程序、决策程序、审查程序和诉讼救济程序。[①]动议程序对动议方案所要求的信息及其完备性做出明确要求，是从源头保障宏观调控科学合理性的程式设计；决策程序是独立于动议程序的关于公众参与方式、利益代表机制以及专家咨询环节等做出公开透明规定的一种程序，决策内容涵盖计划规划、产业政策、货币政策、财政预算、减免税和政府投资项目等；审查程序包括合法审查和有限合理审查，后者又包括基于业务判断的事实推定审查和调

---

① 李昌麒、胡光志：《宏观调控法若干基本范畴的法理分析》，《中国法学》2002 年第 2 期，第 13 页。

控目标、方式、手段、时限、绩效审查；救济程序是调控客体对调控主体因违反法定义务而要求的赔偿或补偿程序。诉讼是救济程序中的最有效手段。由于调控主体既享有调控权力，又必须履行调控义务，在其违反强制性调控义务前提下，权利受损者可步入救济程序对其进行诉讼。

3. 间接调控原则

间接调控是国家通过市场机制对经济主体行为所进行的调控。间接调控并不意味着国家要取消买卖双方对价格信号所做的自由反应，也不意味着国家对市场主体进行直接干预，而只是对之施加必要的影响。国家间接调控的手段包括经济手段、法律手段和必要的行政手段。

国家运用经济手段，可直接推动科技创新和经济增长，因而构成国家间接调控市场经济的最主要手段。为达到收支平衡、贸易平衡、区域发展平衡、人均收入平衡，国家往往运用经济手段增加公共投资、保护关税、投资特许或补贴、建立自由贸易区、转移收入、改善民生以及控制资本运动方向等。国家调控所用经济手段中，以财政政策与货币政策二者最佳配合为首选。国家运用财政政策刺激公共投资，扩大就业，从而扩大有效需求；运用货币杠杆政策进一步刺激私人投资和私人消费，促进有效供给升级，最终形成"岗位供给创造有效需求、新的有效需求又引导供给升级"的良性循环。这里需要注意的是，国家经济政策如超出市场制度能够给予的调节空间，经济体制压力就会增大，就会以自身发展出来的防卫机制来对抗国家不当调控所带来的新的经济危险。比如，超出制度自我调节空间的财政政策，容易造成财政赤字、政府负债和民众失业；超出制度自我调节空间的货币政策，又往往带来物价畸形上涨及过度通货膨胀的恶果。总之，间接调控是有限度的。超过必要的限度，将会造成经济不稳、社会投机、民众生活压力骤升的局面，甚至比市场自发力量所造成的不良后果更严重。

国家以法律手段间接调控经济主体行为，旨在引导主体经济行为制度化，将其经济行为控制在可预测的范围内，促进社会的经济健康发展。比如，对于经济主体失信行为泛滥、严重破坏经济秩序、威胁经济稳定的现象，国家可以通过统一社会信用代码制度，建立追溯专用域名服务平台，加强和规范由各级国家机关及法律法规授权具有管理公共服务职能的组织具体实施、社会力量协同参与的守信联合激励、失信联合惩戒制度，可有效预防无故违约行为，让失信责任主体无处藏身。又比如，作为新兴行业和充分竞争行业的快递业，存在不同程度的暴力分拣、快递员盗卖客户信息、快递损失赔偿不到位等问题，通过完善相关法制，既可使快递行业企业尊重消费者权益，又为消费者提供维权的法律依据。

国家在通过经济手段实现经济平衡、通过法律手段实现经济秩序稳定的同时，有时还需要直接采取行动对资本市场和资本企业进行必要的行政干预，特别是对破坏生态环境、制假售假、偷税漏税的经济责任主体进行必要的行政处罚。国家采取直接行动对市场主体行为进行监督和管理，旨在有效控制市场负面效应，而非否定或放弃市场主体对经济社会发展的积极推动力。

4. 利益协调原则

按照西方经济理论的解释，国家调控市场经济，根源于个人利益与他人利益的不一致性，亦即个人利益的完全实现并非等同于或意味着社会整体利益的实现。外部性理论和集体行动理论都强调微观行为主体通过采取特殊行动所获得的个别收益与社会（或集体）收益的偏离性；不完全竞争理论和公共物品理论也都证实了以理性经济人假设、自由竞争、自我利益最大化为理论基础的市场自发调节的局限性；"阿罗不可能定理"则认为个人偏好即便能够加总也不可能成为社会偏好。20世纪30年代以来，西方主要国家通过一系列公共政策进行宏观调控，在协调个人利益与社会利益矛盾等方面取得一定成效。

我国实行宏观调控的基本依据是社会化大生产、国有经济的主导地位、共产党的执政地位以及市场经济失灵等。[①]市场调节客观存在自发性、盲目性和滞后性，引发结构失衡、物价不稳、环境污染、资源浪费等问题，这实质是由企业或个人自发的经济行为所引发的并对社会利益整体实现造成干扰或破坏的负面效应。牺牲部分社会利益换来个人利益的增长，对其他未获得相同利益的社会成员而言显然是不正义的。因此，国家需要调控个人利益与社会利益的关系，亦即国家从社会整体利益出发，通过产业政策、财税政策、货币政策、收入政策对企业或个人行动进行调节和控制，最终达到调结构、提效益、稳物价、防风险、重环保、扩就业、惠民生的预定目标。国家调控不仅要处理好个人利益与社会利益的关系，还要处理好眼前与长远、国内与国际之间的关系。只有通过总量调控和定向调控，处理好眼前利益与长远利益、国内利益与国际利益的矛盾关系，在短期增长和中长期持续发展之间、国内市场开发和国际环境优化之间保持动态均衡，才能顺应经济发展周期，从时空维度获取经济增长的全球化机遇和信息化条件，让世界各民族和平永续发展。

5. 共同富裕原则

贫富差距是市场体制的固有本性和运行逻辑所导致的。

其一，资本私有制生产关系是导致居民贫富差距拉大的根本原因。物之不齐，物之情也。由于个人禀赋不同、体力脑力状况与技术水平不同、家庭结构不同，收入差距的存在也是正常的。在市场体制下，小生产者面临残酷竞争，其资产有被吞并，进而沦为无产者的危险；广大无产者在生产过程中受雇佣、被异化，并不断积累贫困程度；少数大资产者则凭借资本所有权获得巨额利润，不断积累起更多

---

① 刘瑞：《宏观调控的定位、依据、主客体关系及法理基础》，《经济理论与经济管理》2006年第5期，第17页。

财富和收入。

其二，市场交换是贫富分化的必要条件，并通过隐蔽形式发生作用。在市场竞争条件下，穷人和富人即便在交换环境、交换规则与交换过程等方面都是公平的，但由于交换的原初条件不同，比如劳动和资本所有者对生产资料的占有状况不同，要素流动和平等交换也只能是形式平等意义上的流动和交换。交换双方经济地位的实质不平等，注定交换结果的不公平。

其三，市场机制中按要素所有权分配直接引起居民财富和收入不平等。由于买卖双方对生产资料的占有与否及占有多寡不同、市场主体交易地位不对等，以及个体差异的客观存在，其分配结果必然出现分化。占有生产资料并在市场交易中处于强势地位的买方，按资本要素所有权获取相应利润，作为劳动力出卖者的卖方则获取维持基本生活的工资；对于众多私人资本所有者而言，由于市场机制对其逐利性的共同强化，也将导致其竞争激化及市场盈亏的迅速分化。

贫富差距严重影响社会公平正义。社会主义本质上要求消除贫困，改善民生，逐步实现共同富裕。为此，我国的政府应综合运用经济力量和政治力量，进一步加快社会主义与市场经济的融合进程。这需要我们一方面进一步完善公有制为主体、国有经济为主导、按劳分配的基本经济制度，这一制度安排能够保障劳动人民在经济上的主人地位，实现分配结果基本公平合理，直接服务于共同富裕目标的最终实现；另一方面，进一步完善市场经济作为资源配置根本手段的作用机制，完善公有制经济与非公有制经济的平等合作、自由竞争机制，完善按劳分配和非按劳分配的相互补充、长期并存格局。

同时，国家应改革公共服务供给，有效改善民生。一般来讲，私人资本企业可以提供竞争性、高标准性服务，但不愿意也无力提供非竞争性、非排他性的公共服务。国家或国有部门则通过法定垄断及相应的收费价格政策，提供私人资本所无法提供的用来满足公民基本生活需要的公共服务，如义务教育、保健设施、廉租房等，改善底层民众的基本生活状况。同时，国家应控制农民工住房租金、加大农业补贴力度、增加贫困地区居民财产性收入，以提高低收入者生活尊严和实际收入水平。

第五章
我国分配制度的正义完善

在人类经济生活中，生产、分配、交换和消费各有其功能。分配作为经济制度的一部分，在调节社会资源、稳定社会结构和树立社会伦理规范方面有着独特的功能。根据字面意思，分配制度即劳动产品在社会主体中分割、配给制度的总称。我国收入分配的过程一般包括基础性的初次分配、调节性的二次分配、道德性的再分配。分配制度的正义问题是国民经济领域中制度伦理的核心问题。在现代国家中，国民财富所有制度与分配制度作为一种治理工具和管理手段，它们是否正义以及正义性程度的高低，关乎政权的合法性与社会的稳定性。自新中国成立至今，我国的分配制度在正义完善的道路上走过了一段不断探索的历程。伴随着人民生活水平日益提高、国家综合实力不断增强的步伐，如何确定具有正确性、前瞻性和正义性的分配理念、分配原则与分配方式等问题，突出地摆在了政府与学者的面前。可以说，既然我国仍在继续进行分配制度的正义取向的改革，那么，对于分配方式的确定和实施，必须遵循正义之善的伦理要求。在居民贫富分化严重、实体企业发展动力不足等新问题接踵而来之时，如何分配居民个体收入、政府财政收入和企业经营收入，进而实现中国伟大的建国理想和梦想，无时不在考验着党和政府的领导智慧和管理能力。关于我国分配制度的理论起源、价值判断、结构分析和对策建议，我们在向西方先进管理哲学理论学习的同时，更应结合我国的历史和现实，围绕着分配制度的正义问题展开论述。

我们对于分配正义特别是分配制度正义问题的研究，正站在以往思想家的肩膀上进行反思和批判。古今中外许多思想家分别从德性、自由、权利、资源与效用等角度阐述了各自的观点。主要研究者或代表流派可以分为：西方的亚里士多德、德沃金、诺齐克、阿马蒂亚·森、马克思、罗尔斯、罗默等人的相关论述；中国先秦儒家、法家、墨家的相关论述；我国当代学者何建华、裴长洪、贾可卿、向玉乔等人的相关论述。我国经济社会的高速发展，既得益于自身拥有的传统文化资源，也得益于国际社会特别是当代西方思想理论的发展成果。其中，对我国社会分配制度影响较大的分配正义理论主要是在以下四个方面：从族群关系或代际关系的角度来讨论分配制度的正义问题；从原初正义或基本善的角度来讨论分配制度的正义问题；从个人能力与社会效用的角度来讨论分配制度的正义问题；从程序正义与实质正义的角度来讨论分配制度的正义问题。它们在我国理论界、思想界和社会各阶层各有自己的支持者。

一、我国分配制度正义的历史、现状与问题

我国分配制度改革是关乎国家发展与人民经济福祉的变革，是国家经济制度建设进程中一个不可绕开的重要内容。通过回顾新中国成立以来的分配实践史以及党政文件和专家学者们的思想观点，我们知道，我国的分配制度发展经历了新建、挫折、调整与重构的过程，相应的分配制度正义状况也反映了不同的经济现实、政治立场和理论诉求。在这个不断调整与变革的过程中，我国分配制度的正义表现出它独有的历史进程，具有自身的优势特征，同时，也暴露出或深或浅的问题，亟待我们以新的理论范式去解读、阐释和解决。

（一）我国分配制度正义的历史

根据我国经济制度特别是分配制度的性质差异，我们以 1978 年

十一届三中全会开始实行的对内改革、对外开放政策为界，将1949年新中国成立至2002年11月中国共产党第十六次全国代表大会的分配制度的历史划分为两个时期，两个时期的分配制度正义标准和正义程度有很大的不同。改革开放前，我国的分配制度以严格的平等主义为正义标准；改革开放后，我国的分配制度以鲜明的效率主义为正义标准。根据国家重大会议决议及相关文件，改革开放前后的分配制度历史又可以划分为几个不同的阶段，分配制度的正义状况在每个阶段略有差异。

1. 1949—1978年我国分配制度的正义状况

1949年至1978年，即从中华人民共和国建立到改革开放前，我国分配制度以生产资料公有制为制度根基，以平等主义为价值理念，以还不够充分科学的劳动标准作为分配尺度。由于农村和城市的分配制度存在一定差别，我们这里将分别从农村和城市两个方面对问题进行讨论。

在农村分配制度方面，根据李子联教授的论述，我国1949年至1997年的收入分配制度分为四个阶段，其中"第一阶段是1949—1956年的土地要素和劳动要素效率共同释放阶段，以土地制度改革完成为高潮；第二阶段是1957—1977年的全要素生产率压抑或低下的阶段，尤以人民公社运动所带来的效率损失为甚"[1]。在这一时期的第一阶段，虽然以《中华人民共和国土地改革法》（1950年）为标志的"土地制度改革"刺激了体力劳动者尤其是农民的生产积极性，可是却对土地的所有权和使用权缺乏区分，造成了许多土地资源的浪费，导致了我国主要分配制度在正义维度方面存在明显不足。在这一时期的第二阶段，以《中共中央关于在农村建立人民公社问题的决议》（1958年）

---

[1] 李子联：《中国收入分配制度的演变及其绩效（1949—2013）》，《南京大学学报（哲学·人文科学·社会科学版）》2015年第1期，第41页。

为标志的"人民公社化运动",夸大了不同行业、职业、工种相互协作的作用,违背了经济发展规律,盲目追求共同贫富的共产主义。这种以完全平等为目的,忽视农民实际利益的"平均主义"和"集体主义"运动,由于不符合我国的现实状况,其结果是效率粗放和幸福价值较低,不能建立起分配制度的真正公平和正义。

在城市分配制度方面,根据裴长洪研究员的论述,在新中国成立之后,我国在城市实行的是工资等级制的分配制度。"新中国成立之后到1955年,国家机关工作人员和党的工作人员实行的是供给制与部分工资制的混合制度;1955年8月国务院决定执行新的工资制,统一国家机关工作人员的待遇标准,实行工资等级制,从中央主席的一级到最低勤杂人员的三十级。1956年6月国务院发布了工资改革的决定,把全国工资标准分为11类地区。同时,这个改革还决定实行直接用货币规定工资标准的制度。这一工资制度在设立之后将近30年里基本维持不变,只是有过几次不同类别或不同等级职工的工资调整。"[1]计划经济下的等级工资制,很容易拉大城市职工间的收入差距。在"文化大革命"期间,由于更加强烈地反对物质激励,把反对贫富两极化当作平均主义大锅饭的理论依据,因而城市职工的工资标准没有大的变动。1949—1978年,我国在城市里"将物质待遇固定化、终身化、世袭化,严重限制了社会流动和职业流动"[2],"文革"期间"政治挂帅"的做法更抑制了人们的劳动积极性,阻碍了社会创造力的发展。这一时期的城市职工分配制度,虽然以平等为出发点,可是实质上导致的是不够平等和不够公正。

综合农村和城市的两种分配制度,我们发现,在1949年至1978年期间,我国以生产资料全民所有制和集体所有制为经济制度根基,

---

[1]　裴长洪等:《中国基本分配制度》,北京:中国社会科学出版社2016年版,第17—18页。

[2]　裴长洪等:《中国基本分配制度》,第20页。

根据按劳分配原则，在农村实行按工分分配，在城市实行等级工资制。这种单纯的"按劳分配"制度是由当时还不够充分合理的生产资料所有制结构、低下的生产力水平以及落后的劳动分工理念造成的。在当时，这种分配制度的建立虽然有一定的历史根据和某种现实性考量，可是总体上是以国家整体的财富不断积累为主，非常缺乏对个体收入和消费的物质激励。这意味着这种分配制度的正义性有待改善。

2. 1978—2002 年我国分配制度的正义状况

从 1978 年至 2002 年，随着我国改革开放战略的实施以及相应经济政策的完善，我国分配制度及其正义准则经历了五次调整和变革，人们基本上摆脱了"绝对平均主义"分配观的束缚，在公平正义方向上取得了巨大成绩。

改革开放后，我国分配制度第一次调整是从 1978 年 12 月中国共产党召开十一届三中全会到 1984 年 10 月中国共产党召开十二届三中全会，党中央遵循"按劳分配"原则，克服"平均主义"分配思想，提出"先富带后富"的原则要求。1984 年至 1987 年收入分配制度改革的重点是把工作重心从农村转移到城市，建立多种形式的经济责任制，认真贯彻按劳分配原则。[①] 这是第一次分配制度调整的延续。第二次调整是从单一的"按劳分配"原则变为"按劳分配为主体、其他分配方式为补充"的原则，以 1987 年 10 月召开的中国共产党第十三次全国代表大会为标志。第三次调整是以增加"其他分配方式"在整个分配方式中的比重为重点，强调"多种分配方式并存"的制度正义，以 1992 年 10 月中国共产党召开第十四次全国代表大会为标志。第四次调整是允许和鼓励"资本、技术等生产要素参与收益分配"，以 1997 年 9 月中国共产党召开第十五次全国代表大会为标志。第五次调

---

① 张娜娜：《中国社会主义分配思想发展研究》，兰州大学 2017 年博士学位论文，第 122 页。

整是确立了"劳动、资本、技术和管理等生产要素按贡献参与分配"的正义原则，以 2002 年 11 月中国共产党召开第十六次全国代表大会为标志。①

改革开放后我国分配制度凸显的是"效率优先"，其价值特征、政策功能与理论问题具有鲜明的时代性与国际性。从公共政策演变的角度看，这一时期的分配制度没有因袭陈规，而是打破平均主义的迷思，突出了功利优先和效率主义的价值诉求。考虑到我国过去生产力落后和人民群众的物质生活水平较低这种状况，实行以工作效率和劳动结果为导向的分配原则，基本上是正义的。

（二）我国分配制度的正义现状

从 2002 年尤其是 2012 年"十二五"以来，经济新常态条件下我国分配制度正义在理论上和实践上表现出新的时代特征，即强化了以效率主义和功利主义为主导的制度伦理，同时开始重视由制度不完善所导致的社会不公问题。

1. 现阶段国内对分配制度正义问题的研究

实现分配制度正义是我国社会主义经济政治制度的应有要求，是中国特色社会主义建设的重要部分。伦理正义和制度正义不仅仅是西方文明的产物，也是中华文明的成果。在现代文明国家，作为理念的正义，是社会制度的根本准则，是社会秩序的最终依据。进入 21 世纪以来，我国思想理论界对分配制度正义的关注和研究，已经紧随世界先进国家的步伐，甚至还提出了我们自己的独特理论。从整体上看，现阶段我国分配制度正义理论研究包括以下三种基本形式：

第一种是高举社会主义理论大旗的马克思主义分配制度正义观。

---

① 青连斌：《分配制度改革与共同富裕》，南京：江苏人民出版社 2004 年版，第 170—178 页。

这种理论认为,"社会主义的分配正义必须以马克思主义的正义理论为理论依归"[1],马克思主义正义论是我国社会主义分配制度的理论基石,它统摄我国现阶段分配制度的所有准则和指标体系。马克思主义分配制度正义观强调在全社会范围内利益分配的平等与公正要求,强调在利益主体间分配标准和分配结果的正义要求,也把效率原则、责任原则与和谐原则纳入其视野中。应该看到,这种主张已经超越了马克思理论本身的思想界限,融入了现代中国国家发展的指导思想和政治原则。姜涌教授研究了社会分配正义的基础、马克思分配正义的原点、逻辑前提与最高诉求[2],张俊山教授提出"对于收入分配制度的改革,要从我国建设有中国特色的社会主义实践出发,要运用马克思主义的科学理论准确地认识存在于我国收入分配领域中种种问题的本质,认识到当前收入分配领域存在严重问题的根源"[3]。

第二种是采用比较主义和历史主义的研究方法对我国当代分配制度正义进行研判。一些学者分别对当代与古代、我国与西方的分配制度进行比较研究,进而提出相应的理论观点。首先,在中西方分配制度正义理论比较上,何建华在批判和吸收罗尔斯的"正义即公平"、诺齐克的"正义即个人权利"、麦金太尔的"正义即美德"的观点基础上,提出了"把分配当作一项综合运用多种手段、调适各类利益关系、促使各种利益集团相对均衡的社会系统工程来研究"[4],"分配正义更重要的是指发展机会的平等……发展机会的平等是分配正义的重要保证"[5]。其次,在我国分配制度正义的历史性比较上,朱春晖提出我

---

[1] 陈毅君、曾恩全:《分配正义——中国的理论与实践》,《经济与社会发展》2008年第9期,第2页。

[2] 姜涌:《分配正义及其劳动基础》,济南:山东大学出版社2016年版,第1—40、181页。

[3] 张俊山:《马克思主义的分配理论和我国收入分配制度改革研究》,北京:经济科学出版社2017年版,前言第8页。

[4] 何建华:《经济正义论》,上海:上海人民出版社2004年版,第307页。

[5] 何建华:《经济正义论》,第361页。

国分配制度正义经历了"劫富济贫、均中求富、先后共富"三个阶段，主张"跳出功利主义的狭隘视野，维护弱势群体的合法权益"[1]。最后，在对古今关于分配制度正义问题的比较研究方面，古玉把我国古代最有名的思想家之一孟子与西方当代最有影响力的思想家之一罗尔斯的分配正义观进行比较研究，认为孟子的分配正义原则是"合礼"，理论基础是天命信仰，着眼点是国家本位，主要实现方式是美德；而罗尔斯的分配正义原则是"合约"，理论基础是理性选择，着眼点是个人本位，主要实现方式是法制。[2]

第三种是对分配制度正义的一般性内容、基本原则和条件适用性进行研究。俞可平教授认为，任何时代的社会正义都必须具备三个要素："第一，人类的理性和良知，它是正义的最终来源，也是区分人与其他动物的根本所在。第二，人格和基本人权的平等，它是正义的实质性内容，离开基本权利的平等，正义便毫无意义。第三，规则和程序的公平，它是社会正义的基础，也是实现正义的现实途径。"[3]正义是社会秩序的根基，分配正义是经济秩序的基石。向玉乔教授研究了分配正义的四种区分、价值维度、诉求的主体[4]，还探讨了分配正义社会的构建问题。贾可卿研究员分析了分配正义的内涵和外延，研究了平等原则、贡献原则和需要原则及其相互冲突，探讨了分配正义与社会主义市场经济和民主政治的关系。[5]这些研究具有自己的特殊角度，推动了分配制度正义理论研究的进一步发展。

由此可见，我国对分配制度正义的研究，具有自己的特点。有的研究坚持马克思主义正义观的基础，有的研究立足于我国经济社会发

---

① 朱春晖：《当代中国经济正义观演变研究》，《理论与现代化》2009年第6期，第61页。

② 古玉：《"礼"与"约"——孟子与罗尔斯的分配正义观比较研究》，华南师范大学2005年硕士学位论文，摘要第1页。

③ 俞可平：《重新思考平等、公平和正义》，《学术月刊》2017年第4期，第5—14页。

④ 向玉乔：《分配正义》，北京：中国社会科学出版社2014年版，第73—160页。

⑤ 贾可卿：《分配正义论纲》，北京：人民出版社2010年版，第8—306页。

展现状，有的研究融合其他关于分配制度正义问题的思想。学者们已经对平均主义的分配正义观、效率主义的分配正义观、功利主义的分配正义观、罗尔斯的分配正义观有深入了解，也在探讨它们的局限性。在我国，随着社会分配正义问题的凸显，我们应当不断修改和完善相应的分配制度正义理论，使之在当今我国国民经济社会发展中发挥积极的作用。

2. 现阶段我国分配制度相关政策的正义状况

我国追求分配制度正义不是空喊口号，而是建设小康社会的必然要求，反映了我国政治制度和经济制度的核心特征。2012 年 11 月中国共产党第十八次代表大会报告，对以往的国家建设与社会发展做了一次成就回顾和经验总结。"公平正义是中国特色社会主义的内在要求。要在全体人民共同奋斗、经济社会发展的基础上，加紧建设对保障社会公平正义具有重大作用的制度，逐步建立以权利公平、机会公平、规则公平为主要内容的社会公平保障体系，努力营造公平的社会环境，保证人民平等参与、平等发展权利。"[①] 为此，十八大之后我国政府正在建立更加公平合理的工资制度、产权制度、所得税制度、社会保障制度等直接关系民众生活质量的财富分配制度。

我国分配制度的相关政策实施状况，通过全国居民人均可支配收入的实际数额以及增长率、城乡居民收入情况及其增长率比较、不同地区收入情况及其增长率比较、不同行业与职业收入情况及其增长率比较，可以反映出来。在分配制度正义的绝对程度上，现阶段我国政府和各类组织取得了较大的成绩。国家统计局于 2019 年 2 月 28 日发表的《中华人民共和国 2018 年国民经济和社会发展统计公报》显示：2018 年"全年全国居民人均可支配收入 28228 元，比上年增长 8.7%，

---

① 胡锦涛：《坚定不移沿着中国特色社会主义道路前进 为全面建成小康社会而奋斗——中国共产党第十八次全国代表大会上的报告》，北京：人民出版社 2012 年版，第 10 页。

扣除价格因素，实际增长 6.5%。全国居民人均可支配收入中位数 24336 元，增长 8.6%。按常住地分，城镇居民人均可支配收入 39251 元，比上年增长 7.8%，扣除价格因素，实际增长 5.6%。城镇居民人均可支配收入中位数 36413 元，增长 7.6%。农村居民人均可支配收入 14617 元，比上年增长 8.8%，扣除价格因素，实际增长 6.6%。农村居民人均可支配收入中位数 13066 元，增长 9.2%。按全国居民五等份收入分组，低收入组人均可支配收入 6440 元，中间偏下收入组人均可支配收入 14361 元，中间收入组人均可支配收入 23189 元，中间偏上收入组人均可支配收入 36471 元，高收入组人均可支配收入 70640 元。全国农民工人均月收入 3721 元，比上年增长 6.8%"[1]。特别是在消除贫困方面，中央政府的公共政策体现了我国所有居民共享发展成果、走向共同富裕的正义目标。农村贫困人口持续大幅减少，扶贫搬迁、棚户区住房改造、农村危房改造不断推进，城乡居民生活水平共同提高。我国政府在制定与实施公共政策时已经认识到：分配制度作为一种在不同群体和个体之间分割与配给劳动产品或社会财富的社会调节机制，必须基于公平正义的原则。

自然，现阶段我国分配制度在公平正义维度上仍然存在问题。虽然政府竭尽全力改善最低收入者的境况，可是我国不同社会阶层之间的贫富差距仍然在扩大。根据 2015 年 5 月 13 日国家卫生计生委在新闻发布会上公布的《中国家庭发展报告 2015》的调查结论，我国收入最高的 20% 家庭的收入是最低 20% 家庭的收入的 19 倍。[2] 在城乡之间，居民家庭收入差距更为明显。"基尼系数是一国或地区居民收入不平等程度的数量表示，反映全部居民收入中不平等分配的收入占总收

---

① www.stats.gov.cn/tjsj/zxfb/201902/t20190228_1651265.html.

② 国家卫生计生委家庭司编著：《中国家庭发展报告 2015》，北京：中国人口出版社 2015 年版。

入的比重。"① 多年来，我国政府努力推进收入分配改革，致使我国居民收入基尼系数自 2009 年来连续 7 年下降，但现在仍然处于高位，并且 2015—2017 连续三年上升。国家统计局发布数据显示，2015 年全国居民收入基尼系数为 0.462，2016 年为 0.465，2017 年为 0.467。② 如果不加以政策调控，我国的基尼系数有继续走高的趋势。持续拉大的贫富差距，会降低经济高速发展带给人们的幸福感，甚至引发包括低收入群体情绪不满、贫富矛盾突出、社会秩序失稳等一系列社会危机。

综上可知，在分配制度建设的道路上，即使筚路蓝缕，也应大明法度，坚持与完善其正义性。

（三）我国分配制度在正义维度上存在的问题

科学合理的分配制度是社会公平正义的重要体现，只有基本正义的分配制度才能时时经受住公众的评价。六十多年来，我国在分配制度正义完善方面既取得了很大成绩，也暴露出了一些需要解决的迫切问题，不能不引起全社会的重视。正如宋晓梧和王天夫教授在他们主编的《不平等挑战中国：收入分配的思考与讨论》论文集前言中所说："收入分配是攸关当前中国社会经济结构转型的核心议题之一"，"中国已成为世界上居民收入最不平等的国家之一"。③ 从宏观层面看，我国分配制度正义存在以下三方面的问题：

1. 分配制度的价值选择还未完全跟上社会的快速发展

我国分配制度正义的范围与程度既取决于党和政府对当时经济发展情况的事实判断，也受制于党和政府在个体价值与集体价值之间的

---

① 何玉长：《当前我国居民财富基尼系数分析》，《社会科学辑刊》2017 年第 1 期，第 51 页。

② http://www.stats.gov.cn/tjsj/ndsj/2018/indexch.htm.

③ 宋晓梧等编：《不平等挑战中国 —— 收入分配的思考与讨论》，北京：社会科学文献出版社 2013 年版，前言。

平衡和选择。新中国成立初期"平均主义大锅饭"所遵循的均等主义原则给经济社会发展带来巨大负面效应，它反映了国家没有准确把握客观经济规律的直接后果。所谓"体现社会主义优越性"的计划经济体制，存在着生搬硬套他国模式的"教条主义"错误和跑步进入共产主义的"空想主义"错误。我国进入 21 世纪特别是十八大之后，经济更快发展，文化更加繁荣，政治更加清明，社会更加多元。同时，社会不平等现象正在被努力改变但还未得到根本解决。主要适用于经济领域的"差异性正义原则"同主要应用于政治领域的"同一性正义原则"[1]，二者分工不明，相互渗透过度、不及或者错位。由于我国存在巨大的贫富差距以及由此显露的再分配"逆向调节"[2] 现象，导致一些弱势群体认为自己是毫无生命价值和社会价值的"盛世下的蝼蚁"。为此，中国共产党第十九次全国代表大会做出了"中国特色社会主义进入新时代，我国社会主要矛盾已经转化为人民日益增长的美好生活需要和不平衡不充分的发展之间的矛盾"[3] 的重要论断。同以前较少人文关怀的分配制度设计理念相比，改革开放特别是十九大以来，党和政府在分配制度方面的价值选择开始转向善治。正所谓"正义的价值尺度从属于历史尺度"[4]，历史的发展改变了人们的价值选择。

2. 政策系统及其实施过程还未及时满足社会整体发展的需求

我国分配制度安排在公平正义上不足，还有一个重要的原因，就

---

[1]　所谓差异性正义原则，就是人们因某些被认可的差异而得到差等对待，而同一性正义原则则是人们因某些被认可的同一而得到同等对待。参见易小明：《分配正义原则的现实中国境遇》，《伦理学研究》2015 年第 5 期，第 76 页。

[2]　所谓再分配"逆向调节"是指由于政府的再分配政策在一定程度上不合理地"偏向"某些群体，导致其调节机制不能实现公平分配的调节功能，反而异化为进一步加剧收入分配差距的反向调节的现象。引自庞永红、肖云：《再分配"逆向调节"之分配正义考量》，《伦理学研究》2014 年第 1 期，第 118—119 页。

[3]　习近平：《决胜全面建成小康社会　夺取新时代中国特色社会主义伟大胜利 —— 在中国共产党第十九次全国代表大会上的报告》。

[4]　张兆民：《马克思分配正义思想研究》，北京：中国社会科学出版社 2016 年版，第 58 页。

是政府的公共政策时常不能及时跟上社会整体的发展，特别是不能及时跟上人民对美好生活的需求。首先，在"劳动与报酬"方面，我国按劳分配制度的实施存在诸多困难。表面上看，按劳分配制度似乎是一种简单的约定俗成的社会制度，实质则是一种非常复杂的公共政策系统设计。如何准确计算不同性质的劳动者的劳动量是一个难题，如何确立全国最低工资标准也并非易事。其次，在"付出与贡献"方面，按要素分配收入也面临着严重的操作困难。政府通过制度设计意图在全社会公平地分配资源与财富，必须正确考虑人们的资本投入与其资金收益、脑体劳动与其劳动结果之间的比例关系。在平衡投入与产出关系上，我国在短期内缺乏足够先进的技术能力。在不同地区、不同行业乃至不同岗位上的相似付出，有时无法贡献相似的价值，有时无法获得相近的回报。如果同样的付出无法产生同样的价值，那么人才不正常流动就会成为常态。最后，在"效用与公正"方面，由于在政策制定、实施和反馈环节存在层层困难，边沁的"最大多数人的最大幸福"一时也无法实现。我国分配制度缺乏有效的财富收入差距调节机制，致使分配领域问题很多。在社会快速发展时期，我国也出现了类似美国社会的两极分化问题。政府在分配方面的功能还不到位，还没有彻底改变财富不平等现象 [1]，"赢者通吃"现象仍然时有发生。总之，我国社会整体发展对政府的政策系统提出了更高的要求，政府必须在"劳动与报酬""付出与贡献""效用与公正"等方面重新设计公共政策，推动分配制度正义的完善。

3. 效果评估及其准则体系缺乏先进的哲学理念

审视一个国家的分配制度正义性质与程度，取决于人们所采用的哲学理念、道德准则和评估指标。我们认为，评价我国现今分配制度

---

① 冯黛梅：《政府功能失范加剧财富不平等 —— 美学者呼吁加强政府调控》，《中国社会科学报》，2016 年 12 月 7 日。

的正义状况，除了必须广泛地考察其外在的直观现象与统计数据，还要深刻地透析其内在的本质。从分配领域的公共政策来看，我国的最低工资政策、户籍二元政策、财政政策和遗产税政策都在不同程度上或者不同层面上对分配制度正义造成重大影响。在我国国民经济高度繁荣的背后，是国民收入或家庭财富方面的巨大差距。从国民收入分配格局来看，虽然居民收入持续增加，但收入差距迅速扩大，收入结构不够合理。[①] 显而易见的事实是，城乡之间、地区之间、行业之间、阶层之间的居民收入分配差距呈现扩大态势。究其原因，在于我国的分配制度缺乏对"基本善"哲学理念的正确理解。美国政治哲学家约翰·罗尔斯指出："所有的社会基本善——自由和机会、收入和财富及自尊的基础——都应被平等地分配，除非对一些或所有社会基本善的一种不平等的分配有利于最不利者。"[②] 我国政府对收入分配政策的效果评估，在改革开放前采用"均等主义"的准则，哲学理念是"人人平等"；在改革开放后采用"差别主义"的准则，哲学理念是"自由竞争"。前者的弊端几乎人人皆知，而后者的缺陷也逐渐显露。换一种视角看："财富本身并没有价值，也很难总是真实地反映我们所能享受的生活品质。我们不能仅仅因为一位患有严重残疾的人所拥有的收入和财产比邻居更多，就断定前者具有更大的优势。事实上，身体有残疾的富人可能会比身体健全的穷人受到更多的限制。在对不同的人的相对优势加以判断的时候，我们必须看到他们所拥有的整体可行能力。这就必须以可行能力方法，而不是以资源为中心的对于收入和财富的关注，作为评估基石的重要原因。"[③] 虽然我国近些年在社会资源与

---

① 万海远：《收入不平等与公共政策》，北京：社会科学文献出版社 2017 年版，第 39 页。

② 〔美〕罗尔斯：《正义论》，何怀宏等译，北京：中国社会科学出版社 1988 年版，第303 页。

③ 〔印〕阿马蒂亚·森：《正义的理念》，王磊、李航译，北京：中国人民大学出版社2012 年版，第 237 页。

财富的分配上取得了一些积极的成果，可是依然面临着如何促进社会全面而充分的发展以及如何均衡地分配资源与财富的问题。我们认为，完善我国分配制度正义，必须在人本理念、共享理念和幸福理念的前提下，建立侧重于制度本质的效果评估指标及准则体系。

二、我国分配制度的正义整体重构

进入 21 世纪，我国在经济、政治、文化、社会等领域发展更加迅速，与之相应的经济组织、政治制度、社会结构、法律规范、文化思潮等方面正在发生深刻的变迁。但是，传统的血缘政治观念、广泛的地域心理隔阂、突出的权力寻租行为等因素都成为阻碍社会问题或政策问题顺利解决的深层障碍。人们对正义的追求分为"整体主义的社会正义构想和平等主义的个体权利诉求"[1]两大派系。基于系统理论和制度理论，从整体上构建我国分配制度的结构框架，就必须把它作为一项系统工程，就必须从分配制度正义整体重构的终极目的、一般指导原则、根本制度安排和公共政策制定与执行等方面进行理论思考和正确实践。

（一）我国分配制度正义整体重构的主要目的

我国在全民奔小康的光明道路上，要竭力避免陷入"修昔底德陷阱"[2]，时刻牢记美国管理学家约翰·卡那的"目标置换效应"的告诫[3]。为了全国人民的福祉，我们必须防止可能导致国家战乱不止、人

---

① 潘斌：《罗尔斯应得理论的不对称性》，《道德与文明》2016 年第 2 期，第 89 页。

② 此说法源自古希腊著名历史学家修昔底德的观点。现指一个新崛起的大国必然要挑战现存大国的霸主地位，以致战争爆发，社会动荡。

③ 是指在达成目标的过程中，由于工作的方法、技巧、程序等问题占据主导地位而忘了对整体目标的追求。

民内部纷争的错误。在分配制度正义理论构建和实践的完善上，不能由于执着于分配工作的细枝末节而忘记分配制度建设的整体目标——实现在社会公平正义基础上的人民幸福生活。具体说来，我国分配制度正义整体重构的主要目的可以分为政府行政与管理层面的目的、社会稳定和国家安全层面的目的、人民物质生活和精神感受层面的目的。

1. 更好地推动政府理解新治理理论对我国完善分配治理实践的借鉴意义

我国分配制度正义整体重构的一个首要目的就是推动政府与时俱进，理解和吸收新治理理论的实质精神，提高政府在分配实践方面的公共管理和公共服务能力。"公共管理史上经历了两种比较公认的管理模式，即传统的官僚行政模式和新公共管理模式，还有一种尽管有争议，但影响力也很大的模式，也就是丹哈特认为的新公共服务模式。按照丹哈特的说法，三种模式的不同，在于官僚模式是建立在政治和法律标准之上的，新公共管理是建立在市场和经济考虑之上的，而新公共服务则是建立在公民参与和民主治理之上的。"[1]

西方社会自 20 世纪 60 年代以来，环境污染、经济滞胀、恐怖主义、市民失业以及社会保障不足等问题凸显，传统的公共行政模式面对新的社会问题开始束手无策，从英国、美国等西方主要发达国家到许多发展中国家和转型国家，都在政府和公共部门内部开始进行改革运动。[2] 到了 20 世纪 90 年代，国际社会迫切要求变革，新公共管理运动应运而生，大有取代 20 世纪 60 年代末产生并有力影响到 80 年代、以社会公平作为公共行政的核心价值和基本目标的"新公共行政"运动的趋势。进入 21 世纪，人们解读、界定和认同了公共治理的概念。"一方面，它从一开始就是实践导向的，侧重于政府和公共组织的内部

---

① 竺乾威：《新公共治理——新的治理模式？》，《中国行政管理》2016 年第 7 期，第 132 页。

② 陈广胜：《走向善治》，杭州：浙江大学出版社 2007 年版，第 85—86 页。

结构、公共服务的供给方式的根本性改变，而其最终目标则是要减小政府规模、压缩政府活动空间、创新服务供给方法，以更低的费用、更高的效率实现公共目标；另一方面，其价值观预设、理论基础和方法来源与公共行政范式完全不同，它不是要补充和修缮公共行政范式，而是要彻底扬弃公共行政范式，实现范式革命而不是改良。"[1] 与此同时，志愿团体、慈善组织、社区组织、民间互助组织等社会自治组织力量不断发展壮大，许多国家都开始了治理理论的变革实践。例如：调整政府职能，创新管理方式，实行分权改革。[2] 有关社会力量共同参与社会治理的各种理论兴起，为各国政府行政改革拓展了新的视角。

1995 年，全球治理委员会提出了对治理的界定："治理是或公或私的个人和机构经营管理相同事务的诸多方式的总和。它是使相互冲突或不同的利益得以调和并且采取联合行动的持续的过程。它包括有权迫使人们服从的正式机构和规章制度，以及种种非正式安排。而凡此种种均由人民和机构或者同意、或者认为符合他们的利益而授予其权力。"[3] 此后，产生了新公共治理理论。这种理论力图将政治与技术即价值理性和工具理性结合起来，超越传统公共行政理论、新公共管理理论的两分法。[4] 例如：新公共治理理论主张由开放的公共管理与广泛的公众参与二者整合而成的公域之治模式，主张抛弃传统公共管理的垄断和强制性质。

就我国来说，一方面，我国分配制度正义的理论完善和实践发展，为政府理解和运用新公共治理理论提供了更丰富的内容；另一方面，新公共治理理论和运动对于治理主体多元化、治理方式多样化的强调，对于我国分配制度正义整体重构也具有重要的借鉴意义。在行

---

① 张纲：《公共管理学引论》，杭州：浙江大学出版社 2003 年版，第 54 页。

② 高小平、沈荣华：《推进行政管理体制改革——回顾总结与前瞻思路》，《中国行政管理》2006 年第 1 期，第 9 页。

③ 俞可平：《治理与善治》，北京：社会科学文献出版社 2000 年版，第 270—271 页。

④ 竺乾威：《新公共治理——新的治理模式》，《中国行政管理》2016 年第 7 期，第 132 页。

政价值、行政资源、行政组织结构和行政服务供给都呈现碎片化特征的时代，政府对分配治理和社会整体性治理的难度加大。与此相应，新的"开放性治理""协同性治理""智慧性治理"①成为政府与其他组织或个人共同治理社会的重要模式。邵龙宝教授认为，广义的分配正义还关涉管理者和被管理者究竟是以"主体—客体对立两分"，还是以"主体—客体相容为一"的思维模式作为管理的哲学思想和治理理念。②其结论当然是：以"主客相容为一"的治理理念为基础的分配制度构建才是更正义的。理解了这一点，我国的分配制度正义才能跟随政府的分配治理实践的嬗变而不断得以完善。反过来，我国分配制度正义的整体重构也能推动政府分配治理实践的进步。

2. 更好地促进社会结构稳定和维护国家秩序安全

我国分配制度正义整体重构所需确立的另一个重要目的就是更好地促进社会结构稳定和维护国家秩序安全。在 21 世纪，国际上接连不断发生的社会动荡或国家内乱等现象，背后大多都有社会分配不公、贫富两极分化等因素的作用。在世界范围内，以 20 世纪 50 年代前后作为新旧社会的划分，分配不公又出现在人们的视野里。旧社会的弊端有无知、索取、失业、贫困以及疾病，新社会则产生了精英主义、排斥、歧视、贪婪和绝望等新的不公平现象。③随着社会的变迁，旧的弊端消除了，新的问题又产生了。社会分层理论用"不平等指数"④来衡量一个社会由于贫富差距而导致的不平等的程度，像泰尔

----

① 李春根、李志强：《以"互联网＋政务服务"引领政府治理现代化》，《中国行政管理》2016 年第 7 期，第 6 页。
② 邵龙宝：《分配正义与"主客相容为一"的治理理念》，《河南社会科学》2009 年第 1 期，第 130 页。
③ 〔英〕丹尼·多林：《不公正的世界》，高连兴译，北京：新华出版社 2014 年版，第 16 页。
④ "不平等指数"是用最高收入者和最低收入者的比例之和表示社会不平等程度。即将最高收入者占总人口的比例与最低收入者占总人口的比例相加，两者之和代表不平等程度。在实际调查中，若难以确定最高和最低收入者的界限，则一般把贫困线以下的社会成员视为最低收入者，把收入超过平均水平 2 倍以上的社会成员视为最高收入者。

指数、基尼系数、阿特金森指数、收入的标准差等都是衡量不平等程度的具体方法。世界上大多数国家的人们都应该直接面对"我国高度不平等的事实"①。抛开"不平等指数"具体数据来看，我国社会的不平等表现在收入、财富、健康、寿命、教育、文化、机会、户籍等各个方面。正因为如此，德裔美籍法律哲学家埃德加·博登海默（Edgar Bodenheimer，1908—1991）才探索了"正义与理性""正义与自然法""正义与自由""正义与平等""正义与安全""正义与共同福利"的关系问题。②博登海默认为，法律由秩序和正义两大要素综合而成，而自由、平等、安全、公共福利都是正义的重要组成部分。我们据此可以延伸理解：正义的分配制度也像正义的法律一样，具有维护国内秩序稳定、调整个人和社会利益冲突的功能。我国分配制度正义的整体重构，需要保持一致性、持续性和连贯性，这样才能有效地维护国家安全和稳定社会秩序。

　　社会结构的稳定、协调和整合都离不开分配制度的公平正义。当代我国的社会稳定和国家安全不单单是经济增长和技术进步就能解决的问题。作为社会主体结构的阶层结构，呈现出不合理的态势。例如，少数人的不合法收入、部分阶层的畸形高收入阻碍了全社会的稳定与和谐。20%的人口掌握了80%的财富，阶层固化妨碍了阶层流动。社会阶层之间的差距正在扩大，底层社会群体的无助地位还未发生根本改变。部分城市和乡村经常发生公共危机事件，社会不安因素仍然比较明显。为了阻止这种社会阶层结构的不合理趋势继续蔓延，必须加快分配制度正义整体完善的步伐。只有民众在物质分配和权利分配上受到公平的对待，才有可能大幅减少群体性冲突事件的发生。我国分

---

　　① 程永宏：《中国基尼系数及其分解分析：理论、方法和应用》，北京：中国经济出版社2013年版，第13页。
　　② 〔美〕博登海默：《法理学法律哲学与法律方法》，邓正来译，北京：中国政法大学出版社2004年版，第268—329页。

配制度正义的整体完善，能够增加政党执政与政府行政的合法性。另外，从国际上看，分配上公平正义的国家更受到他国的尊重，国家之间的贸易纠纷或地区摩擦也会大幅度地减少。

3. 更好地改善人民综合生活水平和全面提升幸福感

我国分配制度正义整体重构的更加重要的目的是更好地改善人民综合生活水平和全面提升幸福感。一方面是实质性的生活条件的改善，另一方面是比较意义上的幸福感的提升。

一方面，解决现代社会人民的贫困问题，公平地分配合法收入、发展机会和公共资源，保障人民安居乐业，这是政府的责任，也是我国分配制度正义整体重构的主要目的之一。作为制度的构建者和执行者，执政党与各级政府都需要坚守社会公平正义底线。作为国家的主人，人民大众渴望通过诚实劳动获得公平合理的收入，并以此创造健康幸福的个人生活。又因为每个人的幸福是全体国民共同幸福的重要组成部分，所以由于分配不公所导致的弱势群体又是政府最应该关心和帮助的群体。而对于富裕阶层来说，分配制度的正义不充分或正义不完善，也会带来财富不安全问题。因为任何个人在分配制度不健全的社会都可能出现物质财富缩水、社会地位不保的状况。约瑟夫·E.斯蒂格利茨的《不平等的代价》一书深刻认识到了社会不平等所带来的危害：在一个很不平等的社会，即使拥有一定财富与地位的中产阶级也会失去其"玻璃屏障"。在美国，经济的发展并没有实现"滴渗经济学"（trickle-down economics）的预期。相反，美国先富起来的人不仅没有带动人们致富，反而将中下层群体作为自己致富的垫脚石。"聚集到上层群体的财富是以牺牲中下层群体为代价的。"[1] 经济的虚假繁荣制造了大量的"幻影财富"（phantom wealth）。[2] 改革开放之后，

---

① 〔美〕斯蒂格利茨：《不平等的代价》，张子源译，北京：机械工业出版社 2013 年版，第 7 页。

② 〔美〕斯蒂格利茨：《不平等的代价》，张子源译，第 8 页。

随着我国经济的快速发展，在一定程度上也出现了斯蒂格利茨所说的分配不平等状况。长此以往，社会在整体上所凸显的非正义方面，会使包括富裕阶层在内的每个人都失去上升的机会。我们希望通过分配制度正义的整体重构，从根本上改善我国人民的综合生活水平。

另一方面，建构横向比较基础上的公民幸福感，同样需要公平正义分配的保障。英国伦敦大学学院的荣誉教授理查德·威尔金森（Richard Gerald Wilkinson，1943）认为："收入不平等状况对人们之间的关系有着巨大影响。我们将表明，对所有人的心理健康造成最大影响的因素是不平等程度，而不是家庭、宗教、价值观、教育程度等其他因素。"[1] 在现代社会物质财富日益丰富的背景下，经济发展速度不再是决定人们幸福与否的主要因素。在富裕国家，分配不平等是各种社会问题的重要根源。与此相反，在美国行为科学家弗雷德里克·赫茨伯格（Frederick Herzberg，1923—2000）所说的"保健因素"[2] 不能充分满足人们需求的条件下，经济因素就成为衡量人们幸福程度的指数。"也就是说，在对健康、幸福感，以及衡量健康水平的其他因素进行研究的过程中，研究人员得出了一致的结论。在较为贫困的国家中，经济发展仍然是影响人类健康的一个重要因素。当物质生活水平提高时，像寿命预期这样的客观标准和像幸福感这样的主观标准同时得到了明显改善。但随着更多的国家跨入富裕的发达国家行列，收入水平的进一步提高对健康状况的影响便越来越小。"[3] 我国在摆脱贫困状态、解决温饱问题并迈向小康阶段之后，人民的幸福感更多地来源于自己与他人之间在物质财富、社会地位和精神层次上的横向比较。我国分配制

---

[1] 〔英〕威尔金森、皮克特：《不平等的痛苦：收入差距如何导致社会问题》，安鹏译，北京：新华出版社 2010 年版，第 5 页。

[2] 〔美〕弗雷德里克·赫茨伯格、〔美〕伯纳德·莫斯纳、〔美〕巴巴拉·斯奈德曼：《赫茨伯格的双因素理论》，张湛译，北京：中国人民大学出版社 2016 年版，第 117 页。

[3] 〔英〕威尔金森、皮克特：《不平等的痛苦：收入差距如何导致社会问题》，安鹏译，北京：新华出版社 2010 年版，第 9 页。

度正义的整体重构，推动社会收入分配越来越公平正义，从而有助于提升人民的幸福感。

（二）我国分配制度正义整体重构需要遵循的一般指导原则

改革开放以来，我国分配制度正义性进一步改善，但是仍然存在诸多问题。特别是进入 21 世纪以后，新时期的经济制度变革、政治文化转型、社会伦理调整，在人们内心深处引发了诸多震荡与思考。分配制度是否正义的问题成为横亘在共同致富道路上的栏杆。解决我国分配制度正义整体重构问题，需要在一般原则指导下进行。根据涉及领域的不同，我国分配制度正义的整体重构需要遵循三对理性原则、三条价值原则和三类法治原则。作为我国分配制度正义整体重构的一般指导原则，理性原则、价值原则和法治原则各自包含了抽象原则或具体原则，它们对我国分配制度正义的整体重构均具有重要意义。

1. 我国分配制度正义整体重构需要坚持三对理性原则

为了实现社会公平正义这一根本价值，我国的分配制度必须建立在理性原则基础上。当代我国分配制度建设的基本理念就是理性的社会正义。分配制度作为国家制度的重要组成部分，必须以其理性原则获得正义性与合理性，这是现代社会对国家制度建设的基本要求。正所谓"理性与自由是建立国家和社会的基本原则"[①]，人们应该在理性的指引下建立一个自由与和谐的国家。

首先，我国分配制度整体正义重构需要坚持主体理性和客体理性相统一的指导原则。这里的主体理性，是指决定社会财富分布状况的组织或个人在分配活动中坚持行为的合理性与逻辑化。相对于社会中的自然主体而言，分配制度和分配活动的理性主体在主体性和理性化

[①]　刘敬东：《理性、自由与实践批判：两个世界的内在张力与历史理念的动力结构》，北京：北京师范大学出版社 2015 年版，第 38 页。

方面表现出超越一般社会水平的特征。身处社会经济秩序转型时期，政府在分配制度正义整体重构中坚持主体理性，通过对财富的生产与分配、管理的职权与职责、逻辑的是非判断、伦理的善恶评价等问题的理性自觉，实现有价值的组织活动。主体总是相对于客体或对象而言，在主体理性凯旋之时，客体理性也必须占据一席之地。这里所说的客体理性，是指分配制度和分配实践有其自身的规律性，政策制定者和实施者必须正确认识经济发展的阶段性特征及其效率性要求对分配制度的公平正义程度的影响，准确把握收入分配的现实关系并以此指导分配制度的正义完善。在新公共治理时代，为了重建或完善社会的公平正义，公共政策相关方必须高扬理性主义旗帜，践行"理性行为理论"（Fishbein and Ajzen，1975），协调主体理性与客体理性，真正推动我国分配制度正义的完善。

其次，我国分配制度正义整体重构需要坚持价值理性和工具理性相协调的指导原则。这里所说的价值理性，是指政府及其行政者在分配制度正义整体重构中坚持实现公平正义等绝对价值，把批判理性和建构理性集于一身，对分配活动进行有意识的价值分析、选择、确认和践行。价值理性是人们在社会活动中的纯粹的精神信仰，人们的理论思维和制度实践总是在一定的价值理念指引下进行的。作为马克斯·韦伯在解释和描述资本主义现代化进程时提出的哲学范畴，价值理性又总是同工具理性如影相随。这里所说的工具理性，是指政府及其行政者是效率主义和技术主义的坚定支持者，在分配制度正义整体重构中把技术、方法、手段和工具作为实现目标的根本途径。为了更好地重构分配制度的公平正义，我们需要坚持价值理性和工具理性相协调的指导原则，把关于民主、平等、正义等价值观念的理想追求与关于效率、效果、手段等技术能力的积极运用有机结合起来，共同促进我国分配制度及其实践的进步。

最后，我国分配制度正义整体重构需要坚持实质理性和形式理性相辅相成的指导原则。这是决定分配的公平正义目标实现程度的一个关键条件。我国在分配制度正义整体重构中坚持实质理性原则，就是要求分配制度改革与政策实施必须以社会公平正义为根本指导原则，强调分配制度的本质价值是正义，基本目的是实现真正的实质平等。实现全体人民共同富裕是我国特色社会主义的目标，公平正义是其保障。2017年党的十九大报告指出，我国社会主要矛盾已经转化为人民日益增长的美好生活需要和不平衡不充分的发展之间的矛盾。[①] 在物质财富和精神财富已经相对富足的阶段，社会的公平、平等与正义就成了人们追求的目标，也成了人们幸福感的保障条件之一。我国在分配制度正义整体重构中坚持形式理性原则，就是要求所有政策主体和对象都遵循相同的模式进行分配活动，必须保障分配制度具有统一性、关联性、程序性和可控性等特征。没有形式理性的保障，实质理性就不可能变为现实。如果关于分配问题的公共政策缺少形式理性，那么就会加剧政府在分配活动中的随意性和不公性。除了市场和环境的因素，政府在财富分配中的缺位或越位成为分配不公的重要原因。如果不及时强调分配制度的形式理性原则，不平等可能会持续增加。我国分配制度正义整体重构离不开形式理性原则所引导的正义与实质理性原则所引导的正义。为了避免人类的理性活动产生非理性的后果，必须把实质理性原则与形式理性原则有机结合，从分配活动的起点、目标、程序、规则、目的等方面来理解分配制度及其实践。如何在实质理性和形式理性相统一的原则下指导分配制度的正义完善，这是我国政府在社会治理中不得不思考的哲学问题。

2. 我国分配制度正义整体重构需要遵循三条价值原则

我国分配制度正义整体重构涉及三个对象：宏观层次的社会、中观层次的组织和微观层次的个体。每个对象都因其特性而对分配正义

[①]　http://www.xinhuanet.com/politics/19cpcnc/2017-10/18/c_1121819978.htm.

提出不同的价值原则要求。同时，三条价值原则又形成了相互联系的统一体。

首先，在社会层次上，我国分配制度正义整体重构需要遵循社会平等正义原则。这里的社会平等正义原则，是指在一定的历史时期内，国家能够在全社会公平合理地配置各种资源与机会，特别是要在非均势的群体之间进行整合性的均衡分配，并把实现收入分配平等当作政府分配工作的基础与起点。把社会平等正义原则当作我国分配制度正义整体重构的开端，符合马克思主义的基本理论。"总的来看，马克思绝不是主张从人类天性、生命自由表现等抽象原则入手，而是坚持结合物质生产状况及其具体历史发展，对社会公平正义问题做出客观的分析和科学的说明，并进而通过现实的实践运动寻求社会正义的实现。"[1] 我国的分配制度正义整体重构，需要促进分配制度正义的价值原则与分配制度正义的历史尺度的统一。在宏观分配领域，我国分配制度正义的整体重构，既要反对平均主义的分配理念，又要反对剥削制度的价值引导。作为分配制度运行的主体，我国的中央政府和其他各级政府是分配制度、分配活动、分配理论、分配结果的实际主导者或操作者，决定着社会财富分配的直接结果。我国在社会更广阔的领域内推动公平正义的完善，不仅能够保障全体社会成员公平地享有公民权利，而且能够消除劳动异化并增进人民的获得感。经济发展需要社会公平的价值保障，也只有这样才能克服资源配置失调所引发的一系列社会问题。在过分注重经济发展速度而忽视社会发展质量的地区，不平等与不公正加剧了经济的衰退，同时也恶化了社会的治安状况。而我国在全社会范围内推广经济改革的目的就在于使资源配置更加合理，改善人们的生活境遇。分配制度正义完善的好处显而易见，不仅仅体现在经济领域，而且辐射到社会的其他领域。"收入和资产更为公

---

[1] 张兆民：《马克思分配正义思想研究》，北京：中国社会科学出版社 2016 年版，第 51 页。

平的分配，可能会带来环境质量的一些主要指数，诸如森林退化和水污染的改善。"[1] 所以，要从整体上重构分配制度正义，就应该遵循社会平等正义原则，采用增长质量分析的框架，结合国际经验与我国国情来分析我国经济正义的问题。这是分配正义问题上的一种客观价值论和一般价值论，其重要性不言而喻。

其次，在组织层次上，我国分配制度正义整体重构需要遵循效率正义原则。这里的效率正义原则，是指我国境内的各种类型组织都应该以其运营的高效和结果的良善来有序地和公平地参与社会竞争，禁止滥用其可能具有的垄断地位、政治权力以及国家的制度漏洞去谋求不正当利益。包括以经营利益为主的经济组织，以治理社会为主的政治组织，以提供服务为主的事业组织以及其他性质的组织，都需要充分参与社会资源与财富的分配活动。其中，政府和企业是在市场经济条件下参与分配活动最多、影响最广泛的组织。为了促进社会繁荣和实现人民幸福，政府和企业都要构建一种合理的分配制度。在效率正义原则的指导下，实现政企合作，保证组织活动的高效与正义。仅就资源配置来说，美国著名政治经济学家、诺贝尔经济学奖获得者埃莉诺·奥斯特罗姆（Elinor Ostrom，1933—2012）认为，"许多资源可以在国家的促进下，通过公共和私人产权分散的组合进行更有效的管理"[2]。厉以宁把资源配置分为两个层次："较高的层次是指资源如何分配于不同部门、不同地区、不同生产单位，其合理性反映于如何使每一种资源能够有效地配置于最适宜的使用方面。较低的层次是指：在资源分配为既定的条件下，一个生产单位、一个地区、一个部门如何组织并利用这些资源，其合理性反映于如何有效地利用它们，使之发

---

① 〔印〕维诺德·托马斯、王燕：《增长的质量》（第 2 版），张绘等译，北京：中国财政经济出版社 2017 年版，第 80 页。

② 〔美〕埃莉诺·奥斯特罗姆：《公共资源的未来：超越市场失灵和政府管制》，郭冠清译，北京：中国人民大学出版社 2016 年版，第 11 页。

挥尽可能大的作用。"[1] 对于政府来说，分配活动必须在正义的范围内才可能体现其自身的价值；对于企业来说，分配活动必须保持有效的竞争优势才能存活下来。无论政府还是企业，在我国经济建设中都应该遵循效率正义原则，把科学性与价值性有机结合并贯穿到分配活动中。

最后，在个体层次上，我国分配制度正义整体重构需要遵循个体差异性正义原则。这里的个体差异性正义原则，是指国家在进行分配制度设计时应该充分考虑人与人之间在天赋、能力、体质和智力等方面的差别，根据每个人的工作业绩公平合理地分配收入或机会等资源。政治哲学家、经济伦理学家和政治经济学家等思想理论家都会或多或少地讨论社会财富分配的正义性问题。在不同的分配正义观的指引下，人们会采取不同的策略对待分配问题。美国艺术与科学院院士、英国科学院通讯院士托马斯·内格尔（Thomas Nagel，1937—　）坚持平等主义分配观："现代政治理论都同意，一个社会必须在某些方面平等地对待其成员，但它们在哪些方面应平等对待以及这些方面之间的优先性问题上存在分歧。"[2] 马克思主义者认为"资本与劳动分离是不平等分配产生的根源"[3]，应该采取消灭或者限制资本对劳动力的剥削。劳动价值论和剩余价值论是马克思对经济问题的深层次研究，是对经济增长并不能够自然地缩小贫富差距的深刻洞见。而经济学上的边际理论则主张同样的物品对不同的人具有不同的价值，强调了物品价值在满足人的需求方面边际递减的主观特性。因此，这是一种主观价值论和特殊价值论，对分配制度正义的整体重构也有分析作用。我们认为，社会财富分配特别是居民收入分配应该既要考虑社会整体的持续发展，

---

[1] 厉以宁：《非均衡的中国经济》（第 2 版），北京：中国大百科全书出版社 2015 年版，第 3 页。

[2] 〔美〕托马斯·内格尔：《平等与偏倚性》，谭安奎译，北京：商务印书馆 2016 年版，第 69 页。

[3] 张兆民：《马克思分配正义思想研究》，北京：中国社会科学出版社 2016 年版，第 67 页。

也应该考虑公民个体的独特需求。在微观领域，我国分配制度正义整体重构遵循个体差异性正义原则，"就是人们因某些被认可的差异而得到差等对待"①。把按劳分配与个体需求结合起来，一方面要控制功利主义大行其道，根据多劳多得的理念指导分配；另一方面也要矫正平等主义忽视个体差异的弊端，根据个体差异性正义原则分配收入。这样，既可以照顾竞争力先天不足的个体，减少社会问题；也能够激励能力特别出众的个体，进而推动社会的整体进步。在我国，工资性收入持续增加是消除居民贫穷的主要原因。我国分配制度正义整体重构，就是要保证贡献大的人获得高收入，同时要保证低收入群体获得基本收入。

3. 我国分配制度正义整体重构需要坚持三类法治原则

在现代文明社会，坚守法治正义是大多数国家追逐正义理想的必然选择。从政治哲学、法哲学的角度看，构建法治框架下的分配制度正义是实现国家整体正义与社会整体公平的理念基础和原则保障。因此，我国分配制度正义整体重构需要坚持三类法治原则：权力与责任相统一的法治正义原则；权利与义务相统一的法治正义原则；形式法治与实质法治相统一的法治正义原则。它们分别指向分配活动的主体、对象、过程。

首先，从制度建设主体的角度看，我国分配制度正义整体重构需要坚持权力与责任相统一的法治正义原则。在我国，分配制度正义整体重构是一种政府主导下公私组织都参与的国家行为，在分配领域合理地与正确地匹配权力与责任是权力主体守住法治正义底线的基本要求。国家分配制度建设事关社会资源管理活动，是政府履行公权力而开展的系统性社会行动。因此，分配活动既包含法律的因素，又包含权力的因素。在法治国家，人们应该学会区分"以权力分配的正义"

---

① 易小明：《分配正义原则的现实中国境遇》，《伦理学研究》2015年第5期，第76页。

还是"以法律分配的正义"①，并尊重"以法律分配的正义"。我国社会治理主体关于分配制度的修订及其分配活动的进行，都必须遵循和坚守法律的规制。为了重构分配制度正义，公私组织都应该遵循相同的行动逻辑，即权力与责任相统一的法治正义原则。在法治框架下，确保政府组织的分配地位与分配权力，明确政府组织的分配任务和分配责任。公私组织开展收入分配活动，必须做到有法可依、有法必依、执法必严和违法必究。我们坚定地相信：国家法律本身就是对正义价值的追求和对正义秩序的保障，国家公职人员在法律、制度、政策和规章的范围内正确地行使职位权力，既遵守岗位性制度又遵守法规性制度，这就是一种法治正义。在分配领域，国家机关关于社会资源分配的强制力必须被合法地使用，只有这样，才能够赢得公众的信任，进而不断完善我国的分配制度正义。

其次，从制度适用对象的角度看，我国分配制度正义整体重构需要坚持权利与义务相统一的法治正义原则。在分配制度适用对象中进行社会资源的分割与配给，既涉及人与物的关系，也涉及人与人的关系。为了完善分配制度的正义性，国家必须理顺分配制度所涉及的人与物、人与人之间的关系。根据法治正义原则，除了要求规范分配制度建设或实施的主体的权力与责任，还要规范分配制度适用对象或受益人的权利与义务。无论从伦理学、政治学还是经济学的角度看，分配制度适用对象既然是分配制度正义的主要受益者，那么他们就应该享有相应的权利并承担相应的义务。例如：劳动者享有按劳分配的权利，就有诚实劳动的义务；劳动者享有最低工资标准的权利，就有提供正常劳动的义务；企业或机关事业单位的员工在年老或丧失劳动能力后享有领取养老金的权利，就必须在此之前履行按时足额缴纳养老保险金的义务。我国在十九大之后强化了分配制度正义性建设，在很

①〔美〕博登海默：《博登海默法理学》，潘汉典译，北京：法律出版社 2015 年版，第 41 页。

大程度上推动了国民在初次分配中坚持权利与义务相统一的法治正义原则。除此之外，为了实现社会的公平正义，国家还不断改革与完善收入再分配政策。这些都要求公民必须依法申报和缴纳个人所得税、遗产税和赠与税。

最后，从制度施行过程的角度看，我国分配制度正义整体重构需要坚持形式法治与实质法治相统一的法治正义原则。作为一种整体的分配制度正义重构，它的建立与完善涉及分配活动的方方面面，必须实行形式法治与实质法治相统一的正义原则。从法治的角度看，我国分配制度正义整体重构需要把握有关分配制度的基本问题、主要特征，需要考虑分配制度的基本功能、实现途径。为了实现正义的理念，我国既要建立关于分配标准、分配方式、分配活动的法制形式，也要追求关于社会公平、人民幸福、国家安全的法治目的。陈国权教授认为，政治稳定、经济发展和法治建设是地方政府的三个目标，由此而来的是三种不同的治理逻辑，即政治逻辑、经济逻辑与法制逻辑，而三种逻辑在政府公共行政过程中经常发生冲突。[1]为了避免或者减少政府在分配过程中的自身冲突，我国分配制度正义整体重构需要坚持形式法治与实质法治相统一的法治正义原则。由英国的约翰·洛克（John Locke，1632—1704）、法国的孟德斯鸠（Charles Montesquieu，1689—1755）和美国的托马斯·杰斐逊（Thomas Jefferson，1743—1826）等人共同丰富和发展的近代法治思想，包含了形式主义法治理论与实质主义法治理论的萌芽。我国的现当代马克思主义法治理论更发展了形式法治与实质法治相统一的思想，这非常有利于推进分配制度上的起点平等，也有利于推进分配制度上的结果公平。

---

① 　陈国权：《正视地方政府法治悖论》，《理论学习》2016 年第 8 期，第 39 页。

（三）我国分配制度正义整体重构的基础制度安排

分配公平问题及其解决方式源于制度。裴长洪认为："收入分配制度是一个经济体的核心制度之一，也是判断一个经济体的性质的主要标准。"[1] 我国分配制度的正义整体重构是由政府代表国家进行的有组织的活动，要从根本政治制度、基本经济制度、一般文化制度方面进行整体安排。正如罗尔斯所说："正义是社会制度的首要德性，正像真理是思想体系的首要德性一样。"[2] 实现全体人民共享的分配正义，是我国分配制度体系的根本要求与经济体制改革的重要价值目标。

1. 我国分配制度正义整体重构的根本政治制度安排

为了国家经济制度正义整体目标的实现，我国必须从根本政治制度上对分配制度的内容进行理念、原则和框架的重新安排。因为"作为分配正义原则的帕累托改进包含对制度的必要改变"[3]，而我国的根本政治制度确定了国家的分配制度。我国的根本政治制度是人民代表大会制度，人民通过民主选举代表而行使自己治国理政的权力。例如，在北京市东城区等地方开展的"公推直选人大代表"制度就是我们在基层组织进行的民主选举人民代表的制度建设试验。[4] 民主制度建设是我国根本政治制度建设的重要组成部分，也是其正义性与合法性的保障。我国分配制度的正义整体重构，要求我国在政治制度层面上处理好各级人民代表大会与各级行政机关、各级司法机关之间的权责关系。而这些组织之间的权责关系是否明确和是否恰当，决定了国家的政治、经济和社会能否全面发展、协调发展、共同发展、可持续发展。对于处于发展中的我国来说，经济发展是硬道理，但发展中确保分配正义

---

[1] 裴长洪等：《中国基本分配制度》，北京：中国社会科学出版社 2016 年版，序言第 1 页。

[2] 〔美〕约翰·罗尔斯：《正义论》（修订版），何怀宏等译，北京：中国社会科学出版社 2011 年版，第 3 页。

[3] 姚洋：《作为一种分配正义原则的帕累托改进》，《学术月刊》2016 年第 10 期，第 48 页。

[4] 王宝国：《"公推直选"的制度试验及其理论意蕴——以北京市东城区为例》，《前沿》2015 年第 10 期，第 43 页。

更是政治改革的必然要求。分配制度建设涉及政府组织与公众、政府组织与企业组织、政府系统内部组织之间的关系安排。如果分配制度缺乏正义性，那么政府就无法赢得人民的支持。为了提高分配制度的正义性程度，国家必须从上至下进行政治体制改革，进一步转变政府职能，不断提高政府管理水平。我国的根本政治制度决定了我国必须选择一种平等的、公正的分配制度。在我国，党领导一切，政府掌管大部分社会资源。这就要求分配制度改革必须在共产党的领导下，由政府进行整体布局，经过各类组织稳健推进，最终实现其价值目标。

2. 我国分配制度正义整体重构的基本经济制度安排

我国分配制度正义整体重构的重点是对基本经济制度进行更好的安排，我国在经济体制机制转轨、经济转型的过程中的一些缺失或漏洞，成为居民收入分配差距持续扩大的重要原因。"总的来说，收入分配不均问题的解决直接关系到我国宏观经济的治理，也关系到社会和谐的建立。"[1] 为此，作为一种追求正义的分配制度建设，必须从根源上厘清产权关系，把基本经济制度建设作为首要的任务。从1949年起到1956年，我国逐步建立起了两种公有制为基础的社会主义基本经济制度。在现阶段，我国以公有制为主体、多种所有制经济共同发展的基本经济制度促进了经济发展，也在很大程度上体现了经济制度的正义性。不过，作为基本经济制度构成部分的分配制度仍然有一些不完善之处需要去解决。例如，前些年有学者所概括的当时我国分配制度存在的问题——"初次分配秩序混乱，既有制度存在缺陷"，"二次分配调节力度不够，制度保障力度未能跟上"，"第三次分配格局没有形成，制度设计存在空白"[2]——虽然初次分配所存在的问题已经得到基本解决，但二次、三次分配所存在的问题还没有得到彻底改观。在此

---

① 林毅夫：《解读中国经济》（增订版），北京：北京大学出版社2014年版，第230页。

② 胡凯、蒋阳飞：《收入分配与制度正义》，《求索》2009年第10期，第77页。

背景下,"收入分配是我国当前最受关注的一个社会经济问题之一"[1]。因为"制度正义的实质是利益关系的一定平衡"[2],所以包括分配制度在内的我国的基本经济制度必须升级。一方面,所有权的归属决定了使用权的分配,它在理论上表现为"持有正义与分配正义的哲学论争"[3];另一方面,正义的且合理的资源配置是经济效率的重要保证。虽然我国经济的快速发展是有目共睹的,可是伴生的收入不平等加剧了不同群体之间的贫富差距。在贫富两极分化日益严重的时期,分配正义问题成为经济发展问题的核心议题。深入分析和解决分配制度正义问题,对我国的经济发展和人民幸福都变得至关重要。为了增进分配制度的正义性程度,促进经济社会健康有序发展,北京大学国家发展研究院林毅夫教授发表了自己的主要观点。"在一次分配中达到公平和效率的统一,而把二次分配作为补充手段,解决初次分配可能会遗留的一点问题。"[4]唯有如此,我国的经济才能既有数量上的增长,又有质量上的提高。

3. 我国分配制度正义整体重构的一般文化制度安排

分配制度正义作为一种社会发展理念和制度安排,它需要全体国民在思想、观念和行为逻辑等方面进行文化重塑。这里所说的一般文化制度,是指我国各民族在历史上形成的共同的价值观、行为模式和思想传统,被国家以制度化的形式确定下来并用以指导和调整社会的意识形态,是观念形态的原则、规则和政策的综合。我国分配制度的建设与评价,关于资源与财富的分配活动的过程与结果的理念原则,都需要以基础性、一般性的文化制度安排为基础。资源、权利、义务

---

① 林毅夫:《解读中国经济》(增订版),第228页。

② 缪文升:《分配制度正义——基于自由与平等动态平衡的分析》,《南京师大学报(社会科学版)》2012年第4期,第16页。

③ 单飞跃、刘思萱:《整合性分配——社会分配正义的法哲学理路》,《经济法论坛》2004年第00期,第15页。

④ 林毅夫:《解读中国经济》(增订版),第231页。

的初始安排与后续调节都需要以制度化的意识形态进行操控。人们关于权利、权力和利益的自我意识，并非天然就是完备的。"需要""应得"和"平等"这些概念，是通过文化制度实践映射到人们的大脑里，从而塑造人们的分配正义观。我国的一般文化制度强调以社会主义精神文明为核心，它必然塑造人们对世界和人生的感觉与判断。未来的一般文化制度安排，应该更加突出地把社会主义对公平正义的强烈追求纳入科学与道德的体系建设中来。分配制度、分配政策和分配技术的选择都是人们追求幸福生活的手段，也是政府治理社会的工具，它与人们的一般文化制度安排息息相关。"工具的选择也会受到文化规范和意识形态的影响，反过来，工具的选择也会影响公众对政府的态度。"[1] 为了从整体上重构分配制度正义，我国正在不断发展中国特色社会主义文化，以满足人民对物质文化生活的更高要求。人们对自由、公平、正义的渴望，要求我国"必须坚定不移贯彻创新、协调、绿色、开放、共享的发展理念"[2]。只有坚持和完善中国特色社会主义一般文化制度，才能为中国经济发展和分配正义提供源源不竭的思想指引和道路自信，从而支持人们孜孜不倦地去追寻伟大的中国梦。

（四）我国分配制度正义整体重构的公共政策维度

　　一般来说，公共政策可以被认为是国家的公共权力机关或者社会权威部门面对社会形势，为解决突出的社会共性问题而对社会公共利益进行积极干预和人为调节的行动方案。从公共政策主客体维度和过程维度看我国分配制度的建设，有利于我们重新认识分配制度正义性完善的价值、意义和方法。我国分配制度建设也是国家公权力组织通

---

　　① 〔美〕莱斯特·M.萨拉蒙：《政府工具：新治理指南》，肖娜等译，北京：北京大学出版社2016年版，第9页。

　　② 习近平：《决胜全面建成小康社会　夺取新时代中国特色社会主义伟大胜利——在中国共产党第十九次全国代表大会上的报告》，第18页。

过相应的公共政策对经济利益进行分配或再分配的活动，具有很强的权威性和严肃性。为了重构我国分配制度正义，我们需要选用合法的决策主体，建立合理的政策程序，执行合宜的政策内容。

1. 我国分配制度正义整体重构的公共政策主体维度

从实践的角度看，分配制度的制定和执行都需要相应的公共政策主体，公共政策主体自身的好恶直接关系到分配制度正义的判断与选择。因此，公共政策学基本理论把民主化与科学化选择公共政策主体当作现代公共政策活动的显著特征之一。我们从分配政策的主体类型和主体思维方式两个维度，对分配制度正义整体重构提出两点建议。一方面，随着社会的发展和时代的进步，公共分配政策主体的类型发生了从单一主体向多元主体的演化。在当今时代，社会多元分配主体参与公共分配政策的制定与执行，既可以增加公共分配政策的合法性，又能够提高公共分配政策的质量。另一方面，随着知识经济时代和信息社会的到来，公共分配政策主体在思维方式上正在发生从经验思维向科学思维的转化。为了更好地理解分配制度正义的价值与目标，更有效地促进分配政策的实施与反馈，公共政策主体应该抛弃惯常的经验思维方式，采用国际上主流社会所倡导的科学思维方式。只有公共政策主体运用科学思维方式，才能创建既有现实性又有前瞻性的公共政策。无论是公共政策主体的来源多元化，还是公共政策主体自身的思维方式更新，都是建设中国特色社会主义分配制度的必然要求。因为公共政策是"对一个社会进行的权威性价值分配"①，而收入分配政策是公共政策中最重要的组成部分。公共分配政策主体在人员构成和政策思维方面的改善，有利于提高分配政策活动的稳定性与可靠性，有利于提高分配政策活动的合法性和正义性。所以，我国分配制度正义

---

① 〔美〕戴维·伊斯顿：《政治体系：政治学状况研究》，马清槐译，北京：商务印书馆1993年版，第122页。

整体重构首先就应该考虑从公共政策主体维度进行变革，然后才是从公共政策客体维度和过程维度考虑如何推进分配制度正义性的完善。

2. 我国分配制度正义整体重构的公共政策客体维度

分配政策主体总是伴随着分配政策客体而出现。我国分配制度正义整体重构的公共政策客体维度包括两个方面内容：分配政策问题和分配政策对象。一方面，政策主体必须对分配政策问题进行深刻分析，能够准确区分哪些是社会问题，哪些是政策问题，知道二者之间如何关联与转化。为了推进社会公平正义，国家必须建立并打开从社会问题到政策问题的通道。分配制度或分配活动的相关者，通过对分配政策的科学研究，在理性基础上更合理地察觉、界定和描述分配政策问题，更好地分析和选择分配政策方案。特别值得一提的是，我国的分配政策应该竭力避免"反规范的正义"[①]。公共政策主体应该有意识地建设分配制度和分配政策的规范，杜绝政府权力的腐败，减少公共政策的随意性。另一方面，我国分配制度正义整体重构必须考虑公共政策对象——社会成员——的属性、特征和范围。在分配政策对象的辨识与选择上，公共政策主体需要提高区分一般群体与目标群体并将目标群体进行细化的能力。在许多情况下，分配政策主体只能照顾到目标群体的生存体验及其政策反应。而弱势群体通常是分配制度的某个层面——社会保障政策——关注的重点。通过观察分配政策主体对待分配政策目标群体的行为方式并分析其价值理念，能够明察一个国家分配制度方案的指导思想是否先进。当今时代，中国的分配制度正义正在日渐完善，已经把共享式发展作为分配制度和分配政策建设的目标。党的十八届五中全会提出了"创新、协调、绿色、开放、共享五大发展理念"，这对重新激发社会活力、推动经济发展、提升人们

---

① 〔美〕南希·弗雷泽：《正义的尺度》，欧阳英译，上海：上海人民出版社 2009 年版，第 57 页。

获得感具有举足轻重的意义。"共享发展注重的是解决社会公平正义问题"①，它既有利于分配政策问题的高效解决，更有利于分配政策所涉及的社会成员获得幸福感。

3. 我国分配制度正义整体重构的公共政策过程维度

一个健康的、合理的和正义的公共政策，既离不开政策主体的构成方式，也离不开政策客体的确认与选择，更离不开恰当和有效的政策过程。从公共政策过程维度来看，我国分配制度正义整体重构需要考虑分配政策的制定、实施和评价。特别是公共分配政策的实施，既关乎分配政策本身的功能实现，又关乎人们对分配政策的价值认知。因为公共政策主体知道，"政策最基本的特征就是充当人们处理社会问题、进行社会控制以及调整人们之间关系特别是利益关系的工具或手段"②，分配制度和分配政策的这种特征就更明显。可以从公共政策的三个方面来看我国的分配制度。首先，从公共分配政策制定的角度看，我国分配制度正义整体重构，必须考虑分配政策环境、分配政策理论模型、分配政策议程建立等环节。所以，分配制度和分配政策的制定者应该针对当前的政策环境，运用多种政策理论模型，建立合理的政策议程，制定适合我国国情且公平正义的分配政策。其次，从公共分配政策实施的角度看，我国分配制度的正义整体重构，必须考虑具体的政策条件、面临的现实障碍、实施的完整过程、政策执行的策略等内容。在这个过程中，分配政策执行者应该杜绝务虚的、教条的行为，切切实实地卸掉历史包袱，清除前方路障，选用有效手段，积极有效地推进政策的实施。最后，从公共分配政策评估的角度看，我国分配制度的正义整体重构，必须考虑政策的根本原则、评价标准、操作步骤与现实意义。"所谓政策评估，就是依据一定的价值标准和事实标

---

① 中共中央文献研究室：《十八大以来重要文献选编》（中），北京：中央文献出版社2016年版，第827页。

② 陈振明：《公共政策分析导论》，北京：中国人民大学出版社2017年版，第25页。

准，通过一定的程序和步骤，对政策实施中的价值因素和事实因素进行分析，目的在于利用这些政策相关信息，对政策结果和政策未来走向作出基本的判断。"[1] 为了社会的公平正义，分配政策制定者与执行者必须听取利益相关方对分配政策的评价，吸收合理的意见和建议，从而决定分配政策的未来走向。根据效率、效益和公正性等标准，公共分配政策评估者对分配政策的效果进行评价，并由此调整分配制度的内容。

三、我国分配制度的正义评价体系的完善

一个国家所有的政治制度、经济制度、文化制度和社会制度都要接受人们的评判，这是现代文明国家政权合法性的基本要求。而在所有的评判当中，人们对制度做出的合理性与正义性的评判又是重中之重。其中，分配制度是否正义以及正义的程度更关乎人们的幸福感。虽然我们知道人们对分配制度正义性的评价是在事实判断基础上进行的价值认识与态度，可是我们还是要努力建立一种可以被大多数人所接受的评价体系。从学科的角度看，正如有学者所说，收入分配制度改革既是一个经济学科问题，又是一个社会学、政治学与行政管理以及马克思主义学科问题，它是经济学、社会学、政治学与行政管理和马克思主义学科等的交叉地带；不同学科运用不同的方法从不同的视角对收入分配制度改革进行研究，每一学科的研究既有其独特的优势，又存在缺陷与不足。[2] 正因为如此，本小节筹划从按劳分配、按要素分配以及人文关怀的角度探讨分配制度正义评价体系的完善问题。

---

[1]　谢明：《公共政策分析概论》（修订版），北京：中国人民大学出版社2016年版，第245页。

[2]　陈婷：《多学科视角下我国收入分配制度改革研究综述》，《改革与战略》2015年第7期，第200页。

（一）优化按劳分配的分类评价指标体系

在一个生产力还不够发达、人们还依靠劳动来谋生的发展中国家，主要实行按劳分配制度具有必然性。我国的分配制度从建立到改革再到完善，经历了数次比较大的实践改变，其过程的复杂绝非一般企业组织再造可比拟。我国社会主义分配制度始终坚持按劳分配为主体，但按劳分配制度在不同历史阶段具体如何操作以及如何评价则有所不同。为了完善我国分配制度的正义评价体系，中央政府应该在全社会建立起优化按劳分配的分类评价指标体系。

1. 优化按劳分配分类评价指标体系的概念界定

改革开放以来，基于国家政治和经济制度的正义目标，我国建立了以按劳分配为主体、多种分配方式并存的分配制度。为了更好地理解"优化按劳分配分类评价指标体系"，这里需要说明与界定几个关键性的概念。首先，在收入分配领域，以按劳分配为主体的分配制度在我国已经实行多年了。因此，这里之所以使用"优化"一词，是因为我国的分配制度特别是按劳分配制度早已建立，并且正在进行改革和朝着更优的方向前进。其次，我们需要理解与界定按劳分配中的"劳"的概念。"劳"是"劳动"的简称，"劳动"在哲学上被定义为主体、客体和意义的内涵集成体，被理解成人类改造自然、社会与自身的一种活动。从消耗能量的形式来看，传统的劳动分类理论把劳动分为"脑力劳动"和"体力劳动"两大类；从能量输入和输出的角度看，有人把劳动分为"体力劳动""脑力劳动""生理力劳动"三种基本类型；从劳动的复杂程度来看，人们通常把劳动分为"简单劳动"与"复杂劳动"。我们认为，抽象的"劳动"把人类的活动与休息区分开来，而具体的"劳动"才是每个个体拥有劳动价值并换取财富的手段。每个个体的具体劳动，既有性质的不同，又有数量的差异。因此，我们认为必须结合具体情境才能准确理解"劳动"的概念。最后，基于劳动的普遍性与特殊性，我们认为需要完善的是收入分配制度中的按劳分配指标体系，建议采取一种"分类评价"的方案或分类评价指标体系，区分人们的劳动类型，确定人们的劳动强度、劳动时间和劳动结果及其对劳动报酬的影响，进而科学和准确地区分各种劳动在性质与数量上的异同，并以此为依据分配劳动收入。

2. 优化按劳分配分类评价指标体系的哲理分析

在分配制度中强调按劳分配的主体地位，并采取分类评价指标体系对其进行评价，这是我国完善分配制度正义的必经之路。因为优化按劳分配分类评价指标体系具有历史必然性、现实必要性和现实可行性。首先，是具有历史必然性。改革开放以来，我国的社会劳动的行业和种类、形式变得日益多样和复杂，原有的按劳分配制度所依据的评价体系已经落后，不能够充分有效调动人们劳动的积极性，明显不利于社会各个领域的发展。也就是说，我国的经济、政治、文化和社会的发展，呼唤科学且正义的按劳分配制度的出现，而分类评价指标体系正是实现这种分配方式的必然要求。其次，是具有现实必要性。每一种劳动在劳动时间、劳动方式、劳动结果等方面存在异同点，只有根据劳动者的劳动类型、劳动结果的质量与数量等因素来分析、评价和安排具体的按劳分配制度，这样的分配制度才是正义的。也只有在科学的和正义的按劳分配制度中人们才能根据各自的收入来确认各自的劳动价值。最后，是具有现实可行性。现代经济学、管理学、统计学、逻辑学、伦理学、政治学、数学与哲学等学科的快速发展，为建立和优化按劳分配分类评价指标体系提供了理论指导和操作程序。特别是计算机科学和互联网技术的发展，为建构科学的按劳分配分类评价指标体系提供了包括大数据在内的各种支持。在新时代，人们可以更准确地划分劳动类型，更精确地评估劳动绩效。因此，优化按劳分配分类评价指标体系已经成为公共政策领域和分配领域可行的活动方案。

3. 优化按劳分配分类评价指标体系的具体内容

随着现代管理学、数学和计算机科学的迅猛发展以及市场经济体制改革的持续进行，人们越来越有条件建立一种独立的、科学的和系统的按劳分配分类评价指标体系。在这方面，我们既要防止评价标准的千篇一律，也要杜绝评价方法的花样百出。历史上伟大的古希腊政治学家和哲学家亚里士多德认为："正义的（合法的）分配是以应该付出恰当价值的事物授予相应收受的人。"[①] 我们建立和优化按劳分配分类评价指标体系，正是科学地认识和理解了不同劳动者在劳动性质与数量上的差异性和融通性，并由此确定收入分配的公平性和正义性。我们设计了按劳分配分类评价指标体系的表格（表 5-1），不同行业、不同组织的管理者可以据此表格再去详细绘制更符合自身特点的评价指标体系。

表 5-1　按劳分配分类评价指标体系

指标层级	指标类别	指标权重	质量指标	数量指标	综合结果
I	劳动绩效	0.8	关键绩效	某个劳动节点的绩效	优秀 良好 中等 合格 不合格
			一般绩效	某段劳动时期的绩效	
II	职业素质	0.1	职业理想	跳槽频率、职业关联度	
			工作态度	出勤率、加班率、失误率	
III	德智水平	0.1	道德素质	美誉度、知名度	
			智力水平	智商、情商、学历等	

按劳分配分类评价指标体系旨在为不同行业、职业和岗位的管理者提供一种参考范式，为考核与评定人们的劳动并据此决定收入分配情况奠定理论基础。这里应该特别强调的是，根据《中华人民共和国职业分类大典》，我国职业在 8 个大类下面有 434 个小类、1481 个职业，2669 个工种。[②] 由此可见，在劳动方面，每个个体都会有行业、

---

① 〔古希腊〕亚里士多德：《政治学》，吴寿彭译，北京：商务印书馆 2011 年版，第 149 页。

② 国家职业分类大典修订工作委员会：《中华人民共和国职业分类大典》，北京：中国劳动社会保障出版社 2015 年版，第 17 页。

职业乃至自身条件的异同。劳动者的收入分别受到制度、市场和自身状况的影响。我国在分配制度设计上，既要考虑公平因素，为劳动者确定最低工资标准；也要考虑效率因素，为劳动者确定绩效标准。虽然我国经济社会的情况比较复杂，可是党和政府依然确立了按劳分配在初次分配中的主体性地位。优化按劳分配分类评价指标体系，更有利于规范收入分配秩序，更有利于保障劳动者权利，因而就更有利于完善分配制度的正义。

（二）优化按要素分配的科学评价指标体系

在我国，收入分配不公的原因是多种多样的。在我国市场经济条件下，评价国家分配制度是否正义以及正义的程度，除了评价其是否推行公平正义的按劳分配政策，还要看其是否建立、执行和优化了按要素分配的政策。劳动者通过各种形式的劳动创造价值，这个过程离不开其他因素的作用，包括土地、资本、信息、技术和管理等。"按要素分配"就是指除了"劳动力"之外的生产要素参与到国民收入的初次分配中来。按要素分配，也就是国家根据各种生产要素对国民经济的贡献来分配收入，包括由管理产生的工资、由资本产生的利息、由土地和厂房产生的租金、由经营产生的利润等。多年来，我国"坚持和完善按劳分配为主体、多种分配方式并存的分配制度，健全劳动、资本、技术、管理等生产要素按贡献参与分配的制度"[①]，分配制度越来越健康和正义。政府一方面坚持以按劳分配为主，另一方面也加大了其他要素参与分配的比例。政府已经意识到：一种合理的和正义的分配制度，必须把生产要素、生产条件以及生产资料所有权纳入制度体系里。从经济学分工理论来看，实行按要素分配并优化其评

---

① 中共中央文献研究室：《十七大以来重要文献选编》（上），北京：中央文献出版社2009年版，第30页。

价指标体系，有利于促进人们合作共赢，有利于推动分配制度正义的完善。

1. 优化按资本要素分配的科学评价指标体系

为了建立公平正义的分配制度，我国需要优化按资本要素分配的科学评价指标体系。我国改革开放四十多年的经验，证明了社会主义也可以根据经济学的科学规律来发展市场经济。评价资本主义制度优越还是社会主义制度优越，不在于是否允许或鼓励资本家的逐利行为，而是看政府能不能正确引导和规制资本的这种行为。在健康的市场经济条件下，逐利本性促使人们把资本投放到国民经济建设中来，以便谋求更多的利润。由于资本的介入，社会化大生产的规模经济效益才得以发生。不过，在纯粹自由状态下，资本会遵循自身的逻辑无限扩张，直到发生经济危机。我国社会主义经济制度，就是既要充分发挥资本对国民经济建设的积极作用，又要采取有效的手段防止资本扩张的恶性后果。如何评价资本在创造社会财富中的地位和作用，就成了分配制度设计必须考虑的内容。

在社会主义市场经济中，资本家的投资收益、资金的储蓄利息、有价证券买卖的差额、出租或出售不动产的获益，都是按资本要素分配的表现形式。按照资本要素对收入进行分配，既由客观经济规律决定，也受体制机制的影响。为了市场经济健康有序的发展，为了人们公平地享受经济发展成果，政府对收入分配进行科学干预就成了国家治理必不可少的手段。如果一个国家的经济发展过度资本化，那么无法避免发生严重的经济危机。如果放纵资本的本性，任由资本扩张而不加以限制或调节，则会持续扩大社会贫富差距。有的时候，资本所有者的投资行为并非是完全理性的结果，也并非通过公平的手段获得资本收益。资本所有者对国民经济财富的占有和分割，受市场机制和非市场机制双重因素的影响。国家必须通过货币政策、金融政策、财政政策、土地政策等公共政策手段，优化资本配置，调节资本收益，控制投资风险。

我们认为，优化按资本要素分配的科学评价指标体系，就是要根据我国国情，运用经济学和政治学等科学知识对资本所有者或资本管理者的投资行为进行主动调控，在保证分配公平的前提下促进投资效率的提高。对于政府投资或社会投资的公共项目，政府更应该科学论证其投资风险与收益，建立科学有效的负面清单管理模式。"政策工具的直接性不仅会影响公共项目的全局有效性，也会显著影响项目实现公平与再分配目标的能力，这一点在施行此公共项目的政策工具缺少对实现公平性目标的激励措施时尤为明显。"① 在初次分配中就科学合理地评价资本要素的作用，这是国家维护经济平衡发展的必要手段，也是社会主义分配制度正义性的内在要求。

2. 优化按技术要素分配的科学评价指标体系

早在 1988 年，邓小平同志就鲜明地提出"科学技术是第一生产力"的论断。这个论断准确地预见了人类社会未来的支撑点。在科学技术迅猛发展的今天，科学技术正在改变和塑造人们的生活习惯、组织的运营方式、国家的文明类型。科学研究与发现对人们的影响可能是间接的、缓慢的，而技术发明和创造对人们的影响则是直接的、迅捷的。在知识经济时代，科学技术日益成为国民经济发展的重要推动力量，生产的技术要素越来越能够决定大多数组织的兴衰成败。国家允许和鼓励技术要素参与收入分配，就需要建立一种科学评价指标体系，来测算技术要素在生产中的作用与价值，由此决定技术要素的收益。我们认为，按技术要素分配的科学评价指标体系（表 5-2）主要内容可以包括五个评价指标和五个评价等级。

---

① 〔美〕莱斯特·M.萨拉蒙：《政府工具：新治理指南》，肖娜等译，第 26 页。

表 5-2　按技术要素分配的科学评价指标体系

评价指标	评价等级				
	I	II	III	IV	V
提高劳动生产率	十分显著	比较显著	一般	较少	没有
改善作业方式	十分显著	比较显著	一般	较少	没有
提高利润	十分显著	比较显著	一般	较少	没有
降低成本	十分显著	比较显著	一般	较少	没有
降低能耗	十分显著	比较显著	一般	较少	没有

从技术要素对生产发展和社会进步的作用来确定技术要素的收入，必须建立包括科技创新奖励机制、技术入股和专利收益机制在内的一整套机制。按技术要素分配，主要包括以专利权的形式获得专利收益和以技术入股的形式获取利润分红两个方面。社会对技术要素的回报，既要看其短期效益，也要看其未来前景。在分配领域，国家需要鼓励企业和事业单位研发和使用新技术，鼓励技术人员获得高于平均工资水平的收入。在国家层面，政府需要健全知识产权保护制度、科技发明奖励制度，引导人们走上科技创新之路。

3. 优化按管理要素分配的科学评价指标体系

在知识经济时代，使用管理要素的一方要对拥有管理要素的一方支付相应的报酬，随着管理要素对生产经营效率和结果的贡献越来越大，管理要素拥有者获得的报酬也越来越多。管理要素对社会化大生产的影响日益显现，对组织自身发展的作用不容忽视。我国分配制度正义完善，必须借鉴西方国家分配制度改革经验，学习世界上经济社会发展良好的国家的分配制度改革理论。

管理者为组织贡献自己的管理才能，既包含了一般性的体力劳动和脑力劳动，又包含了带有知识和创新的复杂劳动。管理者以直接的脑力和体力劳动获得劳动报酬，这属于按劳分配部分；管理者以特殊的管理才能和管理贡献获得报酬，这属于按管理要素分配。按管理要素分配的表现形式，包括了组织负责人由承包制获得收入、经营者由年薪制获得收入、管理者由津贴制获得收入，等等。构建和完善我国的分配制度正义，需要从整体的国家和具体的组织两个层面建立和优化按管理要素分配的科学评价指标体系。一方面，在具体的组织层面上建立管理要素分析模型，分析和评价管理者的经营战略思想、业务流程改造情况、组织结构设计理念、信息技术应用和管理能力、人员绩效测评手段等各项管理要素的作用、贡献，由此确定管理者的收入。为了更好地推行按管理要素分配的制度，企业和事业组织必须建立管理的梯级多层次结构以及相应的薪酬制度。因此，按管理要素分配制度需要引入科学的职级工资机制、合理的任期激励机制和广泛的管理创新奖励机制等。另一方面，国家对分配制度进行整体设计和改造，引导人们深入分析管理的本质、精准衡量管理的价值、综合看待管理的作用等，为管理要素获得合理的报酬创造公平的政策环境和良好的文化氛围。当今我国如火如荼地进行政府行政管理体制改革，就是要改革政府机构的管理职能，提高政府机构的社会治理能力。"在这种行政决定对收入分配的强大作用和影响下，地方、单位和个人的差异无疑就处在次要位置，中央部门对于收入分配的政策决定与行政管理无疑是改革重点和矛盾主因。"[①] 在新的收入分配管理哲学指导下，政府不断探索管理科学规律，不断改革收入分配管理体制，推动各类组织提高按管理要素分配的科学性与公平性。

总之，建立和优化按要素分配的评价指标体系，就是在市场经济条件下，必须承认和尊重劳动因素以外的收入的合法性，并根据各种收入之间的比例是否合理来评价其正义性。我们比较认同的观点是：

---

① 万海远：《收入不平等与公共政策》，北京：社会科学文献出版社2017年版，第262页。

以"要素所有权"为依据，以"要素贡献"为最终决定因素。[①] 我国设计一种正义的分配制度，必须包含按要素分配的内容。我们已经看到，在分配制度中加入科学的按要素分配内容，符合现代化大生产的需求，在市场经济中具有完全的合理性。这是一种更加公平和正义的制度。而优化按要素分配的科学评价指标体系，则能够为分配制度的正义完善提供要素贡献方面的依据。

（三）优化分配制度的人文关怀评价指标体系

我们评价一个国家分配制度是否公平正义，除了考虑按劳分配、按要素分配以及其他分配方式是否公平正义，还应该考虑这种分配制度是否具有人文精神。我们认为，应该在人文关怀维度上建立和优化一整套评价我国分配制度正义性的指标体系。

1. 什么是分配制度的人文关怀评价指标体系

在分配制度方面建立和优化人文关怀评价指标体系，目的是关注和关心作为国家公民的每一个个体的存在，肯定他们的生存需要，保障他们的基本权利，承认他们的主体自我，尊重他们的精神追求，鼓励他们进行自由创造。这在实质上是把人民看作国家存在和发展的目的而不只是手段，是把公民看作组成国家共同体的既有共性又有个性的独特存在者。分配制度的人文关怀评价指标体系包括起点关怀评价指标族群、过程关怀评价指标族群、结果关怀评价指标族群，每个评价指标族群又包含物质文明类评价指标、精神文明类评价指标、制度文明类评价指标和生态文明类评价指标。建立并优化分配制度的人文关怀评价指标体系，是公民意识已经觉醒的精神象征，也是我国分配制度建设进入更高阶段的鲜明标志。

① 孙咏梅：《"要素所有权"与"要素贡献"论——"按要素分配"问题的实质与衡量标准》，《经济学家》2003年第3期，第33页。

为了准确测评我国分配制度的公平正义性，为了实现我国经济制度的根本价值目的，我们绘制了我国分配制度的人文关怀评价指标体系表格（表5-3）。

表5-3 分配制度的人文关怀评价指标体系

评价指标层级	评价指标名称	评价指标类别			
		物质文明类	精神文明类	制度文明类	生态文明类
I	起点关怀评价指标族群	生产工具 生活资料	心理健康 公民意识	所有权制度	生态经济
II	过程关怀评价指标族群	生产过程 生活状态	生存理念 生活哲学	收入分配制度	生态环境
III	结果关怀评价指标族群	生产结果 生活感受	思想自由 终极信仰	社会保障制度	生态文化

2. 为什么建立分配制度的人文关怀评价指标体系

在分配制度设计和评价中加入人文关怀因素，这是由我国国情决定的，反映了我国经济制度特别是分配制度具有调节人民利益、保障人民幸福的功能。建立分配制度的人文关怀评价指标体系，这是我国社会主义分配制度彰显正义性的又一举措。

在改革开放后的较长一段时期内，我国分配制度的人文关怀精神遇到了功利主义的挑战。建立和优化分配制度的人文关怀评价指标体系，可以帮助我国的分配制度回归到道义的正轨上。分配制度正义完善最终要解决的就是"分配尺度与人的发展尺度相统一"[①]的问题。我国在快速发展过程中出现了一些阻碍人们追求健康、和谐与幸福的因素，例如精英阶层的信仰缺失、中产阶级的自我封闭、一般大众的知识不足等。这些都同收入分配不公有着千丝万缕的联系。而当代正义理论和实践的发展，对我国分配制度建设提出了更高的期望和更严格

---

① 何建华：《分配正义论》，北京：人民出版社2007年版，第6页。

的要求。

随着社会学、心理学、管理学和政治学的发展，人们更加强调人的价值和尊严，更加关注公民个体的心理感受和情感需求，更加尊重人的主体性和创造性。提高人文关怀指标在分配制度评价中的比重，无疑是社会主义人道主义的要求。无论是罗尔斯的差别原则，还是德沃金的资源平等原则、阿玛蒂亚·森的能力平等原则，都把平等分配和公正分配放到了重要位置上。人本主义心理学的创立者、美国心理学家亚伯拉罕·马斯洛（Abraham Harold Maslow，1908—1970）的需要层次理论和美国心理学家约翰·斯塔希·亚当斯（John Stacy Adams，1925—　）的公平理论（又称社会比较理论）就分别研究了人的需要的满足和人的快乐的感觉，从分配制度正义的角度看，就是人们既需要通过自我纵向上的比较来获得满足，也需要通过与他人横向上的比较来获得满足。我们认为，除了用公平分配的刚性标准来界定分配制度的正义性，我国还应该建立人文关怀的柔性指标来测算分配制度的正义性。这样，作为物质与精神统一体的公民，就把物质需求与精神感受、政治需求与政治感受、文化需求与文化感受、伦理需求与伦理感受等方面的因素有机结合起来，从而真正走上独立的和幸福的道路上。

3. 怎样优化分配制度的人文关怀评价指标体系

我国独特的经济制度、政治制度和文化制度决定了我国分配制度应该包含人文关怀内容。因此，建立和优化人文关怀评价指标体系是完善我国分配制度正义的必然选择。我们认为，应该从物质文明、精神文明、制度文明和生态文明四大文明的类别来考察分配制度是否包含了人文关怀因素，建立和优化起点关怀评价指标族群、过程关怀评价指标族群、结果关怀评价指标族群，以此对我国分配制度正义进行进一步完善。

首先，建立和优化起点关怀评价指标族群是为了在我国分配制度中加入起点关怀因素，促进分配起点的正义。即保证人们在物质文明方面获得最有利的生产工具、最基本的生活资料；在精神文明方面形成最基本的心理健康、最一般的公民意识；在制度文明方面受到分配制度的保护；在生态文明方面建立起生态经济。

其次，建立和优化过程关怀评价指标族群是为了在我国分配制度加入过程关怀因素，促进分配过程的正义。即保证人们在物质文明方面获得连续、协调和均衡的生产过程以及健康的和安全的生活状态；在精神文明方面形成平等的和持续的生存理念、独特的和受人尊重的生活哲学；在制度文明方面享受合理的收入分配制度；在生态文明方面营造良好的和人人受益的生态环境。

最后，建立和优化结果关怀评价指标族群，在我国分配制度设计和实施过程中加入结果关怀因素，是为了促进分配结果的正义。即保证人们在物质文明方面都能享受社会的生产结果以及获得美好的生活感受；在精神文明方面每个人享有思想自由以及内在的终极信仰；在制度文明方面获得社会保障制度的调节与保障；在生态文明方面培养和享受和谐的生态文化。

从政治哲学的视角看，我国在分配制度正义评价中建立和优化人文关怀评价指标体系，既包含了财富、收入和机会在内的"有限的善"，也包含了权利、自由和平等在内的"无限的善"。把人文关怀纳入分配制度正义的外延，能够充分彰显我国分配制度的优越性。

综上所述，建立和优化我国分配制度正义的评价体系，需要综合考虑各种自然的和人为的因素，应该从关注人的自然性存在过渡到关注人的社会性存在，再升华到关注人的精神性存在。分配制度建设及其正义性完善是一项复杂的社会系统工程，包括政府、企业和公众在内的所有参与者，只有不断地进行理论创新以及实践改造，才能够做得更好。

四、我国分配制度关键性机制的正义完善

尽管世界现代文明已经解决了许多问题，甚至在经济、政治、文化和科技领域创造了许多奇迹，可是在消除人口贫困以及实现社会公平等方面依然任务艰巨、困难很多。在大多数国家，与贫困问题直接相关的就是分配制度正义问题。在国家层面，分配制度是否正义以及正义性程度成为解决贫困问题的关键因素。社会主义分配制度的实现离不开相应的分配机制的作用。其中，分配制度正义关键性机制的完善是分配制度正义完善的重要环节。因此，为了社会的稳定与国家的繁荣，我们必须改革和完善分配领域的关键性机制。我们认为，我国在分配制度建设中必须坚持理想主义与现实主义相结合的准则、人本主义与科学主义相结合的准则，从改革我国分配领域不够完善的决策机制、建立调节收入分配差距的动态平衡机制、强化由形式平等到实质平等的进阶式分配机制入手，抓住分配制度正义完善的关键性要素，不断完善分配制度的公平正义性。

（一）改革我国分配领域的决策机制的某些不完善方面

在分配领域，收入分配的标准、方法和结果影响着人们的生产和生活的方方面面，分配制度是否正义及其正义程度更关系到经济制度的合法性和政治制度的本质德性。满足人民群众的基本需求，解决收入分配不公的问题，这是党和政府承担国家建设和社会治理等公共责任的重要方面。目前来看，分配领域的决策机制不够完善仍然是制约分配问题得到顺利解决的瓶颈。在分配方面进行科学的决策，是现代政府的领导者必须履行的最基本和最重要的领导职能。为了我国分配制度正义目标的实现，我们必须改革和优化分配领域决策的价值理念、基本原则、运作程序、实践方法和关键机制。

1. 我国分配领域决策机制存在的问题

首先，从分配领域决策的质量维度来看，中央政府的分配决策质量高、人民满意，而一些基层组织的某些分配决策存在质量不够高、人民不够满意的问题。我国的综合国情及其特殊的政治制度和行政管理制度，决定了各级领导者对分配领域的重大问题具有不容置疑的决策权，因而对分配制度和分配决策的结果负有主要责任。然而呈现在公众面前的现实情况是，一些基层政府的个别领导者认知能力欠缺、外在客观决策条件的不成熟以及公共政策执行手段的落后等，导致他们没有严格按照分配制度正义的价值诉求去做高质量的分配决策，没有完全保护在收入分配中处于最不利地位的群体的利益，没有完全达到我国分配制度的公平正义要求，引发当地群众对收入分配政策产生不理解、不接受的现象。

其次，从分配领域决策的程式维度来看，有些基层组织的决策存在程序不健全、手段比较落后，甚至违背决策的科学规律等问题。例如：有的基层组织在一些事关群众切身利益的分配决策过程中，存在着掌握分配决策权的领导者经常忽略组织系统内部的沟通协调，不愿意接受外部专家的建言献策和社会公众的评价反馈，甚至存在决策一言堂的严重问题。基层的个别组织和部门在分配制度制定和分配政策执行过程中，缺乏规范化的决策程序、科学化的决策手段和民主化的决策方法，导致某些领导者经常采用专断的领导方式开展领导活动，由此导致分配领域的决策无法充分反映民众的呼声，无法真正代表社会公共利益。现代领导科学和公共政策学研究发现，离开相应的法律制度与技术规则，不可能实现分配领域的科学决策与民主决策，有关分配问题的公共政策也不可能获得社会公众的认可与支持。

最后，从分配领域决策的思想维度来看，由于历史的原因和自身的原因，一些基层组织的决策者存在知识结构不合理、思维方式不正确、决策观念陈旧等问题。政府部门机构和企事业单位的领导者作为分配制度和分配政策的执行者，其中一些人存在教条主义、本本主义和官僚主义的作风问题。这些情况决定了这些领导者无法做出科学的决策，当然也无法进行公平的分配实践。

2. 解决分配领域决策机制问题的理性建议

我们通过研究公共政策学和领导科学而知，"决策是指人们为了达到或实现一定目标，在占有信息和经验的基础上，根据客观条件，借助一定方法，从提出的若干个备选行动方案中，选择一个满意而科学的方案所进行的分析、判断和抉择的过程。它包括发现问题、选择目标、收集信息、制定方案、评估选择方案、做出决断、组织实施、掌握信息反馈等活动"①。良好的公共政策的制定和实施离不开良好的决策，改革分配领域的决策机制是完善我国分配制度正义的关键性举措。根据上面所指出的分配领域决策机制中存在的基本问题和原因，应采取以下三个方面的措施。

首先，在分配领域强化目标管理和结果导向的决策机制，不断追求优质的决策质量。为了充分实现分配制度正义，分配决策部门要把决策理论与目标管理理论有机结合起来，强化决策的目标意识与绩效意识，在明确决策的主体责任同时，建立一整套角色定位清晰、岗位职责明确、决策机制规范的现代决策制度。为了有效决策，领导者提出的决策目标必须明确、可行、清晰和具体，决策主体必须权衡分配方案的轻重缓急并区分主次，政策执行者必须清楚分配活动的附加约束条件。只有在公共政策相关各方积极互动的情况下，分配活动才能顺利进行，分配制度正义才可能不断完善。

其次，在分配领域采用科学与民主的决策机制，不断优化决策的程式。领导者必须遵循现代科学决策程式，把决策分析、方案选择和政策实施分剥为不同的阶段。为了完善我国分配制度正义，仅仅发挥

---

① 尤元文：《领导决策方法论》，中共中央党校 2002 年博士学位论文，摘要第 1 页。

领导者的主观能动性是远远不够的，还必须建立一种可以不断自我优化的决策程序机制和决策方式机制。在现代领导科学决策机制建设过程中，必须把决策信息采集和决策后果反馈纳入领导者工作日程，必须把决策原则确立机制与决策内容修改机制嵌入决策程式。政府组织还需要实行分配决策的民主制度，包括专家咨询与公众听证制度，民主决策程序机制，以及民主试错、容错、纠错与问责机制。

最后，在分配领域建立领导者选拔、培训与淘汰的机制，不断改善决策者的决策理念。要想改革我国分配领域不够完善的决策机制，就必须培养、选拔、任用一批拥有现代决策理念的领导者。因为承当公共政策职能的领导者，其决策理念会指引他们的决策方向。现代决策者应该具备前瞻性的决策理念，淘汰过时的思想观念。为了我国分配制度正义的完善，国家需要选用或者培养一批具有世界眼光、战略思维、全局意识和正义精神的领导者进入分配领域，开展领导者的"决策理念革命"，从而让法制化、民主化、科学化的决策理念深入人心，让分配制度成为人民福祉的源泉和保障。

（二）建立调节收入分配差距的动态平衡机制

多年来，我国党和政府一直强调，合理的收入分配制度是社会公平正义的重要方面[①]，共同贫穷和贫富悬殊都不是社会主义社会的本质要求，以适当收入差异为基础的共同富裕才是社会主义社会所实现的分配制度正义。在个人收入随着市场经济的发展而经常发生波动的时候，在国民财富由于法律制度的不健全而存在分配不够公平的情况下，建立调节收入分配差距的动态平衡机制就成为历史的必然选择。在我国建立调节收入分配差距的动态平衡机制，主要包括：建立调节收入分配差距的辨识性机制；建立调节收入分配差距的惩戒性机制；建立

---

① http://www.gov.cn/2010lh/content_1555767.htm.

调节收入分配差距的整合性机制。

1. 建立调节收入分配差距的辨识性机制

为了缩小居民收入差距，完善分配制度正义，国家首先就要建立一种调节收入分配差距的辨识性机制。国家可以通过辨识性机制来辨认和识别不同生产要素获得或高收入或低收入的具体情况，进而对居民收入分配差距合理性与公平性做出准确的价值判断。"基尼系数"[①] 是国际通用的用来辨识与衡量一个国家居民收入分配差距不平等程度的指标。国家统计局公布的 2012—2017 年我国基尼系数分别是：0.474（2012 年）、0.473（2013 年）、0.469（2014 年）、0.462（2015 年）、0.465（2016 年）、0.467（2017 年）。[②] 我国城乡居民收入差距超过警戒线，调节收入分配差距的任务依然严峻。"城乡、区域、不同群体之间的居民收入差距依然较大。"[③] 虽然合理的收入差距能够促进社会进步，具有历史必然性，可是过高的收入差距则会阻碍经济发展，不利于社会主义建设目标的实现。在我国，除了采用国际通用指标来衡量收入差距外，还应该加入其他指标或方法来准确辨识收入差距过大的成因。综合运用政治学、经济学、社会学、伦理学和管理学等学科的知识可以发现，我国优先发展重工业和城乡二元户籍制度是收入分配差距过大的历史原因，居民拥有生产要素的多寡和经济体制转轨中的问题是收入分配差距过大的直接原因，税收政策和社会保障政策的不完善是收入分配差距过大的间接原因。我们还可以通过调查统计不同地区、不同行业、不同阶层的居民的购买力来辨识收入分配差距的状况，为动态调节收入分配差距提供事实依据。

---

① 基尼系数是国际上公认的用来考察居民内部收入分配差异状况、判断收入分配公平程度的主要指标。基尼系数是比例数值，在 0 和 1 之间。联合国有关组织规定：若低于 0.2 表示收入绝对平均；0.2—0.3 表示比较平均；0.3—0.4 表示相对合理；0.4—0.5 表示收入差距较大；0.6 以上表示收入差距悬殊。

② http://www.stats.gov.cn/tjsj/.

③ http://www.qstheory.cn/dukan/qs/2018-01/31/c_1122337619.htm.

2. 建立实现收入分配正义的惩戒性机制

为了建立一个公平正义的与合理有效的分配制度，为了满足人民追求美好生活的愿望，我国必须在全社会建立调节收入分配差距的惩戒性机制。一方面，我国在微观和宏观两个层面深化收入分配制度改革，必须旗帜鲜明地反对不公平的分配主张及其具体措施。通过不断完善公务员薪酬制度、事业单位薪酬制度和垄断性国企员工薪酬制度，允许和鼓励人们多劳多得、多贡献多收益，推动人们积极地提高合法收入。另一方面，国家的行政、司法和监督机构对那些通过非法手段获利或利用分配政策漏洞获利的个人或组织，必须采取有效措施及时地进行管制和惩戒。我国建立调节收入分配差距的惩戒性机制，就是要完善国家财税法律体系，严厉打击高收入群体的非法避税行为；就是要通过监督和检察体系的完善，严厉打击政府内部索贿受贿和侵吞公款公物等行为。对于牟取黑色收入和灰色收入的行为，国家应该进一步制定严密的法律和严格的规章制度，采取雷霆手段进行警戒与惩处。

3. 建立调节收入分配差距的整合性机制

我国完善分配制度正义所能采取的有效对策之一，就是建立调节收入分配差距的整合性机制。这就是要处理好各种制度、观念、利益和群体的关系，最终实现分配制度所需要的自由价值与平等价值的动态平衡，按劳动要素分配和按其他要素分配的动态平衡，收入分配和资源与机会分配的动态平衡。"在研究利益分配制度中的自由与平等辩证关系及其价值目标时，必须以这对范畴动态平衡的制度实现为归宿，并努力为自由与平等的动态平衡提供正义性制度保障。"[1] 具体到收入分配差距，整合性调节机制就是不断推进"非合理差异的矫正与合理差异累积效应的控制"[2]，不断优化社会治理方案，及时调整国民财富分

---

[1]　缪文升：《分配制度正义——基于自由与平等动态平衡的分析》，《南京师大学报（社会科学版）》2012年第4期，第14页。

[2]　单飞跃、刘思萱：《整合性分配——社会分配正义的法哲学理路》，《经济法论坛》2004年第00期，第23页。

配结构，最后实现国民经济的"均衡发展"与"成果共享"。

这也就是说，"'人们是否均等地分享社会基本资源'是分配正义的核心议题。就此而言，我国正面临严峻的分配正义挑战。在就业、教育、医疗、养老、保障等领域，如何保障公民的基本权利和利益，均等地分配社会资源，实现分配正义，已经成为迫切的社会问题"[①]。在全社会进行经济资源整合、经济利益整合、收入整合，是分配制度正义的必然要求。在中国共产党第十九次全国代表大会开幕式上，习近平同志作的题为《决胜全面建成小康社会　夺取新时代中国特色社会主义伟大胜利》的报告，对我国社会主要矛盾的表述，为社会分配制度正义完善指明了方向，这就是在全社会公平地分配与保障人民的合法权益，使人们合理地分享国家发展成果。显然，这需要废止那些导致社会不公平竞争的经济政策，尽力改变我国社会收入分配不均衡的状况。我国需要建立一种调节收入分配差距的整合性机制，在不影响市场经济正常运行的条件下，通过合理的资源和利益的整合机制来协调人们之间的社会关系。

（三）强化由形式平等到实质平等的进阶式分配机制

"一个分配正义社会还应该是一个平等社会。"[②]在政治哲学研究中，平等又可以分为形式平等和实质平等。[③]在社会主义市场经济中，我国分配制度正义是追求形式平等还是实质平等？我们认为，我国分配制度正义完善需要坚持形式平等与实质平等的有机结合，主张在探索社会基本资源的创置、配给和分享等问题上建立由形式平等到实质

---

① 张国清：《分配正义在中国——问题与解决》，《国际社会科学杂志（中文版）》，2015 年第 3 期，第 110 页。

② 向玉乔：《分配正义》，北京：中国社会科学出版社 2014 年版，第 231 页。

③ 彭光灿：《公民社会视域下的中国社会管理创新研究》，北京：知识产权出版社 2016 年版，第 109 页。

平等的进阶式分配机制。具体说来，党和政府需要在以下三个方面对分配制度正义完善进行关键性机制上的改革，以实现我国分配制度正义由形式平等到实质平等的跃升。

1. 基于起点平等的分配制度正义：含义、作用和缺陷

基于起点平等的分配制度正义，是指国家公平合理地分配经济资源，以维护和保障每个人的生命权、健康权、受教育权，不因每个人的个体差异而有所不同。我们坚持基于起点平等的分配制度正义观，反对绝对平均主义和精英主义的分配制度正义观，强调每个人作为自然人和国家公民在人格上的起点平等和法律上的起点平等，因而也在分配制度上享有起点平等的权利。

基于起点平等的分配制度正义，在维持国家的政治秩序、推动社会的全面进步和维护个体的人性尊严方面具有重要的作用。现代国家政治秩序的稳定与社会结构的合理化依赖于国民对政府治理水平的认可。在我国社会主义当今阶段，我国人民对美好生活的向往与追求超过了以往任何时代。人民在物质层面、精神层面和制度层面正在获得前所未有的满足。基于起点平等的分配制度正义恰恰可以满足人民日益增长的各种需求，进而推动国家治理现代化的进程。

基于起点平等的分配制度正义，对于理想主义的分配正义观来说存在某种缺陷，必须加以完善，即进阶到形式平等的分配制度正义。起点平等是人民在国家发展不充分不均衡阶段提出的基本要求，它并不能保证结果平等和实质平等。如果再考虑人们在"需要"和"应得"方面的差异，基于起点平等的分配制度在正义程度上就不那么高级[1]，无法长期保证提供经济发展的效率和动力。

2. 基于形式平等的分配制度正义：要素、特征与问题

基于形式平等的分配制度正义，是对基于起点平等的分配制度正

---

① 赵苑达：《西方主要公平与正义理论研究》，北京：经济管理出版社 2010 年版，第 59 页。

义的完善，是分配制度正义完善的中级阶段。基于形式平等的分配制度正义包含以下几个要素：分配方面的法律和制度规范的平等，也就是国家在分配方面的立法、行政和司法过程中平等地对待所有公民，一视同仁；分配方面的思想观念和伦理实践上的平等，也就是人们在分配的观念、态度、交往上平等地对待每一个人，不存在歧视性分配行为。

基于形式平等的分配制度正义具有以下特征：程序正当，即国家和社会在向每一个人分配资源的时候都遵循严格和一致的程序；形式完美，即人们在分配资源过程中会感受到标准且完美的形式。"形式平等理念的内在表征是规则平等、程序正义和权利平等，这些理念隐含在政治和法律制度之中。"[①]在分配制度制定和实施过程中，政府不因受众的个体差异而使用不同的分配标准。在这个意义上，分配制度正义包含了平等、公平和正义三层意思。

同时，基于形式平等的分配制度正义也存在明显不足：在分配制度上建立和遵循形式平等原则，是为了实现社会正义的手段要求，基本不顾虑分配的实际结果如何。人们已经发现，形式平等原则并非在所有情况下都能完全适用。在某些情况下，仅仅依赖形式平等原则进行经济利益的分配和再分配，可能导致严重的贫富两极分化。主张绝对形式主义的平等者反对国家或社会的纠偏行动，任由人们特别是弱势群体自生自灭。在某些国家某些时候，社会精英会尊崇社会达尔文主义的进化逻辑，忽视或者拒绝国家再分配行为对人们收入差距的调节。如果抛开实质平等，仅仅根据形式平等原则去建立分配制度或分配体制，那么必定会引发触目惊心的两极分化后果。

3. 面向实质平等的分配制度正义：目标、障碍与实现路径

分配制度正义的内涵、性质、特点和内容在不同的社会制度下或

---

① 彭光灿：《公民社会视域下的中国社会管理创新研究》，第 127 页。

者在同一种社会制度的不同发展阶段会有所不同。面向实质平等的分配制度正义是对分配制度理想模型的终极追求，目标是社会资源共享，人们全面平等地享有经济权利和经济资源，最终人人都能够通过自己的努力和对社会的贡献而创造自己所希望的美好生活。当代主流规范理论研究了包括功利主义平等观、资源平等观和能力平等观在内的关于平等的观念[①]，使我们明白平等作为一种分配制度正义变量的多元性和人们价值选择之间潜在的伦理冲突。我国社会主义社会所追求的面向实质平等的分配制度正义，恰恰是对这些冲突的化解与融合。

实质平等以起点平等为开端，以形式平等为中介。我们发现，建立面向实质平等的分配制度正义面临着许多障碍，包括国家制度层面的障碍、社会意识方面的障碍、个体禀赋与能力方面的障碍，等等。我国分配制度正义要想从形式平等走向实质平等，必须克服这些障碍。现代国家为了维护实质平等原则，建立真正公平正义的分配制度，就必须看到不同个体在法律地位上的形式平等而在经济资源占有上的实质不平等。在一个自由竞争的社会，每个人因生存的自然条件、先天的生理特点和后天的社会要求的差异，实际上对公共资源占有的数量和质量是不同的，在社会上享有的政治地位或社会地位也是迥异的。要实现面向实质平等的分配制度正义，公共政策主体任重而道远。

不过，我们相信我国市场经济道路的正确性，相信我国分配制度理论的自洽性，相信通过设置关键性分配机制能够完善分配制度正义。虽然我国的分配制度存在不完善、不合理之处，可是它依然是一种先进的经济制度。作为一种可以实现的远大目标，面向实质平等的分配制度正义是国家的必然选择。为了进阶到面向实质平等的分配制度正义，国家应该通过市场机制、政策机制、情感机制[②]这几条路径进行分

---

① 韩丹：《发展的伦理审视》，北京：中国广播电视出版社 2009 年版，第 161 页。

② 王志：《制度与情感：实现实质平等的双重机制——G. A. 柯亨平等主义思想研究》，《安徽师范大学学报（人文社会科学版）》2016 年第 5 期，第 557 页。

配制度建设和社会治理实践。首先通过市场机制，建立面向实质平等的分配制度正义。健康的市场经济是一种平等的和公正的经济发展机制与资源分配机制，天然地具有开放性和互惠性。为了分配制度的正义完善，国家应该全面打破行业垄断，促进劳动力市场健康发展，通过充分发挥市场竞争机制对生产要素的配置作用来促进过程公平，为分配制度正义的实质平等做好准备工作。其次，通过政策机制，建立面向实质平等的分配制度正义。通过调节收入分配差距的政策杠杆工具——包括户籍政策、最低工资政策、财政政策、税收政策等——来促进形式平等与实质平等的协调和互补。政府通过制定和执行代表公共利益的公共政策，能够更有效地保护劳动者权益，更严格地规范资本市场的分配秩序。国家通过基本公共服务均等化来促进起点平等和形式平等，为分配制度正义的实质平等奠定了坚实的基础。最后，通过情感机制，建立面向实质平等的分配制度正义。在社会经济活动中，人们对公正分配财富的追求在很大程度上包含着人们的情感之间平等共存的愿望。社会通过文化传统、信息资讯和大众舆论来传递情感以及塑造人们的思想观念。对生命价值的尊重、对自由活动的渴望、对美好生活的向往，是人们追求分配制度正义的不竭动力。我们可以通过国家治理现代化的理想主义情感动机来推进分配领域的实质平等。

综上所述，为了我国分配制度正义的完善，我们需要着眼于以下关键性机制的正义完善。只有在此基础上，通过政府、社会与个体共同努力与协作，才能够不断促进我国分配制度正义的完善，不断提高人们的幸福感。

总结本章，可以再次强调如下结论：

分配制度正义是社会得以有序运行的必要条件，是国家开展公共经济活动的合法性基础，开展分配制度正义研究以便完善我国的分配制度正义，是推动我国经济制度正义完善的必然选择。本章对我国分配制度正义完善的研究所讨论的四个方面的内容，虽然并没有囊括代表分配制度正义研究的全部内容，但确实是最主要的内容。

我国的分配制度作为党和政府的一种公共制度实践，反映了国家在政治、经济、文化和社会等领域的某些公共职能，具有调控宏观经济运行、推动科教文卫协调发展、维持社会内部安全秩序、保护社会公益事业的作用。正因为分配制度正义关系到政治秩序、经济秩序和伦理秩序的维护，所以我国需要不断地优化分配机制，改革分配制度，完善分配正义。分配制度正义既是一种制度之善，也是一种社会之善和国家之善。我国的分配制度建设特别是分配制度的正义完善，需要在分配原则和分配方式的改进上进行努力。"经济发展新常态下，缩小贫富差距，实现共同富裕的关键应着力于改革收入分配制度、优化收入分配结构、规范收入分配秩序。"①

我国近些年来积极发展国民经济、努力调节贫富差距的政府行动，在分配正义方面已经取得了显著的成效。这反映了我国分配制度正义正在摆脱历史的局限，朝着更全面、更高级的方向发展。

---

① 王琳、宋守信：《新常态下收入分配制度改革的价值取向与对策》，《山东社会科学》2016 年第 2 期，第 149 页。

第六章
我国经济制度的正确价值体系建构

对于一个民族和它的人民来说，经济制度是国家治理制度的基础部分。经济制度作为规则和运转的整体，不是一种静止的存在，而是一种动态地规范人们的经济行为而创造经济成果的过程，是经济观念和经济实践相统一的过程。经济制度的这种动态过程同时就是建构经济价值体系的过程。[①] 不同的经济制度建构着不同的经济价值体系，形成不同的经济价值本质。我国经济制度的正义完善研究这一主题已经表明，这种研究在根本上是价值性质的。实际上，本书第二章到第五章在讨论我国经济制度的整体和部分层次的正义完善时，已经在一定的范围和程度上表明了当前我国经济制度所建构的各种不同价值，只是没有对它们的性质特征进行专门讨论，没有分析它们的差别、一致、直接相关、间接相关等状况，特别是，没有探讨在我国经济制度的正义完善所要求的各种主要价值之间应该建立什么样的结构体系。显然，不进行这方面的讨论，对于我国经济制度正义完善问题的研究，就不仅是不充分的，而且是不完整的。

自从建立起社会主义社会以来，我国经济制度的价值体系建构取得了历史性进展，推动我国经济取得了令世界瞩目的巨大成就，同时，

---

① 前些年国内经济学界围绕经济制度是否存在价值维度所展开的争论，对此提供了很好的启示。我同意持肯定结论的观点。可参见以下三篇论文：卫兴华：《论社会主义生产力标准和价值标准的统一》，《经济学动态》2010 年第 10 期；汪海波：《必须坚持"生产力标准"——对"论社会主义生产力和价值标准的统一"一文的商榷意见》，《经济学动态》2011 年第 6 期；侯为民：《评价社会经济制度不能忽视价值标准——兼评对"生产力标准和价值标准内在统一论"的质疑》，《经济学动态》2011 年第 12 期。

我国经济制度的价值体系在某些方面还存在着薄弱和不足，一些价值之间还存在着不够一致、不够协调等问题，这都需要进一步加以完善。而这最终又必须落实到对我国经济制度的调整和改革上。努力完成这一任务，对于充分实现我国经济制度价值体系的现代化，推动我国经济长期健康发展，具有深远的历史意义。

一、我国经济制度的价值体系建构成就

在现代国家治理哲学的视野下，经济制度的价值体系指的是经济制度所建构的包括经济福祉、经济健康持续发展、经济收入、财产拥有、经济自由、经济平等、经济效率、经济公平、自然安全等经济价值在内的结构关系体。现代西方的自由主义和共同体主义，大体上都是在这种意义上谈论经济价值的。例如，罗尔斯虽然没有专题讨论各种经济价值，但他在谈到广泛的正义观念时，把收入和财富看作是社会主要价值或社会主要善的构成部分，并在讨论第二个正义原则时把效率作为安排社会基本结构的一种重要的价值附带原则，把经济效率看作是收入和财富分配的重要价值尺度。[①] 再如，尽管沃尔泽没有把财富、工资、物质生活条件等称作是经济价值，但也把它们看作是具有社会意义的善品的重要组成部分，看作是分配的重要对象或内容。[②]

从这一角度来思考我国的情况可以看到，我国在建立和发展社会主义经济制度的历史过程中，已经建立起了基本完整的经济价值体系，确定了我国经济制度的根本目的价值，形成了各种主要经济价值之间基本合理的关系。这可以从经济制度的整体和部分两个层次上加以分析。

---

① John Rawls, *A Theory of Justice*, Revised Edition, Harvard University Press, Cambridge, Massachusetts, 1999, pp. 54, 57‐61.

② 〔美〕迈克尔·沃尔泽：《正义诸领域——为多元主义与平等一辩》，褚松燕译，南京：译林出版社 2002 年版，第 1—2、106 页。

在整体层次上，我国经济制度作为以社会主义公有制统摄其他部分的特定规则和实践整体，建构起了特定的具有支配地位的目的维度的经济价值，包括根本目的和直接目的方面的经济价值。

我国经济制度的公有性质，决定了它所建构的根本的经济目的价值是我国人民整体的经济福祉。这种经济福祉可以分为全体人民对经济行为权利、经济过程、经济收益的共有、共创、共享，他们的共同的物质生活富足和他们的精神完善所需的共同的物质前提，他们的社会价值实现所需要的共同物质保证，等等。

我国经济制度对人民整体的经济福祉的强调，决定了我国经济制度在整体层次上所建构的直接的经济目的价值是经济的可持续健康运行发展。这是实现人民整体的经济福祉的前提。无疑，至少对于现代人类社会来说，不同国家的经济制度，都力求实现经济的可持续健康运行发展，但相对于其他经济制度来说，社会主义经济制度为此提供了一种新的可能和条件。

在部分层次上，我国经济制度的三个构成部分——公有制为主体的复合型所有制、社会主义条件下的市场体制、以按劳分配为主体的综合型分配制度，各自承载着自身的价值目的和价值任务，建构起了具有不同属性、不同功能的经济价值。这可以主要从它们的主体所属和价值指向方面进行说明。

首先，以公有制为主体的复合型所有制，一方面意味着公有制价值主体和其他所有制价值主体各自独立性的确立，因而提供了不同所有制类型的企业之间、相同所有制类型的企业之间进行公平竞争的基础，这在本质上要求它们的经济行为必须平等、经济过程必须公平，要求每一企业在所有权、经营权、收益权等方面所承担的权利与义务必须对等，同时，复合型所有制中的各种非公有制主体则突出致力于实现各自的自有、自创、自享等价值；另一方面，公有制为主体，意味着全体人民作为一个整体是公有制的价值主体，要求把人民整体的经济福祉这一目的价值置于根本优先地位，其中，在自然资源的公有制和环境的公共享用方面尤其如此。[①] 这就要求全部类型的所有制主体，在对自然资源和环境的开发利用方面，不仅需要履行权利与义务对等的原则，而且需要保证自然资源和环境的安全和可持续利用，在这方面，最重要的是对经济功利与自然安全可持续这两种价值关系的正确处理。因此，公有制为主体的复合型所有制，作为经济制度的决定性部分，已经内在地创造着人民整体主体的经济福祉对单个主体的经济福祉的优先地位，创造着经济公平与经济平等、经济功利与自然安全、经济权利与经济义务这些重要的经济价值。

其次，市场体制作为我国经济制度的体制部分，其所建构的价值主要是在公平的规则形式维度上，即在平台规则上鼓励和保障相互分立的各个单个经济行为主体的"自由权利"，包括"自由选择""自由创造"及其对自身经济利益的"自由支配"，这对于市场体制的主要实体——各种"资本"主体来说尤其如此。由此，市场体制也建构着效率价值。简言之，市场体制把对经济自由价值和经济效率价值的激励放在决定性位置，它所要求的经济公平和经济平等主要是规则这一形式上的。这一点与我国复合所有制在实质上要求经济公平与经济平等是不同的。而且，市场体制主要适合于相互分立的各个单个经济行为主体的生产经营创造，推动它们在实现自身经济利益的同时促进社会整体的经济发展。因而，这种体制也必然会形成单个主体的经济福祉与人民整体主体的经济福祉之间、经济自由与经济责任之间、经济效率与经济公平之间的价值差别关系，在特殊情况下也会造成社会共同体内部在经济利益方面的矛盾以及贫困阶层在实质上被排除在共同体之外等问题。[②] 从当前我国市场体制的现实来看，它对经济行为主体

---

① 刘敬鲁：《价值视野下的国家治理》，北京：商务印书馆 2017 年版，第 242 页。

② 〔英〕G. A. 科恩：《拯救正义与平等》，陈伟译，上海：复旦大学出版社 2014 年版，第 36—42 页。

的自由权利和效率价值的保障，可能仍然大于对它们的责任义务和实质公平的要求。同时，应该看到的是，市场体制所建构的单个主体的经济福祉、经济自由等价值，的确对实现我国经济增长的效率和速度、实现人民整体主体的经济福祉具有重要的正面作用。

最后，以按劳分配为主体与按生产要素贡献相结合的综合型分配制度，其所建构的价值也是综合型的，其中，最主要的应是劳动平等与经济活力这两种价值。一方面，以按劳分配为主体，在本质上要求对所有劳动者的劳动给予同一尺度的平等回报，这突出了劳动这种活的价值的重要性，强调了劳动这一价值尺度的平等意义，同时，对实现经济和谐、劳动者群体和谐这类价值也有重要的促进作用；另一方面，按生产要素进行分配，在本质上则是对经济活力这种价值特别是单个主体的经济行为活力价值的多维激励。需要看到的是，经济活力这种价值的实现，隐含了在经济收入分配方面产生不平等的可能性，隐含了与经济和谐、劳动群体和谐发生矛盾的可能性。

由以上讨论可以看出，我国经济制度在整体和部分层次上所建构的经济价值是多层次多维度的，包括人民整体主体的经济福祉与单个主体的差异化经济福祉，以及经济功利与自然安全、经济权利与经济义务、经济平等与经济自由、经济公平与经济效率等，是这些经济价值相互关联、相互作用的一个完整体系。

客观地看，我国社会主义经济制度价值体系的建构已经初步成熟，这是具有重大社会历史意义的成就。

首先，在我国历史变迁的维度上，这种经济价值体系的初步建构，彻底消除了我国半封建半殖民地社会条件下以各种私有经济价值相互争夺为主要特征的混乱状态，形成了以促进人民整体的经济福祉为根本目的价值的统一有序、健康发展状态，这是一种历史变革性质的巨大进步。

其次，这种经济价值体系的初步建构，带来了一种全新的经济观念和经济实践，确立了一种适合我国国情的独特的经济发展模式，是一种方向正确、重点突出、自觉完善的经济价值体系。它坚持把公有价值放在首位，但又不把公有价值绝对化，不使之脱离其他经济价值。它强调各种重点经济价值的实现，同时不忽视其他的经济价值的作用及其与前者的平衡。它要求合理地处理各种经济价值之间的关系，自觉对它们进行调整和完善。

最后，这种经济价值体系的建构本身就包含了一种现代化建构，是从前现代到后现代的一种历史飞跃。新中国成立以来的成功发展实践表明，社会主义社会现代化是人类社会现代化的一种新型形态或新的历史道路，因此，它所建立的经济制度及其价值体系，是我国社会主义国家治理现代化的重要组成部分，标志着我国在这方面已经初步实现了现代化。

二、我国经济制度价值体系的内部关系现状

如前所说，我国经济制度所建构的各种主要经济价值之间形成了多维度、多层次的立体关系。总体来看，这些价值中的根本目的价值与其他多数价值在本质上是相互一致、相互促进的，同时，有些价值之间由于各自的性质和作用不同，存在着相互碰撞、相互矛盾的可能性。弄清这些价值之间的共存关系状况，是进一步完善我国经济制度的价值体系的前提。为了抓住我国经济制度所建构的主要类别的价值之间的关系，下面将分别对我国经济制度在整体上所建构的价值与在各个构成部分上所建构的价值之间的关系状况，以及我国经济制度的各个构成部分所分别建构的价值之间的关系状况，进行讨论。

第一，我国经济制度的整体所建构的价值——人民整体的经济福祉，同我国经济制度的各个构成部分（复合所有制、市场体制、综合型分配制度）所建构的各种主要价值之间，存在着方向多维、功能多

样的共存关系。

在我国经济制度的整体所建构的价值与复合所有制所建构的各种主要价值之间的共存方面，一方面，由于任何一种经济制度的整体所建构的根本价值是由经济制度中占主导地位的部分的性质所决定的，即整体层次所建构的根本价值同主导部分所建构的根本价值是同一个价值，因而对于我国经济制度来说，其在整体层次上所建构的根本价值，同作为主导部分的以公有制为主体的复合所有制所建构的根本价值是同一个价值，即人民整体的经济福祉；另一方面，我国经济制度所建构的上述根本价值，与复合所有制中公有制主体所建构的自然安全、经济义务，以及与复合所有制整体所建构的经济功利这些价值也是基本一致的，而与复合所有制整体所建构的经济权利、其他所有制成分所建构的各单个经济主体的经济福祉，以及经济自有、经济自创、经济自享等价值的性质是存在差异的，在一定条件下会产生碰撞、摩擦或矛盾。

在我国经济制度整体所建构的根本价值与我国市场体制建构的各种价值之间的共存方面，人民整体的经济福祉，与市场体制的形式公平、经济效率等价值，在方向上大体一致，而与市场体制的各种主体所追求的各自的经济福祉、经济自由等价值之间，不仅存在重要差别，而且经常会产生各种各样的矛盾。正如科恩所深刻指出的，市场交换的自利性质，直接包含了反对共享价值的倾向，也会损害社会主义所要求的共享这种基本价值。[①] 而市场体制所能够实现的经济效率这种价值，在长期过程或总体上无疑有益于人民整体的经济福祉的实现，在某些情况下也会与后者发生不一致甚至相互抵牾的现象。

在我国经济制度整体所建构的根本价值与我国综合型分配制度

---

① G. A. Cohen, *Why Not Socialism?*, Princeton and Oxford: Princeton University Press, 2009, p. 75.

所建构的各种价值的共存方面，由于综合型分配制度包含多种分配尺度，必定会出现下列两个方面的情况：一方面，在人民整体的经济福祉这种根本价值同综合型分配制度中按劳分配原则所建构的劳动贡献、劳动平等以及按劳分配所能够促进的经济和谐、劳动者群体内部和谐等价值之间，前一种价值（人民整体的经济福祉）作为根本价值，能够为后一类价值的实现提供根本方向和有力引导，而后一类价值的实现则能够为前一种价值的实现提供重要动力，因而双方之间能够形成基本的相互推动关系；另一方面，在人民整体的经济福祉同综合型分配制度中按生产要素分配原则所建构的经济活力特别是各单个主体的经济行为活力之间，既存在一致的方面，也有不一致的方面，而与经济活力所可能导致的分配不平等、不和谐等问题之间，则很容易产生矛盾。

第二，在我国经济制度的所有制与市场体制这两个部分所建构的两类价值的共存方面，由于所有制的复合型特点，也会形成相对复杂的情况。其一，所有制中公有制这一主体部分所建构的人民整体的经济福祉、经济义务、自然安全以及复合所有制所建构的经济平等等价值，与我国市场体制所建构的形式公平、经济效率这一类价值之间，应主要是相互促进的关系，在一些情况下也会相互制约，而与我国市场体制所建构的各个单个主体的经济福祉、经济自由这一类价值之间，形成相互推动的关系，但由于双方的性质不同，也会发生一些相互抵触的情况。这一点在国有企业中表现得尤为明显。国有企业作为公有制企业的重要代表是一个特殊的经济组织，它同时承担着实现来自经济、政治、社会的三重价值需求。比较我国电力企业与欧洲电力企业，可以明白这一点。在这方面。欧洲普遍采用双边交易为主、集中交易为辅的批发电力市场模式。这种模式强调电力的普通商品属性，使得"发电企业、售电企业、用户可以自由签订双边交易，也可以参与由电力交易所组织的中远期合约交易、现货市场和电力金融衍生品交易"①。在引入竞争机制的模式下，国外电力市场充分发挥了市场活力。与此不同，我国经济的公有制性质，决定了电力在我国经济发展中占有举足轻重的地位，直接影响着国家的能源安全，因此，作为国有企业的国家电网公司就不能仅仅将电力看作一种普通的商品。所以，我国的国家电网公司在电力的发、输、配、售四个环节中都占据着主导地位。从降低成本提高收益的市场角度去看，国家电网公司对交通不便、基础设施落后的农村和偏远地区进行电力建设就难以满足实现经济效益的价值要求。但从公有制所要求的实现人民整体的经济福祉以及国家安全、经济义务等价值要求来看，国有电力企业就必须承担起解决农村和偏远地区电网发展滞后的问题，为国家整体的社会经济发展提供电力保障。因此，从 2016 年起国家电网公司开始实施"国网阳光扶贫行动"，投入 7.27 亿元用于定点光伏扶贫计划，助力湖北青海两省五县的脱贫攻坚，同时在 2016 年投资了 1423.6 亿元进行农村电网改造升级②。其二，在所有制的非公有经济成分与市场体制所分别建构的价值之间，前者所建构的各个单个主体的经济福祉、经济自主、经济权利等价值，与后者所建构的各个单个主体的经济福祉、经济自由、经济效率等价值，在本质上是一致的，双方所能够形成的主要是相互促进运动。

　　第三，在我国经济制度的所有制与分配制度这两个部分所建构的两类价值的共存方面，公有制所建构的经济义务、经济平等、自然安全这些价值，其中的经济义务和经济平等，分别与分配制度中按劳分配原则所建构的劳动贡献和劳动平等这些价值在本质上相近，并且与

---

① 马莉、范孟华、郭磊等：《国外电力市场最新发展动向及其启示》，《电力系统自动化》2014 年第 13 期。
② 国务院国资委改革办：《国企改革探索与实践——中央企业集团 15 例》，北京：中国经济出版社 2018 年版，第 52—61 页。

按劳分配原则所能够促进的经济和谐、劳动者群体内部和谐等价值呈现一定的正相关。同时，由于公有制所致力实现的经济义务具有强制性，所致力实现的经济平等坚持非实质的差别，因而在它们与按生产要素分配原则所建构的经济活力之间，会形成一定程度的相互制约、相互抑制状态。

第四，在我国的市场体制与分配制度各自所建构的价值之间，市场体制所建构的经济自由、经济效率这些价值，同分配制度中按劳分配原则所要求实现的劳动贡献和劳动平等这些价值在本质上具有相通之处，一般不会形成实质矛盾，同分配制度中按生产要素分配所建构的经济活力本质上相同，会形成相互促进的格局，同与按生产要素分配通常所导致的分配不平等以及经济不和谐、劳动内部不和谐，在多数情况下会形成一致共存的状况。

由以上讨论可以看出，当前我国经济制度在整体和部分以及部分与部分维度上所建构的各种价值之间，在主导方面是相互一致、相互提升的关系，在根本价值与其他价值之间，尤其如此，同时，在有些价值之间也会形成相互错位、相互碰撞、相互对冲等不一致状态。因而需要建立对我国经济制度的某些方面、某些环节、某些过程进行动态调节的机制，在此基础上建立各种价值的优良共存和有机互动关系，使我国经济制度在价值关系的建构方面达到充分合理，实现我国经济制度价值体系的充分完善。

三、我国经济制度价值体系完善所需依据的正确原则

以对我国经济制度所建构的价值体系现状的正确认知为前提，立足于我国的历史演变和发展趋势，对那些正面意义更大的价值关系进行适当加强，对那些有一定负面效应的价值关系进行适当弱化，对那些可能对立的价值关系建立正确的解决方式，对那些不够健全的价值

关系进行调整，是完善我国经济制度价值体系所必须进行的基本工作。我国经济制度以及整个国家制度的社会主义性质，从根本上决定了完善我国经济制度价值体系所需遵循的诸多正确原则；同时，由于经济制度的价值体系的完善只有通过经济制度体系的完善来实现，或者反过来说，由于经济制度体系的完善决定了其相应价值体系的完善，因此，这里将以此为思路来对上述主题进行讨论。

第一，继续把加强实现人民整体的经济福祉作为完善我国经济制度价值体系的根本目的原则。

一种经济制度作为一种被构建的动态存在，必然形成由其自身本质所规定的根本目的价值，这种目的价值反映着特定社会主体的经济意图，是这种经济制度的价值体系的灵魂。它规定着人们经济行为的本质和方向，规定着经济能否实现健康运转以及特定社会主体的经济善和最高善能否实现。既然我国经济制度价值体系的根本目的价值，是人民整体的经济福祉，那么，采取有效的方式特别是制度方式去实现它，就是完善我国经济制度价值体系的关键所在。

需要强调的是，必须突出坚持我国经济制度价值体系这一根本目的价值的"共同"特征。所谓"共同"，不仅强调人民的经济福祉的整体性和不可分割性，而且强调人民共享经济福祉这一真正意义上的平等。就人民整体的经济福祉这一价值的地位和作用来说，它是我国经济制度价值体系的引领价值，是主导其他经济价值的核心经济价值，我国经济制度所建构的其他一切价值都需要围绕它来运转。

可以看出，在实现这一根本目的价值的经济制度调整方面，必须以马克思主义的社会主义公有观为指导，把这种公有观充分落实到经济制度的调整改革实践之中，同时，对于共同体主义所主张的共同体整体善的实现优先于个体善的实现的观点，市场社会主义所主张的社会成员利益平等是社会主义社会的最重要目标的观点，也可以进行合理借鉴。

第二，在运行和发展过程方面，需要继续坚持把经济可持续健康运行发展作为完善我国经济制度价值体系的直接目的原则。

在现代社会，经济制度的安排和完善所致力于解决的一个重要价值是经济的可持续健康运行发展。考虑到当前我国经济中仍然存在着一些制约经济可持续健康运行发展的因素，因此，要真正解决这一问题，需要在我国经济制度上就合理的经济增长速度、资源的长远节约和有效利用、经济结构调整升级、经济质量优先、合理的经济发展方式等方面做出限定，并认真解决经济生活过程中的合理生产、合法交换、公平分配、正当消费这些要求之间的协调一致问题。

第三，在复合所有制所建构的价值关系方面，仍然需要坚持加强公有制所建构的共有、共创、共享等价值对于其他所有制所建构的自有、自创、自享等价值的引领原则。这并不必然意味着对后一类价值进行削弱或压制，而是在鼓励后者发展的同时，加强对它们的引领；同时，复合所有制的发展需要坚持不同经济主体的平等竞争，坚持不同经济主体之间关系的正当性，因而，坚持实行经济平等的原则也十分必要。从复合所有制这一制度的完善来说，最关键的是确定公有资产资源的所有权对各种性质的经济行为主体的经营权、收益权的价值合理支配地位[1]，同时，弱化导致某些单个主体经济利益急剧扩大的实现规则。从我国在这方面所需要的正确产权原则来看，必须认识到，那种低估所有权的主导价值、夸大经营权的作用的观点，是不适合我国国情的。

第四，在市场体制所建构的价值完善方面，一方面，既然我国依然需要大力发展经济，需要实质提高经济效率，因此，坚持实行经济自由的原则是必要的[2]；另一方面，考虑到现实中存在的某些主体没有

---

① 刘敬鲁：《论国有资源产权的完善及其对建设和谐社会的意义》，《哲学动态》2008年第11期，第69—70页。

② 刘敬鲁：《价值视野下的国家治理》，第282—284页。

充分承担应有的经济义务或其经济权利在很大程度上超过了它们所尽的经济义务这一问题，因此，需要强化经济权利与经济义务相互对等的原则。这两个方面，都需要通过市场体制的完善来实现。也就是说，需要严格和强化相应规则，特别是合理确定所有主体之自由竞争和获得经济权利的正当性范围和限度，正确规定它们需要充分承担的经济义务。

第五，在分配制度所建构的价值的完善方面，由于我国分配制度仍然坚持以按劳分配为主要尺度、以按生产要素分配为次要尺度，同时，结合我国目前仍然存在的劳动贡献所获得的收入比重明显不足这一现实，需要实行科学确定劳动贡献的价值和生产要素贡献的价值的关系原则，特别是，为了充分完善我国分配制度的正义，从根本上改变我国目前在收入和待遇的分配中仍然存在的不够公平问题，需要立足于我国的国情，在科学认识社会生活的过程结构（例如社会成员、社会目的、社会劳动的三位一体结构）的基础上，制定经济分配正义的结构整体标准[1]，同时，建立科学评估劳动价值的标准体系，确定社会劳动在收入分配中的"本体"地位。在这方面，哈耶克所谓的分配无所谓正义的论断是不正确的、不适用的。[2]另外，针对我国分配制度中按生产要素分配所建构的各个单个主体的经济活力对按劳分配所建构的经济和谐的负面影响，需要完善或建立能够实现分配基本公平、能够实现和谐价值与活力价值平衡互动的分配规则。

第六，考虑到我国经济制度的各部分所分别建构的那些不同价值对于我国经济社会的发展具有不同的重要性，考虑到随着我国经济发展阶段和发展任务的变化，随着经济生活变得日益复杂和人们对经济成果的需求日益多样，对经济制度所建构的各种价值的正确排序变得

---

[1] 刘敬鲁：《论分配正义的结构整体标准》，《中国人民大学学报》2017年第3期，第43—45页。

[2] 〔英〕哈耶克：《哈耶克论文集》，北京：首都经济贸易大学出版社2001年版，第179页。

越来越重要，因此，必须正确安排这些价值的顺序，在这方面需要相应地完善按重要性进行排序的原则和制度。

也应该指出，没有适用于一切社会的普遍的排序原则。罗尔斯的两个正义原则中所包含的经济自由优先于经济平等的价值排序原则[①]，主要是依据西方社会的经济制度现实，对于其他社会并不具有普遍的适用性。

就我国来说，综合前面的讨论可以确定，我国经济制度的复合所有制所建构的人民整体主体的经济福祉与众多单个主体的经济福祉，显然是最重要的一对经济价值，必须把它排在第一序列。对于这一对经济价值来说，其他经济价值都是从属的。复合所有制所建构的直接目的价值——经济可持续健康运行发展，是次重要的经济价值，应放在第二序列的位置。复合所有制所建构的经济功利与自然安全、经济权利与经济义务，分配制度所建构的劳动价值与要素价值，大体上应被安排在第三序列。市场体制所建构的经济自由、经济效率、经济公平，分配制度所要求实现的经济活力与经济和谐，则大体上应安排在第四序列即最后的序列中。如果不够准确地按照西蒙在《管理行为》中所说的"目的—手段"的层级链条方式进行重要性排列，第一序列的唯一一对经济价值是最高目的，第二序列的唯一一种经济价值，既是实现最高目的的手段，又是第三序列的三对经济价值的目的，第三序列和第四序列的经济价值则是实现第一、第二序列的经济价值的手段。

总之，正确完善我国经济制度的价值体系，需要立足于我国的当前阶段和发展趋势、特别是我国的社会主义性质和集体本位为灵魂的历史和文化传统，需要对当前我国经济制度所建构的各种价值的功能地位及其关系现状做出正确认识，只有综合统一上述各个方面，才能确定对我国经济制度价值体系进行完善的正确原则，才能进一步把这

---

① John Rawls, *A Theory of Justice*, Revised Edition, p.53.

些原则有效落实到对我国经济制度的改革实践上。

四、我国经济制度价值体系正义完善的基本完成及其意义

我国经济制度价值体系的正义完善是一个历史过程，它在一定的时间内必将达到基本完成，达到基本成熟的状态。

基本完成和基本成熟的标志，可以从整个系统、运行过程、客观必然和主体实践等方面进行说明。

从整个系统的角度看，我国经济制度价值体系的正义完善的基本完成，意味着它能够自觉地以实现人民整体的经济福祉来统领其他经济价值或其他经济价值关系，能够形成以主要的经济价值关系引导次要的经济价值关系并实现它们之间的基本平衡，能够形成它们之间在本质上的相互促进运动。

从运行过程的角度看则意味着，我国经济制度的价值体系能够长期平稳顺畅运行，能够自动调节自身的运行机制，不会出现较大的波动和严重的不和谐现象，能够及时解决所可能出现的个别摩擦或问题。

从客观必然的角度则意味着，我国经济制度的价值体系能够与我国经济社会发展的客观规律相一致，人们能够及时正确地认识客观规律的运动过程并根据这种认识对上述价值体系进行必要调整。

从主体实践的角度则意味着，经济生活的各种主体乃至整个社会的各种主体，都不仅对我国经济制度的价值体系持有实质的认同态度，而且自觉获得了在经济方面实现自身价值的广阔舞台。

我国经济制度价值体系正义完善的基本完成，标志着我国经济制度达到基本成熟的水平，这对于我国经济社会发展和人民整体的经济福祉的增进，都将具有重大的历史推动意义。

首先，这种完成将为我国未来的经济发展提供成熟可靠的经济制度价值体系支撑，能够使得我国的经济过程长期运行在正确的方向上，

能够使得我国经济持续处于健康向前的状态，因而对我国人民整体的经济福祉水平的提升，具有持久的推动作用。

其次，这种完成将为我国未来整个社会的发展提供经济价值体系基础，有力持续推动我国社会的政治生活和其他生活不断迈向新的台阶，形成与它们之间的深刻有机关联和强大的正向相互作用，为不断增进我国全体人民的幸福提供全面动力。

最后，这种完成将使得我国人民从根本上获得对经济制度乃至整个社会制度的价值性质和价值体系的自觉，能够使得我国人民自由地驾驭我国经济制度的价值实践，充分成为经济生活的主人，成为整个社会生活的主人。

自然，在我国经济制度的价值体系的正义完善基本完成以后，再经过一定的历史时期之后，它必将迈向更高的新的历史阶段。

参考文献

导论

［1］ 高兆明：《制度正义论》，上海：上海译文出版社 2001 年版

［2］ 何建华：《经济正义论》，上海：上海人民出版社 2004 年版

［3］ 何怀宏：《契约伦理和社会正义 —— 罗尔斯正义论中的历史和理性》，北京：中国人民大学出版社 1993 年版

［4］ 刘敬鲁：《经济哲学》，北京：中国人民大学出版社 2008 年版

［5］ 刘伟：《产权通论》，北京：中国社会科学出版社 1998 年版

［6］ 鲁品越：《资本的逻辑与当代现实》，上海：上海财经大学出版社 2006 年版

［7］ 毛勒堂：《经济生活世界的意义追问 —— 经济正义与和谐社会的构建》，北京：人民出版社 2011 年版

［8］ 汪行福：《分配正义与社会保障》，上海：上海财经大学出版社 2003 年版

［9］ 余文烈、姜辉：《市场社会主义：历史、理论与模式》，北京：经济日报出版社 2008 年版

［10］ 张雄：《经济哲学 —— 经济理念与市场智慧》，昆明：云南人民出版社 2000 年版

［11］ 周谨平：《机会平等与分配正义》，北京：人民出版社 2009 年版

［12］ 陈炳辉：《解读"持有正义"》，《哲学学刊》2003 年第 5 期

［13］ 董德刚：《论资产在当代物质生产中的重要作用》，《中共

中央党校学报》1997年第3期

〔14〕 董德刚:《社会主义经济哲学引论》,《哲学动态》1997年第3期

〔15〕 董德刚:《社会主义市场经济理论的重大突破和发展》,《中共中央党校学报》2000年第4期

〔16〕 董德刚:《邓小平经济哲学思想论纲》,《哲学动态》2000年第6期

〔17〕 董德刚:《所有制问题也要进一步解放思想》,《南方周末》2008年第9期

〔18〕 葛四友:《市场经济制度的道德根据:按贡献分配?》,《国际经济评论》2006年第3期

〔19〕 何建华:《分配正义:构建和谐社会的伦理之维》,《毛泽东邓小平理论研究》2005年第3期

〔20〕 何文强:《经济自由与国家干预》,《云南社会科学》2007年第1期

〔21〕 侯若石、李金珊:《运用市场原则解决收入分配不公》,《开放导报》2006年第2期

〔22〕 胡凯、蒋阳飞:《收入分配和制度正义》,《求索》2009年第11期

〔23〕 季卫兵:《公有制和制度正义》,《中共四川省委党校学报》2011年第2期

〔24〕 李俊:《扩展深化劳动创造价值的内涵和外延》,《山西财经大学学报》2003年第4期

〔25〕 李俊:《论经济价值论的变迁与转型》,《经济问题》2004年第6期

〔26〕 李先桃:《西方社群主义的正义观及其对和谐社会的启示》,《伦理学研究》2008年第5期

［27］ 刘灿:《经济自由和国家干预:一个基于经济思想史的理论回顾》,《福建论坛》2009 年第 12 期

［28］ 刘敬鲁:《论市场经济自由的限度及其制度调节》,《河北学刊》2007 年第 2 期

［29］ 刘敬鲁:《国有资源安排的完善及其对建设和谐社会的意义》,《哲学动态》2008 年第 11 期

［30］ 刘敬鲁:《论我国实现经济平等与经济自由平衡发展的必要性》,《中国人民大学学报》2009 年第 1 期

［31］ 鲁品越:《资本的逻辑和金融风暴》,《马克思主义研究》2009 年第 10 期

［32］ 鲁品越:《资本的逻辑与当代中国社会结构趋向》,《哲学研究》2006 年第 12 期

［33］ 毛勒堂:《论经济正义的四重内蕴》,《吉首大学学报》2003 年第 12 期

［34］ 毛勒堂:《西方经济正义思想的历史涌动》,《云南大学学报》2005 年第 5 期

［35］ 孙伟平:《社会主义正义与市场经济正义的融合 —— 论社会主义市场经济正义观的建构》,《理论研讨》2001 年第 11 期

［36］ 王睿欣:《市场经济伦理的哲学透视》,《理论前沿》2006 年第 1 期

［37］ 汪丁丁:《重温"节制资本"理念,反思"经济研究"方法》,《南方论丛》2009 年第 4 期

［38］ 毛寿龙:《节制权力,发展资本》,《南方论丛》2009 年第 4 期

［39］ 黄春兴:《让官和巨富在公共事务上不相往来》,《南方论丛》2009 年第 4 期

［40］ 吴晓明:《马克思经济哲学之要义及其当代意义》,《湖南师范大学社会科学学报》2002 年第 1 期

〔41〕 吴晓明:《经济发展的价值评判问题》,《哲学研究》1995年第1期

〔42〕 许冬香:《布坎南经济正义论》,《伦理学研究》2010年第3期

〔43〕 赵华:《论和谐社会中的经济正义》,《伦理学研究》2008年第3期

〔44〕 张燕红:《公有制与市场经济结合的新思考》,《内蒙古师范大学学报(哲学社会科学版)》2007年第6期

〔45〕 郑永奎:《经济正义是人的本质的内在要求》,《经济纵横》2004年第10期

〔46〕 Elizabeth S. Anderson, "What is the Point of Equality?", *Ethics*, 1999, 109 (2): 287–337

〔47〕 Brian M. Barry, *The Liberal Theory of Justice*, Oxford: Oxford University Press, 1973

〔48〕 Brian M. Barry, *Culture and Equality: An Egalitarian Critique of Multiculturalism*, Cambridge: Polity Press, 2001

〔49〕 Brian M. Barry, *Why Social Justice Matters*, Cambridge: Polity Press, 2005

〔50〕 Steven J. Brams and Alan D. Taylor, *Fair Division: From Cake-cutting to Dispute Resolution*, Cambridge: Cambridge University Press, 1996

〔51〕 James M. Buchanan, *Economics—Between Predictive Science and Moral Philosophy*, Texas A & M University Press, 1987

〔52〕 Robert E. Goodin, *Utilitarianism as a Public Philosophy*, Cambridge, MA: Cambridge University Press, 1995

〔53〕 Frank Lovett, "Domination and Distributive Justice", *The Journal of Politics*, 2009, 71(3): 817–830

［54］ Alasdair Maclntyre, *After Virtue*, University of Notre Dame Press, 1984

［55］ Alasdair Maclntyre, *Whose Justice? Which Rationality?*, University of Notre Dame Press, 1988

［56］ David Miller, *Principles of Social Justice*, Cambridge: Harvard University Press, 1999

［57］ Thomas Nagel, "Equality", in Matthew Clayton and Andrew Williams (eds.), *The Ideal of Equality*, New York: Palgrave Macmillan, 2002

［58］ Philippe Van Parijs, *Real Freedom for All: What (if Anything) Can Justify Capitalism?*, Oxford, UK: Oxford University Press, 1999

［59］ John Rawls, *A Theory of Justice*, Cambridge: Harvard University Press, 1971

［60］ John Rawls, *Political Liberalism*, New York: Columbia University Press, 1993

［61］ John Rawls, "Social Unity and Primary Goods", in Amartya Sen and Bernard Williams (eds.), *Utilitarianism and Beyond*, Cambridge, MA: Cambridge University Press, 1982

［62］ John E. Roemer, *Theories of Distributive Justice*, Cambridge, MA: Harvard University Press, 1996

［63］ Michael J. Sandel, *Liberalism and the Limits of Justice*, Cambridge, MA: Cambridge University Press, 1982

［64］ Larry S. Temkin, *Inequality*, Oxford, UK: Oxford University Press, 1993

［65］ Tony Walter, *Basic Income: Freedom from Poverty, Freedom to Work*, London: Marion Boyars, 1989

［66］ Michael Walzer, *Spheres of Justice: A Defense of Pluralism and*

Equality, New York: Basic Books, 1983

［67］ Stuart White, *The Civic Minimum: On the Rights and Obligations of Economic Citizenship*, Oxford, UK: Oxford University Press, 2003

［68］ Richard J. Arneson, "Equality and Equal Opportunity for Welfare", *Philosophical Studies*, 1989, 56 (1): 77-93

［69］ Paul Bou-Habib, "Distributive Justice, Dignity, and the Lifetime View", *Social Theory and Practice*, 2011, 37 (2): 286-312

［70］ G. A. Cohen, "On the Currency of Egalitarian Justice", *Ethics*, 1989, 99: 906–944

［71］ Ronald Dworkin, "What is Equality? Part 1: Equality of Welfare", *Philosophy and Public Affairs*, 1981, 10 (3): 185-246

［72］ Ronald Dworkin, "What is Equality? Part 2: Equality of Resources", *Philosophy and Public Affairs*, 1981, 10 (4): 283-345

［73］ Harry G. Frankfurt, "Equality as a Moral Ideal", *Ethics*, 1987, 98(1): 21-43

［74］ L. F. M. Groot, "Compensatory Justice and Basic Income", *Journal of Social Philosophy*, 2002, 33 (1): 144-161

［75］ James Konow, "Fair and Square: The Four Sides of Distributive Justice", *Journal of Economic Behavior and Organization*, 2001, 46 (2): 137-164

［76］ Philippe Van Parijs, "Basic Income: A Simple and Powerful Idea for the Twenty-First Century", *Politics and Society*, 2004, 32 (1): 7-39

［77］ T. M. Scanlon, "Equality of Resources and Equality of Welfare: A Forced Marriage?", *Ethics*, 1986, 97 (1): 111-118

［78］ L. S. Temkin, "Equality, Priority, or What?", *Economics and Philosophy*, 2003, 19 (1): 61-87

第一章

［1］ 何怀宏：《正义理论导引》，北京：北京师范大学出版社 2015 年版

［2］ 何建华：《经济正义论》，上海：上海人民出版社 2004 年版

［3］ 贾轶：《马克思主义经济学：唯物史观方法及运用》，北京：中国社会科学出版社 2015 年版

［4］ 厉以宁：《超越市场与超越政府论道德力量在经济中的作用》，北京：经济科学出版社 1999 年版

［5］ 厉以宁：《股份制与现代市场经济》，南京：江苏人民出版社 1994 年版

［6］ 刘敬鲁：《经济哲学》，北京：中国人民大学出版社 2008 年版

［7］ 刘敬鲁：《现代管理重大问题哲学研究》，北京：中国社会科学出版社 2015 年版

［8］ 柳平生：《当代西方经济正义理论流派》，北京：社会科学文献出版社 2012 年版

［9］ 张凤阳：《现代性的谱系》，南京：江苏人民出版社 2012 年版

［10］ 张五常：《中国的经济制度》，北京：中信出版社 2009 年版

［11］〔英〕弗雷德里希·奥古斯特·冯·哈耶克：《通往奴役之路》，王明毅等译，北京：中国社会科学出版社 1997 年版

［12］〔英〕弗里德利希·冯·哈耶克：《法律、立法与自由》（第二卷），邓正来等译，北京：中国大百科全书出版社 2000 年版

［13］〔美〕G. A. 柯亨：《马克思与诺齐克之间》，吕增奎编，南京：江苏人民出版社 2008 年版

［14］〔美〕约翰·罗尔斯：《正义论》（修订版），何怀宏等译，北京：中国社会科学出版社 2009 年版

［15］〔英〕莱昂内尔·罗宾斯：《经济科学的性质和意义》，朱

洪译，北京：商务印书馆 2000 年版

〔16〕〔英〕T. H. 马歇尔等：《公民身份与社会阶级》，郭忠华译，南京：江苏人民出版社 2008 年版

〔17〕〔英〕戴维·米勒：《社会正义原则》，应奇译，南京：江苏人民出版社 2008 年版

〔18〕〔美〕罗伯特·诺奇克：《无政府、国家和乌托邦》，姚大志译，北京：中国社会科学出版社 2008 年版

〔19〕〔美〕道格拉斯·C. 诺斯：《制度、制度变迁与经济绩效》，刘守英译，上海：上海三联书店 1994 年版

〔20〕〔英〕亚瑟·赛斯尔·庇古：《福利经济学》，何玉长、丁晓钦译，上海：上海财经大学出版社 2009 年版

〔21〕〔美〕迈克尔·桑德尔：《公共哲学：政治中的道德问题》，朱东华等译，北京：中国人民大学出版社 2013 年版

〔22〕〔加〕罗伯特·韦尔、〔加〕凯·尼尔森编：《分析马克思主义新论》，鲁克俭、王来金、杨洁等译，北京：中国人民大学出版社 2002 年版

〔23〕〔美〕迈克尔·沃尔泽：《正义诸领域：为多元主义与平等一辩》，褚松燕译，南京：译林出版社 2009 年版

〔24〕李惠斌、李义天编：《马克思与正义理论》，北京：中国人民大学出版社 2010 年版

〔25〕董辅礽：《对社会主义市场经济的理解》，《经济研究参考》1998 年第 25 期

〔26〕季卫兵：《公有制与制度正义 ——基于收入分配差距原因的思考》，《中共四川省委党校学报》2011 年第 2 期

〔27〕刘敬鲁：《论分配正义的结构整体标准》，《中国人民大学学报》2017 年第 3 期

〔28〕刘浩：《论公有制效率认识误区》，《财经研究》2003 年第

3 期

［29］ 李风华:《正义与公有制：对一种流行观念的批评》,《探索与争鸣》2017 年第 6 期

［30］ 毛勒堂:《论经济正义的四重内蕴》,《吉首大学学报（社会科学版）》2003 年第 4 期

［31］ 毛勒堂:《经济正义：经济生活世界的意义追问》,上海：复旦大学出版社 2004 年版

［32］ 万俊人:《论正义之为社会制度的第一美德》,《哲学研究》2009 年第 2 期

［33］ 卫兴华、何召鹏:《近两年关于国有经济的地位、作用和效率问题的争论与评析 —— 结合十八届三中全会的〈决定〉进行分析》,《经济学动态》2013 年第 12 期

［34］ 辛鸣:《制度论 —— 哲学视野中的制度与制度研究》,北京：中共中央党校出版社 2004 年版

［35］ 徐大建、单许昌:《伦理转型：从身份伦理到契约伦理》,《哲学研究》2013 年第 4 期

［36］ 赵华:《论和谐社会中的经济正义》,《伦理学研究》2008 年第 2 期

［37］ 周新城:《新自由主义的核心观点及其对我国改革的影响》,《学习论坛》2010 年第 1 期

［38］ G. A. Cohen, "The Structure of Proletarian Unfreedom", *Philosophy & Public Affairs*, 1983, 12(1): 3-33

［39］ John Rawls, *A Theory of Justice*, Cambridge: The Belknap Press of Harvard University Press, 2005

第二章

［１］ 慈继伟：《正义的两面》（修订版），上海：上海三联书店 2014
年版

［２］ 董德刚等：《经济哲学》，北京：中共中央党校出版社 2003
年版

［３］ 龚群：《追问正义 —— 西方政治伦理思想研究》，北京：北
京大学出版社 2017 年版

［４］ 何建华：《发展正义论》，上海：上海三联书店 2012 年版

［５］ 韦森：《经济学与伦理学：市场经济的伦理维度与道德基
础》，北京：商务印书馆 2015 年版

［６］ 吴敬琏：《当代中国经济改革教程》，上海：远东出版社 2016
年版

［７］ 吴彦、黄涛：《良好的政治秩序》，上海：华东师范大学出
版社 2016 年版

［８］ 姚大志：《何谓正义：当代西方政治哲学研究》，北京：人
民出版社 2007 年版

［９］ 姚大志：《正义与善 —— 社群主义研究》，北京：人民出版
社 2015 年版

［10］ 郑有贵：《中华人民共和国经济史（1949—2012）》，北京：
当代中国出版社 2016 年版

［11］ 白果、〔法〕米歇尔·阿格列塔：《中国道路：超越资本主
义与帝制传统》，李陈华、许敏兰译，上海：格致出版社 2016 年版

［12］〔美〕贾森·布伦南、〔美〕彼得·M.贾沃斯基：《道德与
商业利益》，郑强译，上海：上海社会科学院出版社 2017 年版

［13］〔法〕米歇尔·波德：《资本主义的历史：从 1500 年至
2010 年》，郑方磊、任轶译，上海：上海辞书出版社 2011 年版

〔14〕〔法〕吕克·博尔坦斯基、〔法〕夏娃·希亚佩洛:《资本主义的新精神》，高铦译，上海:译林出版社 2012 年版

〔15〕〔美〕彼得·德鲁克:《创新与企业家精神》，蔡文燕译，北京:机械工业出版社 2009 年版

〔16〕〔法〕路易·迪蒙:《论个体主义:人类学视野中的现代意识形态》，桂裕芳译，南京:译林出版社 2014 年版

〔17〕〔美〕拉里·法雷尔:《创业新时代:个人、企业与国家的企业家精神》，沈漪文、杨瑛等译，北京:机械工业出版社 2014 年版

〔18〕〔法〕马可·弗勒拜伊:《经济正义论》，肖江波、韩力恒、马铭译，北京:中国人民大学出版社 2016 年版

〔19〕〔美〕弗朗西斯·福山:《政治秩序与政治衰败:从工业革命到民主全球化》，毛俊杰译，桂林:广西师范大学出版社 2015 年版

〔20〕〔英〕霍布浩思:《社会正义论》，胡泽译，上海:上海社会科学院出版社 2016 年版

〔21〕〔英〕威廉·葛德文:《政治正义论》，何慕李译，北京:商务印书馆 2015 年版

〔22〕〔英〕柯亨:《马克思与诺齐克之间》，吕增奎译，南京:江苏人民出版社 2007 年版

〔23〕〔美〕伊斯雷尔·科兹纳:《竞争与企业家精神》，刘业进译，杭州:浙江大学出版社 2013 年版

〔24〕〔美〕兰德尔·克罗茨纳、〔美〕路易斯·普特曼编:《企业的经济性质》(第三版)，孙经纬译，上海:格致出版社 2014 年版

〔25〕〔美〕大卫·莱昂斯:《伦理学与法治》，葛四友译，北京:商务印书馆 2016 年版

〔26〕〔英〕琼·罗宾逊:《经济哲学》，安佳译，北京:商务印书馆 2011 年版

〔27〕〔日〕牧野广义:《价值的层次性和历史性》，兰久富译，

《学术研究》2009 年第 11 期

〔28〕〔美〕托马斯·内格尔:《平等与偏倚性》,谭安奎译,北京:商务印书馆 2016 年版

〔29〕〔美〕倪志伟、〔德〕欧索菲:《自下而上的变革:中国的市场化转型》,阎海峰译,北京:北京大学出版社 2016 年版

〔30〕〔美〕迈克尔·斯洛特:《从道德到美德》,周亮译,南京:译林出版社 2017 年版

〔31〕〔美〕塔洛克:《官僚体制的政治》,柏克、郑景胜译,北京:商务印书馆 2010 年版

〔32〕〔美〕罗伯特·L.西蒙编:《社会政治哲学》,陈喜贵译,北京:中国人民大学出版社 2009 年版

〔33〕陈景辉:《权利和义务是对应的吗？》,《法制与社会发展》2014 年第 3 期

〔34〕杜志雄、肖卫东、詹琳:《包容性增长理论的脉络、要义与政策内涵》,《社会科学管理与评论》2010 年第 4 期

〔35〕洪远朋、陈波、卢志强:《制度变迁与经济利益关系演变》,《社会科学研究》2005 年第 3 期

〔36〕华民、袁锦:《论中国经济增长方式的转变》,《复旦学报（社会科学版）》1996 年第 4 期

〔37〕霍中文:《论市场经济与个人经济权利的进步》,《现代财经》2006 年第 3 期

〔38〕江畅:《论价值的基础、内涵和结构》,《江汉论坛》2000 年第 7 期

〔39〕蒋悟真、李晟:《社会整体利益的法律纬度》,《法律科学》2005 年第 1 期

〔40〕林昭文、张同健、蒲勇健:《基于互惠动机的个体间隐性知识转移研究》,《科研管理》2008 年第 4 期

［41］ 刘敬鲁：《论我国经济制度的价值目的——基于公平正义的视野》，《经济理论与经济管理》2013年第2期

［42］ 毛勒堂：《和谐社会与经济正义》，《上海师范大学学报（哲学社会科学版）》2005年第2期

［43］ 彭定光：《共同富裕是社会主义制度之经济正义的体现》，《湖南师范大学社会科学学报》1999年第5期

［44］ 彭定光：《论正义的整体利益原则》，《吉首大学学报（社会科学版）》2001年第4期

［45］ 秦永超：《福祉、福利与社会福利的概念内涵及关系辨析》，《河南社会科学》2015年第9期

［46］ 唐爱元：《公民经济自由是构建社会主义市场经济的基点》，《湖南师范大学社会科学学报》1994年第6期

［47］ 万俊人：《市场经济的效率原则及其道德论证——从现代经济伦理的角度看》，《开放时代》2000年第1期

［48］ 王海明：《平等原则之我见——兼评罗尔斯的平等观》，《人文杂志》1997年第5期

［49］ 王锟：《工具理性和价值理性——理解韦伯的社会学思想》，《甘肃社会科学》2005年第1期

［50］ 王岩：《冲突·契合·超越：个人主义与整体主义比较研究——兼论社会主义市场经济条件下的主导价值观建构》，《毛泽东邓小平理论研究》2005年第6期

［51］ 向玉乔：《论市场经济主体的道德责任》，《伦理学研究》2011年第5期

［52］ 俞德鹏：《社会主义市场经济与机会平等、权利平等》，《北京社会科学》1996年第2期

［53］ 詹继生：《企业经济利益初探》，《江西社会科学》1984年第5期

［54］ 张国钧:《个人利益简论》,《马克思主义研究》1989 年第 3 期

［55］ 智士才:《论市场经济运行与可持续发展原则的统一》,《经济问题》1999 年第 5 期

［56］ 曾伟:《中国经济增长的原因和代价:基于政治经济学视角》,《改革与战略》2012 年第 8 期

［57］ 朱道才、任以胜、刘雅洁:《中国经济平稳增长可持续性研究》,《沈阳工业大学学报(社会科学版)》2016 年第 1 期

［58］ Michael Boylan, *Gewirth: Critical Essays on Action, Rationality, and Community*, Rowman & Littlefield, 1998

［59］ John U. Nef, *Cultural Foundations of Industrial Civilization*, Cambridge University Press, 1958

［60］ Lee Rainie, Barry Wellman, *Networked: The New Social Operating System*, Mit Press，2014

［61］ Sheldon S. Steinberg, David T. Austern, *Government, Ethics, and Managers: A Guide to Solving Ethical Dilemmas in the Public Sector*, Quorum Books, 1990

［62］ Cass R. Sunstein, *Free Markets and Social Justice*, Oxford University Press, 1999

第三章

［1］ 邓小平:《邓小平文选》(第 3 卷),北京:人民出版社 1993 年版

［2］ 刘诗白:《主体产权论》,北京:经济出版社 1998 年版

［3］ 中共中央文献研究室:《新时期经济体制改革重要文献选编》,北京:中央文献出版社 1998 年版

［4］ 中共中央文献研究室:《中国共产党第十五次全国代表大会

文件汇编》，北京：人民出版社 1997 年版

　　〔5〕〔美〕约翰·罗尔斯：《作为公平的正义 —— 正义新论》，姚大志译，北京：中国社会科学出版社 2011 年版

　　〔6〕 马克思：《资本论》（第 1 卷），北京：人民出版社 2004 年版

　　〔7〕 马克思、恩格斯：《马克思恩格斯选集》（第 1 卷），北京：人民出版社 1995 年版

　　〔8〕 马克思、恩格斯：《马克思恩格斯全集》（第 1 卷），北京：人民出版社 1975 年版

　　〔9〕 马克思、恩格斯：《马克思恩格斯文集》（第 5 卷），北京：人民出版社 2009 年版

　　〔10〕 苗力田编：《亚里士多德选集·政治学卷》，北京：中国人民大学出版社 1999 年版

　　〔11〕〔英〕欧文：《欧文选集》（下卷），北京：商务印书馆 1965 年版

　　〔12〕〔英〕亚当·斯密：《国民财富的性质与原因的研究》（上卷），北京：商务印书馆 1972 年版

　　〔13〕 董德刚：《所有制问题也要进一步解放思想》，《南方周末》2008 年 2 月 28 日

　　〔14〕 宋书声、王锡君、王学东：《马克思恩格斯著作中表述未来社会所有制的几个概念辨析》，《求是》1995 年第 18 期

　　〔15〕 董德刚：《“社会所有制”这个概念更好一些》，《北京日报》2010 年 6 月 12 日

　　〔16〕 刘敬鲁：《论国有资源产权的完善及其对建设和谐社会的意义 —— 所有权和经营权合理关系的哲学视角》，《哲学动态》2008 年第 11 期

　　〔17〕 Robert T. Golembiewski, *Public Administration as a Development Discipline*, New York: Marcel Dekler, 1977

［18］ B. Rothstein, *Just Institutions Matter*, Cambridge: Cambridge University Press, 1998

第四章

［1］ 习近平:《决胜全面建成小康社会　夺取新时代中国特色社会主义伟大胜利——在中国共产党第十九次全国代表大会上的报告》,北京：人民出版社 2017 年版

［2］ 中共中央文献研究室:《论群众路线——重要论述摘编》,北京：中央文献出版社 2013 年版

［3］〔美〕康芒斯:《制度经济学》（上册）, 于树生译, 北京：商务印书馆 1962 年版

［4］〔英〕阿列克·凯恩克劳斯:《经济学与经济政策》, 李琮译, 北京：商务印书馆 2015 年版

［5］〔美〕约翰·罗尔斯:《正义论》, 何怀宏等译, 北京：中国社会科学出版社 1988 年版

［6］《马克思恩格斯全集》（第 18 卷）, 北京：人民出版社 1979 年版

［7］《马克思恩格斯选集》（第 4 卷）, 北京：人民出版社 1995 年版

［8］〔美〕罗伯特·诺齐克:《无政府、国家和乌托邦》, 姚大志译, 北京：中国社会科学出版社 2008 年版

［9］〔美〕迈克尔·J. 桑德尔:《自由主义与正义的局限》, 万俊人等译, 南京：译林出版社 2001 年版

［10］〔英〕亚当·斯威夫特:《政治哲学导论》, 萧韶译, 南京：江苏人民出版社 2006 年版

［11］ 陈杰、王立勇:《改革开放以来我国宏观调控的有效性研究》,《宏观经济研究》2015 年第 3 期

［12］ 陈孝兵：《企业行为与政府行为的边界及其重构》，《中州学刊》2003 年第 5 期

［13］ 陈彦斌：《中国宏观调控的现实功用与总体取向》，《改革》2017 年第 2 期

［14］ 程恩富、谭劲松：《社会主义比资本主义能更好地运用市场经济》，《当代经济研究》2015 年第 3 期

［15］ 方福前：《大改革视野下中国宏观调控体系的重构》，《经济理论与经济管理》2014 年第 5 期

［16］ 国家发改委经济研究所课题组：《宏观调控目标和政策手段机制化研究》，《经济研究参考》2014 年第 7 期

［17］ 何怀远：《市场公正与道德境界》，《学术月刊》1998 年第 7 期

［18］ 黄淼：《市场经济体制下的政府行为边界》，《北方经贸》2015 年第 1 期

［19］ 金瑶梅：《论当代西方市场社会主义对中国社会主义市场经济的启示》，《当代世界与社会主义》2016 年第 3 期

［20］ 李昌麒、胡光志：《宏观调控法若干基本范畴的法理分析》，《中国法学》2002 年第 2 期

［21］ 刘继峰、吕家毅：《企业社会责任内涵的扩展与协调》，《法学评论》2004 年第 5 期

［22］ 刘瑞：《宏观调控的定位、依据、主客体关系及法理基础》，《经济理论与经济管理》2006 年第 5 期

［23］ 卢安文、孔德星：《互联网信息服务业不正当竞争研究综述》，《重庆邮电大学学报（社会科学版）》2018 年第 1 期

［24］ 鲁明学：《西方学者对市场经济利弊的分析》，《南开经济研究》1994 年第 1 期

［25］ 庞明川：《中国特色宏观调控的实践模式与理论创新》，《财经问题研究》2009 年第 12 期

〔26〕 庞庆明、程恩富:《论中国特色社会主义生态制度的特征与体系》,《管理学刊》2016 年第 2 期

〔27〕 宋圭武:《政府行为的经济学边界》,《发展》2016 年第 5 期

〔28〕 唐兴军:《嵌入式治理:国家与社会关系视域下的行业协会研究——以上海有色金属行业协会为个案》,华东师范大学 2016 年博士学位论文

〔29〕 卫兴华:《发展和完善中国特色社会主义必须搞好国有企业》,《毛泽东邓小平理论研究》2015 年第 3 期

〔30〕 吴超林:《宏观调控的制度基础与政策边界分析——一个解释中国宏观调控政策效应的理论框架》,《中国社会科学》2001 年第 4 期

〔31〕 吴越:《宏观调控:宜制度化抑或政策化》,《中国法学》2008 年第 1 期

〔32〕 徐澜波:《规范意义的"宏观调控"概念与内涵辨析》,《政治与法律》2014 年第 2 期

〔33〕 杨波:《资本主义百年难题的化解——新自由主义所引发的金融危机与国家干预》,《人民论坛》2014 年第 5 期

〔34〕 袁晓江:《市场经济行为边界和规范》,《特区实践与理论》2014 年第 5 期

〔35〕 张华、刘婷:《西部地区经济与生态互动模式建立的必要性》,《河北旅游职业学院学报》2010 年第 2 期

〔36〕 郑军:《企业边界与企业能力的共同演化模型》,《统计与决策》2008 年第 22 期

〔37〕 邹静琴:《强势政府的合法性与边界划分:罗尔斯与诺齐克的比较》,《马克思主义与现实》2009 年第 4 期

第五章

［1］ 蔡昉、张车伟:《中国收入分配问题研究》,北京:中国社会科学出版社 2016 年版

［2］ 陈泽亚:《经济人与经济制度正义:从政治伦理视角探析》,济南:山东人民出版社 2007 年版

［3］ 邓志平:《转型社会分配正义论 —— 基于制度变迁的视角》,北京:新华出版社 2015 年版

［4］ 高保中:《收入分配与经济增长稳态转换》,北京:社会科学文献出版社 2014 年版

［5］ 龚群:《追问正义:西方政治伦理思想研究》,北京:北京大学出版社 2017 年版

［6］ 何建华:《分配正义论》,北京:人民出版社 2007 年版

［7］ 姜涌:《分配正义及其劳动基础》,济南:山东大学出版社 2016 年版

［8］ 刘盾、施祖麟:《收入分配与经济增长:非主流理论、经济危机与中国实际》,北京:北京交通大学出版社 2016 年版

［9］ 刘敬东:《理性、自由与实践批判:两个世界的内在张力与历史理念的动力结构》,北京:北京师范大学出版社 2015 年版

［10］ 裴长洪:《中国基本分配制度》,北京:中国社会科学出版社 2017 年版

［11］ 孙浩进:《民生经济学视阈下的中国收入分配制度变迁》,哈尔滨:黑龙江大学出版社 2014 年版

［12］ 沈卫平:《收入分配:制度变迁与理论创新》,南京:南京出版社 2002 年版

［13］ 王巍、窦以鑫、符建华:《收入分配理论与实证》,北京:科学出版社 2017 年版

〔14〕 王赞新:《基于国家治理视角的收入分配制度现代化研究》,长沙:湖南人民出版社 2016 年版

〔15〕 魏众、王震、邓曲恒:《中国收入分配及其政策思考》,广州:广东经济出版社 2015 年版

〔16〕 向玉乔:《分配正义》,北京:中国社会科学出版社 2014 年版

〔17〕 张守文:《分配危机与经济法规制》,北京:北京大学出版社 2015 年版

〔18〕 张兆民:《马克思分配正义思想研究》,北京:中国社会科学出版社 2016 年版

〔19〕 周雪光:《国家与生活机遇:中国城市中的再分配与分层 1949—1994》,北京:中国人民大学出版社 2015 年版

〔20〕〔英〕布莱恩·巴利:《社会正义论》,曹海军译,南京:江苏人民出版社 2007 年版

〔21〕〔英〕丹尼·多林:《不公正的世界》,高连兴译,北京:新华出版社 2014 年版

〔22〕〔法〕马可·弗勒拜伊:《经济正义论》,肖江波等译,北京:中国人民大学出版社 2016 年版

〔23〕〔美〕塞缪尔·弗莱施哈克尔:《分配正义简史》,吴万伟译,南京:译林出版社 2010 年版

〔24〕〔美〕南希·弗雷泽:《正义的尺度》,欧阳英译,上海:上海人民出版社 2009 年版

〔25〕〔美〕约翰·罗尔斯:《正义论(珍藏版)》,何怀宏等译,北京:中国社会科学出版社 2017 年版

〔26〕〔美〕约翰·E.罗默:《分配正义论》,张晋华、吴萍译,北京:社会科学文献出版社 2017 年版

〔27〕〔英〕戴维·米勒:《社会正义原则》,应奇译,南京:江苏人民出版社 2008 年版

［28］〔英〕芭芭拉·亚当、〔英〕乌尔里希·贝克、〔英〕约斯特·房·龙：《风险社会及其超越：社会理论的关键议题》，赵延东、马缨等译，北京：北京出版社 2005 年版

［29］ 高景柱：《当代政治哲学视阈中的福利平等理论 —— 批判与重构》，《马克思主义与现实》2014 年第 1 期

［30］ 胡凯、蒋阳飞：《收入分配与制度正义》，《求索》2009 年第 10 期

［31］ 姜涌：《社会分配正义中的条件与制度保证》，《领导之友》2016 年第 3 期

［32］ 李子联：《中国收入分配制度的演变及其绩效（1949——2013）》，《南京大学学报（哲学·人文科学·社会科学版）》2015 年第 1 期

［33］ 刘敬鲁：《论桑德尔和罗尔斯在正义与善问题上的对立以及批判式融合的可能性 —— 兼论国家治理原则研究的第三条路径》，《道德与文明》2015 年第 2 期

［34］ 刘敬鲁：《论我国经济制度的价值目的：基于公平正义的视野》，《经济理论与经济管理》2013 年第 2 期

［35］ 缪文升：《分配制度正义 —— 基于自由与平等动态平衡的分析》，《南京师大学报（社会科学版）》2012 年第 4 期

［36］ 彭飞荣、王全兴：《分配正义中的政府责任 —— 以风险与法为视角》，《社会科学》2011 年第 1 期

［37］ 单飞跃、刘思萱：《整合性分配 —— 社会分配正义的法哲学理路》，《经济法论坛》2004 年第 1 期

［38］ 汤剑波：《分配正义的三重幻象 —— 哈耶克批判的路径》，《南京社会科学》2009 年第 3 期

［39］ 易小明：《分配正义原则的现实中国境遇》，《伦理学研究》2015 年第 5 期

〔40〕 G. A. Cohen, *Rescuing Justice and Equality*, Harvard University Press, 2008

〔41〕 Brain W. Hogwood, B. Guy Peters, *The Pathology of Public Policy*, Oxford: Clarendon Press, New York: Oxford University Press, 1985

〔42〕 Martin Fishbein, Icek Ajzen, *Belief, Attitude, Intention, and Behavior: An Introduction to Theory and Research*, Addison-Wesley Pub. Co., 1975

第六章

〔1〕 刘敬鲁:《价值视野下的国家治理》，北京：商务印书馆 2017 年版

〔2〕〔英〕G. A. 科恩:《拯救正义与平等》，陈伟译，上海：复旦大学出版社 2014 年版

〔3〕 刘敬鲁:《论分配正义的结构整体标准》,《中国人民大学学报》2017 年第 3 期

〔4〕 G. A. Cohen, *Why Not Socialism?*, Princeton and Oxford: Princeton University Press, 2009

后 记

　　本项目作为我申请和主持的北京市社会科学基金项目重点项目，2014 年 11 月由北京市哲学社会科学规划办公室批准。2019 年 2 月，本项目成果获得结项证书，结项等级为优秀。

　　本成果是对我国经济制度正义完善问题的专题系统研究。到目前为止，这样的研究在国内外还没有发现。本成果立足于对国内外相关分散性研究的充分把握，在明确判定我国经济制度的正义性质和基本内涵的基础上，从整体和部分两个层次深入阐明论证了我国经济制度的正义完善需要遵循的理念原则和需要完成的主要任务，阐明论证了我国经济制度在价值体系维度上进行正义完善所需进行的根本工作。由此可以认为，本成果在这一重大现实问题的研究上取得了实质进展。同时，考虑到在今后较长历史时期内，进一步改革我国经济制度，完善它的公平正义维度，依然是我国经济实践的一项重要任务，因此，本成果所提供的主要观点，也将会具有重要的现实参考价值。

　　本项目成果的圆满完成，是项目组全体成员共同努力工作的结果。在项目申请得到批准以后，我和项目组成员多次对话、反复思考，确定了成果的主要观点、逻辑思路、内容结构、写作方式，并在写作过程中共同多次全面修改，顺利完成了各部分的写作。正是由于项目组全体成员的认真付出，才形成了现在这样具有重要意义的成果。下面是项目组全体成员所承担的写作任务情况。

　　刘敬鲁：导论、第六章、全书内容观点的最终确定和统改定稿。乔欢：第一章。彭光灿：第二章。王建斌：第三章。庞庆明：第四章。王宝国：第五章。

　　在本项目内容思路和结构安排的确定过程中，中国石油大学（华东）公管学院纪光欣教授提出了诸多宝贵建议，特别是提出增加最后一章，以对我国经济制度正义完善问题进行综合讨论，统合前面各章所讨论的内容。项目组认真思考和采纳了这一建议，写出了现在的第六章，对我国经济制度的价值体系的完善这一本质问题进行了讨论。在成果提交结项过程中，匿名评审专家给予了认真审阅和高度肯定，并提供了许多建设性的修改意见，使得项目组成员对本成果进行了更加充分的修改和完善。因此，项目组非常感谢纪光欣教授和匿名评审专家所贡献的智慧。

　　国家治理丛书项目，是北京大学哲学系教授、三亚学院国家治理研究院特聘教授王海明同人主导策划的，并得到了商务印书馆的大力支持。这无疑是一件有重要现实意义和理论意义的事情。到目前为止，本项目已经在国家治理许多重大问题的研究上取得了重要进展。我主持的《我国经济制度的正义完善研究》项目成果能够纳入到这一丛书出版，得益于王海明教授的大力支持和热情帮助。我代表项目组全体成员，对他表示真诚感谢。

　　在本著作出版过程中，商务印书馆魏雪平编辑提供了大量高水平的辛勤劳动。他高度负责，认真工作，精益求精，使得本成果得以在短时间内高质量出版。我们对他表示衷心感谢。

　　本著作的出版得到中央民族大学柏年康成基金资助。

刘敬鲁
2019 年 11 月